MEU ALUNO PRECISA DE ADAPTAÇÃO CURRICULAR: E AGORA?

Coleção
Aos Mestres com Carinho

MEU ALUNO PRECISA DE ADAPTAÇÃO CURRICULAR: E AGORA?

ROSANA MENDES RIBEIRO
THAÍS GOMES BRAGA DE OLIVEIRA

Artesã

Meu aluno precisa de adaptação curricular: e agora?

DIRETOR
Alcebino Santana

DIREÇÃO DE ARTE
Tiago Rabello

REVISÃO
Maria Clara Regis

CAPA
Artesã Editora/Walkiria P. Campos

DIAGRAMAÇÃO
Artesã Editora/Walkiria P. Campos

Catalogação na publicação: Janaína Ramos – CRB - 8/9166

M597

Meu aluno precisa de adaptação curricular: e agora? / Organização de Ângela Mathylde Soares, Rosana Mendes Ribeiro, Thaís Braga; Prefácio de Dr. José Renato Nalini. – Belo Horizonte: Artesã, 2024.

240 p.; 16 X 23 cm

ISBN 978-85-7074-108-0

1. Currículo para alunos com necessidades especiais. 2. Psicopedagogia. 3. Inclusão escolar. 4. Educação - Legislação. I. Soares, Ângela Mathylde (Organizadora). II. Ribeiro, Rosana Mendes (Organizadora). III. Braga, Thaís (Organizadora). IV. Nalini, José Renato, Dr. (Prefácio). V. Título.

CDD 371.26

Ìndice para catálogo sistemático

I. Currículo para alunos com necessidades especiais

IMPRESSO NO BRASIL
Printed in Brazil

(31)2511-2040 (31)99403-2227
www.artesaeditora.com.br
Rua Rio Pomba 455, Carlos Prates - Cep: 30720-290 | Belo Horizonte - MG
/artesaeditora

APRESENTAÇÃO DA COLEÇÃO

Profa. Dra. Ângela Mathylde Soares

A Coleção AOS MESTRES COM CARINHO é um diálogo com conteúdo sobre o dia a dia do chão de sala de aula com a intenção e objetivo de responder indagações e inquietações das perguntas sem respostas. O famoso "e agora?".

Esta coleção tem o desejo de trazer a valorização dos profissionais de educação.

Precisamos entender que essa ação de valorizar não está ligada apenas a remuneração, mas sim a dar condições para que os envolvidos no processo do educar e do aprender tragam bagagem pedagógica que acompanhe as novas tecnologias e as novas aprendizagens.

E não podemos nos esquecer das novas parcerias feitas com a educação, como a psicopedagogia, a saúde, a ciência, o direito e várias outras áreas presentes na educação do século XXI.

A Informação hoje é rápida, dinâmica e imediata, e com isso, com esta nova geração de estudantes, é necessário um professor que caminhe nesse mesmo território. Assim, há necessidade de capacitar e renovar para acompanhar as tão desejadas mudanças.

Precisamos alinhar as ações incluindo a capacitação dos docentes, as parcerias das famílias e o casamento com a ciência, trazendo respaldo a esta formação, com intuito, intenção e garantia de melhora constante do ensino. Esta coleção será um encontro carinhoso, respeitoso e eficaz sobre o tema que trabalhará a qualificação e a motivação dos nossos mestres e os envolvidos nesta gestão.

Uma equipe qualificada e preparada para as demandas de sala de aula é de suma importância, aliás, fundamental para que este objetivo seja cumprido.

Entendemos que esta coleção é um investimento importante que trará um conforto para professores, alunos, gestores e profissionais da educação, que possibilitará uma melhoria nas questões, individualidade e empoderamento do aluno – o que se fará por volumes e temáticas

pontuais, possibilitando, assim, para o profissional da educação, ter informação ampla e bem assertiva sobre cada assunto proposto.

É importantíssimo ressaltar os benefícios que esta coleção trará aos cursos universitários, favorecendo a reflexão de que, no processo, precisam receber com a teoria, a prática e o envolvimento uma metodologia que traga excelência e respeite as competências e habilidades de nossos alunos.

A prática em sala de aula tem que nortear o aluno e o professor em atividades que estimulem a criatividade e a pesquisa baseada em evidências, por meio de um marco teórico fundamentado.

Pensando nessa discrepância entre o que se aprendeu na faculdade e a realidade de uma sala de aula, nasce a coleção AOS MESTRES COM CARINHO, para auxiliar responder os agoras dos profissionais da educação. Nasce uma coleção que se importa com a educação de qualidade e com evidência.

E não podemos nos esquecer do professor e de todos os envolvidos neste processo de receber o melhor de nós.

Com muito carinho, como professora, dedico esta coleção aos profissionais da educação, com o coração cientificado e motivado. Espero que esta experiência seja proveitosa. Curta os volumes e responda às perguntas que não querem calar!

O meu MUITO OBRIGADA!

PREFÁCIO

POR SORTE NOSSA, SOMOS TODOS DIFERENTES

José Renato Nalini

Gosto muito da fábula em que os animais querem uma escola padronizada para todos. Idênticas lições e exigências. São evidentes os problemas que surgem: as galinhas não conseguem nadar tão bem quanto os patos; as lebres preferem correr a subir em árvores; os pássaros gostam de voar, não de aprender a marchar.

Todos os anos, no início das aulas, eu pedia para os alunos lerem e comentarem esse texto. O intuito era lembrar que a homogeneidade é própria aos formigueiros e às colmeias. A comunidade humana é heterogênea. Todos somos singulares, individualizados e irrepetíveis.

Essa noção singela nem sempre residiu na mente dos educadores. Os especialistas elaboram teses e formulam soluções teóricas para formar as novas gerações, mas esbarram na surpreendente diversidade humana. Algo que Michel de Montaigne intuiu há quinhentos anos. Em seus "Ensaios", dizia que não era de se estranhar o insucesso da estratégia de ensino então adotada: colocar em uma classe quarenta individualidades, ministrar o mesmo conteúdo e pretender que todos tivessem aproveitamento uniforme. É compreensível que poucos assimilem, de forma integral, as informações fornecidas, pois cada consciência é um reduto praticamente inexpugnável, povoado de anseios, de angústias e de sonhos jamais inteiramente coincidentes.

Os educadores sensíveis já se compenetraram de que o educando necessita de um acompanhamento pessoal. O bom professor não é mais aquele detentor de toda a sabedoria, que transmitirá mediante preleções convencionais a um jejuno, considerado uma tábula rasa. Cada discípulo é alguém que já possui uma noção das coisas, uma concepção de vida e uma inclinação. Se isso sempre foi assim, hoje o fenômeno ganhou ênfase com os millenials, integrantes da Geração Y, que já nasceu sob o impacto das profundas mutações existenciais ocasionadas pela Quarta Revolução Industrial.

A informação nunca esteve tão disponível e tão facilmente acessível a quem disponha de um *mobile*. E o Brasil é a nação que se aproxima da incrível quantidade de trezentos milhões de *mobiles* em uso por uma população não superior a duzentos e treze milhões de habitantes. O que significa a posse, por um só indivíduo, de vários desses aparelhos eletrônicos – *smartphones*, *tablets*, *notebooks* ou computadores pessoais.

Realidade tal requer uma reengenharia do sistema educacional. A começar pela capacitação do professor. O docente deverá ser aquele zeloso cuidador que orientará o aluno a filtrar o excesso de informações para que o conhecimento se converta em saber. Os tempos reclamam outra concepção de escola. O direito de todos à educação é dever do Estado e da família em colaboração com a sociedade. Uma sociedade cada vez mais complexa e ameaçada por inúmeros perigos, dentre os quais, a mudança climática, o ressurgimento dos nacionalismos, a xenofobia, a polarização ideológica e o declínio dos valores.

O mundo é um cenário de incertezas. Tudo o que parecia estabilizado mostrou-se oscilante. Educar, nesse momento, significa preparar o discente para o inesperado. Fazê-lo um ser capaz de enxergar a realidade, com aptidão para criticar, não passivamente absorver o que lhe é transmitido. Investir nas habilidades socioemocionais, tão negligenciadas nas últimas décadas, em que se priorizou, quase que exclusivamente, a capacidade mnemônica.

Cada ser humano é um projeto em edificação, que necessita de acompanhamento carinhoso por aquele profissional que atendeu ao chamado interior e é vocacionado a partilhar experiências e a sugerir rumos. O mestre precisa estar atento para as diferenças naturais existentes entre os seres que foram confiados ao seu discernimento. Nem todos têm o mesmo ritmo, nem partilham de idênticos interesses, mas são multifárias as personalidades, os temperamentos e as inclinações. Insistir no aprendizado tradicional, circunscrito à memorização de informações facilmente obtidas em *sites* de busca, é inibir o desenvolvimento integral de alguém que precisa descobrir qual o seu rumo em busca da plenitude possível. Este é, justamente, um dos objetivos do processo educacional, de acordo com o constituinte de 1988. Os dois outros são a capacitação para o exercício da cidadania e a qualificação para o trabalho.

Ao analisar a urgência da reforma da educação na França, o pensador Edgar Morin reconhecia que educação e pesquisa:

> foram reduzidos a termos quantitativos: 'mais créditos', 'mais professores', 'mais informática', etc. Com isso, mascara-se a imensa dificuldade revelada pelo fracasso de todas as reformas sucessivas do ensino: não se pode reformar a instituição sem antes reformar as mentes, mas não se pode reformar as mentes sem antes reformar as instituições[1]. (Morin, 2013, p. 191)

A reforma da consciência é a mais difícil, pois à medida em que alguém consegue formação, títulos, cargos e funções, aparentemente congela a sua capacidade de assimilar novas perspectivas. Acredita-se detentor da única e insubstituível verdade, a verdade absoluta.

Na visão de Morin,

> a reforma da educação deve partir da expressão de *Emílio,* de Jean-Jacques Rousseau, em que o educador diz a seu aluno: 'Quero ensiná-lo a viver'. A formulação é excessiva, pois somente se pode ajudar a aprender a viver. Viver se aprende por suas próprias experiências, com a ajuda do outro, principalmente dos pais e professores, mas também dos livros, da poesia. Viver é viver como indivíduo, enfrentando os problemas de sua vida pessoal, é viver como cidadão de sua nação, é viver também em seu pertencimento ao gênero humano[2]. (Morin, 2013, p. 192)

Um projeto como o deste livro leva em consideração a diferença entre os seres humanos em idade escolar, conferindo importância à auto-observação, de modo a estimular o sentido comunitário, aceitar uma comunhão de propósitos que irmana os aprendizes, sem descuidar de suas individualidades. Essa, a melhor concepção de inclusão. Aceitar a diversidade, como potencial riqueza advinda da partilha das diferenças. Pois a diversidade é fundamental para a nossa vida. Resistindo ou não, precisamos aprender a lidar melhor com ela. Com efeito, sabemos que sem resistência não há mudança, isto é, não há aprendizado. Precisamos saber o que fazer, não para acabar

---

1 Morin, Edgar, A Via para o futuro da humanidade, Rio de Janeiro: Bertrand Brasil, 2013, p.191.

2 Morin, Edgar, op. cit., idem, p.192.

com a resistência, mas para diminuir a sua radicalização, a sua obstinada linearidade[3]. (Mariotti, 2000, p. 285)

De acordo com a lógica clássica, excluir sempre foi muito mais simples do que incluir. Todavia, acordou-se para a inclusão, que pressupõe mudança do padrão mental. Esta era, que Zygmunt Bauman chamou "líquida" e que, em falta de um nome apropriado, pode-se denominar "pós-moderna", viu surgir uma sólida preocupação com a inclusão. Porém, para implementá-la na rotina e, principalmente, na escola, "precisamos de uma competência ética que nem sempre temos. Além disso, o que aprendemos na escola tem como diretriz básica o 'sejam objetivos'. Para ser objetivos, porém, é preciso que continuemos acreditando que somos separados do que observamos"[4].

Ocorre que não estamos separados. Fazemos parte dessa comunidade que exclui. Não podemos negar nossa responsabilidade e procurar atribuir a exclusão a fatores externos, como governo, sistema ou ordenamento.

Incumbe a cada um de nós tornar a inclusão uma prática rotineira e não uma retórica despida de consequências. Por isso é que em excelente momento uma comunidade de abnegados educadores oferece esta obra: "Meu aluno precisa de adaptação curricular". A Base Nacional Comum Curricular não é panaceia. Ela representa um avanço, mas quem está na trincheira, na sala de aula, são os professores. Estes se devotaram a estudar, vivenciaram a experiência da inclusão e suas deficiências e elaboraram textos instigantes, como "Diante de tudo que se apresenta como ter uma visão diferenciada sobre educação?", "Legislação e Adaptação Curricular", "Plano de Ensino Individualizado (PEI) para escolares com Transtornos Específicos de Aprendizagem", "Cérebro e adaptação curricular: o que precisamos conhecer", "Desenho universal de aprendizagem sob a perspectiva da metodologia CDRA", "Adaptação Curricular – não existe receita pronta", "Ressignificação dos Transtornos de Linguagem: visibilidade do TDL como condição para adoção de práticas inclusivas", "Transtornos do Neurodesenvolvimento: conhecimento para elaboração de adaptações curriculares", "O gestor como formador docente: possibilidades e desafios para inclusão escolar no ensino fundamental", "Experiências

---

3 Mariotti, Humberto, As paixões do ego-Complexidade, política e solidariedade, 3ª ed., São Paulo: Palas Athena, 2000, p. 285.

4 Mariotti, Humberto, op. cit., idem, p. 139.

em adaptação curricular na educação infantil bilingue", "Humor aliado às adaptações curriculares e suas implicações no processo de ensino e aprendizagem no contexto da educação inclusiva", "Adaptação curricular nos Transtornos Específicos de Aprendizagem: o que e como fazer?", "Condutas neuropediátricas e adaptação curricular" e "A família e a adaptação curricular". Um valioso mosaico produzido quase que na totalidade em parcerias, o que representa identificação de objetivos e conjugação de esforços para implementar uma eficaz inserção de todo educando na comunidade da classe.

A multidiversidade dos temas interessa a quantos pretendam fazer da inclusão uma política nacional – mais do que isso, uma política humanitária – efetivamente praticada no Brasil. O importante é que toda contribuição provém de especialistas, expertos em suas áreas profissionais e que se uniram em uma saudável atuação cooperativa para ofertar a uma difusa comunidade de leitores um livro de capital relevância.

Este trabalho conjunto concebe a educação como um projeto para repensar os problemas à luz da complexidade e com absoluto respeito às diferenças que distinguem cada educando. O produto é suficiente a alentar a esperança de que o ensino brasileiro siga uma outra rota, pois

a educação atual fornece conhecimentos sem ensinar o que é o conhecimento. Ela não se preocupa em conhecer o que é conhecer, ou seja, os dispositivos cognitivos, suas dificuldades, suas instabilidades, suas propensões ao erro, à ilusão. Isso porque, todo conhecimento implica risco de erros e de ilusões[5]. (Morin, 2013. P. 195)

Erros como o de estigmatizar os diferentes, como se fossem inferiores. Ilusões como a de acreditar que decorar informações equivale à assimilação do conhecimento. É preciso compreender que há vários ritmos de aprendizado, a uniformidade não é a regra. Para que ninguém fique para trás, os alunos merecem tratamento específico e individualizado.

A adaptação curricular não é senão o empenho do verdadeiro educador de permitir que todos os educandos acompanhem o programa. Aqueles que merecem atenção maior, maior atenção devem receber. Essa tática é essencialmente ética, coincidente com a estrita observância de uma recomendação de Morin, elaborador de um projeto para a França, denominado "*Os Sete Saberes necessários à educação*

5 MORIN, Edgar, op. cit., idem, p. 195.

do futuro", exatamente o sétimo: "*a trindade ética*, que comporta uma ética da pessoa, por sua própria honra, para ajudar seus próximos, por uma ética cívica, uma ética do gênero humano"[6].

Muito mais importante do que editar Normas Comuns Curriculares, é conscientizar os professores de que eles estão preparando o amanhã de uma República fragilizada por uma educação que ainda não atendeu às necessidades e às expectativas nacionais. Os que vierem a conferir ressignificação à sua profissão, exatamente como fazem agora os autores deste livro, estarão concretizando o vaticínio de Morin – que este ano deverá completar 100 anos!

Poderiam ser formadas novas gerações de professores, que encontrariam em sua profissão o sentido de uma missão cívica e ética para que cada aluno ou estudante possa enfrentar os problemas de sua vida profissional, de sua vida de cidadão, do devir de sua sociedade, de sua civilização, da humanidade[7]. (Morin, 2013, p. 200)

Privilegiados os alunos que tiverem por mestres os que integram esta obra. Estarão eles na situação antevista por Morin: "As jovens gerações de alunos e estudantes, por sua vez, poderiam encontrar interesse e paixão por uma educação que respondesse às suas interrogações, às suas curiosidades, às suas necessidades. O conhecimento seria reencantado"[8].

Reencantamento que impregnará toda a sociedade brasileira, ávida por uma educação de qualidade, que respeite cada estudante, sem exclusão de qualquer, em cada qual enxergando a riqueza e exuberância de um povo que não perde a esperança em seu destino.

JOSÉ RENATO NALINI

Mestre e doutor em Direito Constitucional pela Universidade de São Paulo e foi Secretário da Educação do Estado de São Paulo entre 2016 e 2018.

6 Morin, Edgar, op. cit., p.199. Ele menciona Os sete saberes necessários à educação do futuro, em que os outros são: a) a realidade humana como trindade individual/sociedade/espécie; b) a era planetária; c) a compreensão do outro; d) o enfrentamento das incertezas.

7 Morin, Edgar, op. cit., idem, p. 200.

8 Morin, Edgar, op. cit., idem, ibidem.

APRESENTAÇÃO PELAS ORGANIZADORAS

Ângela Mathylde Soares

Rosana Mendes Ribeiro

Thaís Braga

Na jornada educacional, gestores e professores frequentemente se deparam com um desafio crucial: como atender às necessidades individuais de cada aluno em um ambiente inclusivo? O livro "Meu Aluno Precisa de Adaptação Curricular: E Agora?" surge como um farol para orientar educadores, gestores e demais envolvidos nesse processo.

A adaptação curricular se apresenta como uma ponte entre o currículo oficial e a singularidade de cada estudante. No entanto, essa prática legal e embasada enfrenta fragilidades para a sua implementação. A resistência às mudanças por parte dos educadores, devido ao receio de comprometer a qualidade do ensino, e a falta de compreensão sobre a flexibilidade necessária para atender a diferentes perfis de alunos em uma mesma sala de aula são desafios comuns enfrentados pelas escolas.

Além disso, a escassez de recursos adicionais, como materiais específicos, formação continuada e suporte técnico, representam uma barreira significativa para a implementação efetiva das adaptações curriculares. A formação contínua dos professores é destacada como essencial para a compreensão das estratégias de adaptação e sua aplicação prática em sala de aula. Porém, a ausência de programas de formação específicos pode comprometer todo este importante processo.

O livro busca não apenas identificar esses desafios, mas contribuir com soluções práticas para superá-los, de modo a garantir que todos tenham acesso a oportunidades educacionais que respeitem suas individualidades.

A educação inclusiva exige um compromisso contínuo e, ao explorar esse caminho de aprendizado, o livro visa auxiliar educadores e gestores a enfrentarem este desafio de forma eficaz e significativa, promovendo um ambiente de aprendizado inclusivo e transformador.

DIANTE DE TUDO QUE SE APRESENTA COMO AGREGADO DO CONHECIMENTO, COMO TER UMA VISÃO DIFERENCIADA SOBRE EDUCAÇÃO?

Pedro Francisco Molina

Rosani Molina Carvalho

Rosana Mendes Ribeiro

Ângela Mathylde Soares

RESUMO

A educação se estabelece sobre um tripé composto pelas famílias, pelas crianças e pelas escolas. Avançamos na democratização do ensino, porém a inovação se faz necessária. Para isso, é de fundamental importância romper com preconceitos, a fim de elaborar uma nova arquitetura nas estruturas escolares. Este estudo tem por objetivo refletir, por meio de um levantamento bibliográfico, sobre o que queremos construir para as novas gerações: uma sociedade mais justa, com oportunidades reais de concretizar uma educação para todos. Sabemos que o ambiente familiar é o primeiro espaço para socialização com o qual temos contato e o ambiente educacional o primeiro grupo social a que pertencemos. Grupos sociais fundamentais para o aprendizado da interação, do respeito para com outras pessoas, marcando o surgimento de novos comportamentos. Além, é claro, de um ambiente formal e informal de aprendizagem em que o estudante é o protagonista, um valioso laboratório de inclusão social.

Palavras-chave: Educação, família, escola, inovação, metodologias pedagógicas.

INTRODUÇÃO

Sabemos que estruturas seculares têm, por si só, características conservadoras e certa morosidade na aceitação do novo. Já a ciência, no entanto, apresenta-se com uma dinâmica diferente. Diante de suas pesquisas e de seus experimentos, processos fundamentados nas organizações neuronais, percepções cognitivas, que revitalizam as metodologias de ensino e de aprendizagem; ampliando, assim, significados. Daí a importância de agregar as mais diversas áreas do conhecimento no centro da educação, representado, acima de tudo, pela escola. Dada a evolução tecnológica vertiginosa presente desde a metade do século XX, a educação — e, por conseguinte, a escola — tem papel fundamental na aplicação e no desenvolvimento de instrumentos de renovação para as gerações atuais e futuras. Papel que permita a utilização da tecnologia por parte dos estudantes, com ampliação da rapidez e da velocidade nas comunicações.

SISTEMAS EDUCACIONAIS RESISTENTES ÀS TRANSFORMAÇÕES

Com a tecnologia e a ampliação da consciência, abriu-se a oportunidade de uma educação para todos. Movimentos científicos, saindo de seus laboratórios, aproximam-se de estruturas até então compartimentadas. Pesquisas trazem inovações para o conhecimento, assim como ferramentas de inserção, as mais variadas atividades do saber.

Apesar da velocidade das inovações ainda nos deparamos no cenário educacional com uma série de resistências. O mundo em que vivemos se transforma em uma velocidade muito superior à dos sistemas educacionais tradicionais.

Ken Robinson, da *Swanson Primary School*, em palestra proferida no *TED Taks*, Monterey (California), no ano de 2006, atenta-nos para essa questão.

Se formos pensar, as crianças entrando na escola esse ano estarão se aposentando em 2065. Ninguém tem noção, apesar de todo conhecimento que vimos nos últimos quatro dias, de como o mundo vai estar em cinco anos. E ainda assim devemos educá-los para esse mundo. A imprevisibilidade, pra mim, é extraordinária[1]. (Robinson, 2006)

É preciso, portanto, valorizar a capacidade de inovação dos estudantes. Uma inovação que busca por vidas melhores, criando recursos que nos afetam nos mais diversos aspectos, alterando a maneira como nos comunicamos, aprendemos e pensamos. E isso, consequentemente, modifica nossa visão sobre o mundo.

Inúmeras escolas acreditam que apenas levar computadores para as salas de aula já concretiza a inovação. Porém, muito além de simplesmente incluir a tecnologia no dia a dia dos alunos, é preciso inovar na formação básica de nossos professores, nos recursos pedagógicos com ciência, de maneira a fazer com que se dê, de fato, um passo à frente para uma educação para todos, contemplando, inclusive, nossos professores, que terminam seus cursos despreparados para o enfrentamento de uma sala de aula.

"Os professores chegam às escolas com bom conhecimento da sua disciplina, mas não sabem como ensinar", disse à Folha o secretário estadual de Educação de São Paulo, Herman Voorwald.

Na opinião do secretário, cuja rede tem 200 mil professores, um docente de matemática, por exemplo, é muito mais um matemático do que um professor.

Para Voorwald, as licenciaturas deveriam ter menos conteúdos específicos das matérias e mais técnicas sobre como dar aulas (Takahashi, 2013, não paginado).

NECESSITAMOS DE UMA VISÃO AMPLA DE INOVAÇÃO E CIÊNCIA

A Neurociência tem sido responsável por trazer essa combinação de inovação e de ciência ao ambiente educacional. Por meio de suas descobertas e de suas explorações, faz com que adentremos a novas

---

1 Tradução realizada por Renan Botelho (comunidade TED) para o original: "If you think of it, children starting school this year will be retiring in 2065. Nobody has a clue, despite all the expertise that's been on parade for the past four days, what the world will look like in five years' time. And yet, we're meant to be educating them for it. So the unpredictability, I think, is extraordinary".

dimensões do conhecimento, sem a perda do sentir, combinando aspectos cognitivos e emocionais.

As práticas pedagógicas devem estar centradas tanto na razão quanto na emoção. Estudos recentes demonstram que, quando esse binômio atua de forma equilibrada, os resultados são promissores. Para que os estudantes possam resolver diversos tipos de dificuldades, devem estar presentes elementos como a autoestima, o humor, a ludicidade e a criatividade — resultados do acolhimento, na família e no ambiente escolar. De acordo com Relvas (2015):

> [...] sentir com a cabeça e pensar como o coração é colocar-se em ação diante das informações, das multiplicidades, das diferenças. É dizer perguntas diante das afirmações, e abandonar a obsessão pela certeza absoluta e definitiva. (Relvas, 2015, p. 101)

Segundo Coleman, como citado em Relvas (2005, p. 128), "em certo sentido, temos dois cérebros, duas mentes e dois tipos diferentes de inteligência: racional e emocional".

Ciência, Inovação e Tecnologia atualmente vêm de forma incessante revendo os limites de quem consegue aproveitá-los. O conceito de inteligência, por exemplo, amplia-se em múltiplas inteligências — e também várias formas de ensinar; com técnicas que ampliam a linguagem, como novos dialetos, para atingir o mundo interior do aprendente com suas particularidades singulares; ampliando, assim, a percepção de quem ensina e de quem aprende, associado à inteligência como veículo de aprendizado, estímulos provocadores as funções inerentes de cada indivíduo, atingindo sua afetação como marco de sua iniciação de um grupo heterogêneo.

Temos aí o fator cognitivo representante de sua exterioridade, assim como o expressar de sua interioridade, perceber-se diante de sua existência, tempo, espaço, sentido de lugar, pertencimento. Atuar diante de suas rememorações, enfrentar medos, inibições, inferioridades, realidades como seres atuantes do pensamento.

Despertar o potencial de cada ser, ativar sua inteligência, sua capacidade associativa, perceptiva, componente da subjetividade a caminho do concreto. Cabendo ao educador conhecer, dentro da dinâmica de uma sala de aula, por meio da linguística, da lógica matemática, da cinestésica, da espacial, do musical, da intra e interpessoal, da pictórica, da arte e da natureza.

Saber o funcionamento de seu Sistema Nervoso Central (SNC), suas conexões como ferramentas dos educadores nas interfaces da aprendizagem. Segundo Relvas (2005, p. 35), "irritabilidade, condutibilidade, contratilidade, realizadas no sistema nervoso, por meio de estruturas microscópicas denominadas neurônios".

O cérebro integral, plástico, não no sentido de compartimentos, mas na sua integração de sua circuitaria neural desenvolvida por séculos, áreas que funcionam como vasos comunicantes, suprimindo, adaptando-se na interação orgânica (organismo). Sendo o cérebro o centro de formação da cognição, o mais organizado do corpo humano, ali processa em suas representações em toda dinâmica evolutiva da espécie humana, despertando suas funções, principalmente as executivas.

Para que tudo isso ocorra é fundamental, segundo Valle (2018):

> "…. defender a aprendizagem inclusiva desde a alfabetização, aproveitando o potencial natural da criança para aprender nessa fase em que a multiplicação das conexões neuronais atende aos estímulos recebidos com rapidez e grande plasticidade..." (Valle,2018, p.366)

Completude ideal para um sistema representacional, favorável ao processo de aprendizagem, dando-lhes conformações, pois sua natureza se constitui na capacidade de sentir, integrar, pensar, comunicar, agir e partir de seu processamento biológico integrado ao Sistema Nervoso Central.

Uma visão diferenciada e tecnológica da educação, talvez nos traga o sentido de integração social, pois seres mais desenvolvidos emocionalmente, de forma racional, mais solidários, diante dos exageros das exclusões, participativos coletivamente, diminuindo egos megalomaníacos que não renunciam em seus particulares.

Compondo as questões prementes na inclusão de todos, objetivando as práticas, respeitando as diferenças dentro ambiente escolar, adaptações, reenquadramentos na transição da escola do futuro que queremos. Segundo Moreira e Baumel (2001):

> As adaptações curriculares não podem correr o risco de produzirem na mesma sala de aula um currículo de segunda categoria, que possa denotar a simplificação ou descontextualização do conhecimento (Moreira & Baumel, 2001, p. 135).

Para que isso seja possível, no entanto, é importante considerar a necessidade de reestruturação do ensino — preocupação que nos remete ao sujeito no ambiente escolar, aprendizado que vai romper com velhas estruturas do aprender, importância de forma propositiva a figura do pedagogo como condutor da inovação, sujeito da atuação, objetivando sua significação com tal, valorizando-o.

FLEXIBILIZAÇÕES E ADAPTAÇÕES CURRICULARES

Reportando ao tema de nossa reflexão, podemos observar a etimologia da palavra flexibilidade, que significa diminuir a rigidez, ampliar as normas de trabalho, pensar de forma mais ampla, assim como adaptar significa ajustar, adequar, tornar capaz, facilitar operações, possibilitar independência em suas capacidades — não tem o sentido de algo limitador ou permanente.

Segundo a observação de José Renato Nalini, ex-secretário da Educação do Estado de São Paulo, abriu-se uma ideia de como ter uma visão diferenciada sobre a educação, diante do novo que se apresenta, agregando ao conhecimento ferramentas inovadoras dentro do contexto de aprendizagem:

> Excelente a iniciativa da benemérita ROSANA MENDES RIBEIRO, ao desenvolver a Metodologia CDRA — Classificação Digital para Reenquadramento de Aprendizagem, que contempla as naturais e compreensíveis diferenças no aprendizado e consegue aquilo que poderia parecer utopia para as mentes acomodatícias. A elaboração de padrões distintos e adaptados aos respectivos níveis de aprendizagem satisfaz a exigência da educação de qualidade e constitui manifestação de autêntica justiça (Ribeiro, 2021, p. 11-12).

A tecnologia que se apresenta é um facilitador, assim como a ciência preocupada com novas descobertas abre possibilidades de avanços facilitadores para alavancar novas metodologias, ampliar a linguagem binária, colocar-nos no centro das movimentações cosmológicas cerebrais, entrar em dimensões das virtualidades como jamais imaginadas.

Destacamos, ainda, que a flexibilização/alinhamento curricular não diz respeito à construção de um novo currículo ou uma nova atividade, mas sim de estratégias que viabilizem um acesso de forma igualitária aos conteúdos propostos (Secretaria Da Educação Do Estado De São Paulo - SEDUC, 2021, p. 3)

O documento acima citado é orientativo, pois, o domínio é do professor (pedagogo). Cabe a ele a condução das habilidades de como ensinar, porém se exige também novos conhecimentos que a ciência disponibiliza para tais práticas inovadoras.

A grande dificuldade que se nota é a zona de conforto de alguns: “fui ensinado dessa forma, se serviu para mim, servirá também para os outros”. Ledo engano. A educação inclusiva não está mais limitada àqueles que, até então, não eram compreendidos em função de comorbidades, das defasagens intelectuais e/ou pedagógicas, não é apenas choque de gerações e, sim, uma exigência renovada de escuta com ampliação da linguagem em toda sua dimensão.

De acordo com Luria (1902-1977), como citado em Fonseca (2015):

> [...] torna-se assim um paradigma fundamental da educação e da reabilitação. Com a educação cognitiva o seu objetivo deve visar à otimização máxima possível do potencial de aprendizagem de estudantes com rendimento normal ou superior. Com a reabilitação cognitiva, a finalidade da sua intervenção pode visar à compensação e ao enriquecimento do potencial habilitativo de indivíduos portadores de desigualdades sociais, de dificuldades, perturbações, transtornos e desordens psicológicas de aprendizagem ou mesmo dirigida para indivíduos portadores de necessidades especiais e deficiências biológicas (Fonseca, 2015, p. 61).

As adaptações têm como finalidade colocar todos na mesma linha de partida, assim como poder chegar juntos ao final; cada um dentro de suas sensibilidades, de suas percepções e de suas criatividades. A cognição é o olhar para fora, perceber-se diante de sua exterioridade, ser plural em um mundo de preconceitos aos diferentes: educar é não se espantar com o novo e, sim, valorizar o mundo das aparências, pois há incertezas.

A cognição é a relação de nossa exterioridade com comunicação direta com nossa interioridade, portanto tem o simbolismo como representação, o que nos dá o sentido de concretude, apesar da subjetividade constituída, capacidade de síntese, de análise, no equacionamento de habilidades, assim como um provocador de ideias.

De acordo com Fonseca (2015):

> A capacidade adaptativa a novas situações numa sociedade supersimbólica como é a atual, cada vez sujeita a mudanças continuas e incertezas imprevisíveis, sugere que a educabilidade cognitiva seja uma componente prioritária e não acessória da educação, da (re) habilitação e da formação de recursos humanos, um capital intelectual futuro, que não pode ser negligenciado ou subutilizado, do qual depende o desenvolvimento integral dos indivíduos e das organizações (Fonseca, 2015, p. 73).

O aprendiz não pode ser tratado como um ente (coisa) em formação, e sim como potencial de inovação de nós mesmos, seres em evolução, continuadores de nossas conquistas humanas, toda estrutura social é responsável pela nossa chegada, seu valor devido é reconhecido, porém o inovar é fundamental, pois requer novas adaptações.

Temos, hoje, a ciência como novidade que veio para somar, não dividir. Princípios bioéticos são permeados pela ética e moral, até então conquistados a duras penas de conflitos que marcaram a humanidade, cicatrizes que se fixaram em nosso inconsciente coletivo.

Não há crescimento sem transgressão, assim disse Bonder (1998),

> [...] Quem não se horroriza perde a capacidade de detectar a estreiteza. Nossa insensibilidade se beneficia daquilo que não rompe, das ditas "boas ações" que não ferem os códigos da moral animal. Cada vez que fazemos o esperado, reforçamos um padrão automático de torpo existe em nós uma tendência de querer agradar a nós, aos outros e à moral de nossa cultura (Bonder, 1998, p. 65).

CONCLUSÃO

As reflexões são voltadas ao ser como sujeito em seu ambiente de aprendizado, assim mover no sentido de enxergar a vida que se desponta com possibilidades além de nossa visão estreita, cuja representação nos move a girar de forma circular, ou seja, na condição de condutor, provocador, com a proposta de dar oportunidades, questionar velhas receitas, inovadores, sustentados em embasamentos científicos atualizados, oferecendo oportunidades a todos.

O mundo das ideias não cessa, assim como dos conceitos inovadores, as práticas de como fazer complementam as teorias, cabe a nós professores sem redundância finalizar com a citação de Capovilla (2010):

> Cabe a nós, pesquisadores e educadores, iniciar um esforço cooperativo intensivo de análise comparativa das práticas nacionais e internacionais, bem como de avaliação, intervenção e pesquisa para buscar explicações claras e soluções efetivas para o problema. Precisamos descobrir por que os desempenhos dos alunos têm piorado de modo tão sistemático e marcante. E, sobretudo, descobrir soluções claras e eficazes, capazes de reverter esse quadro alarmante, e empreendê-las de modo decisivo, sistemático, lúdico e corajoso. Precisamos analisar a fundo o que ocorre hoje na educação brasileira e comparar com o que ocorre nos países mais avançados do mundo, tendo sempre em mente os problemas que podemos corrigir e os erros que podemos evitar, de modo a dar às nossas crianças um ensino de melhor qualidade, capaz de torná-las mais competentes (Capovilla, A. & Capovilla, F. 2010, P. 4)

Infelizmente, apesar de todo esse conhecimento e de toda essa inovação, ainda não somos capazes de solucionar aqueles que continuam sendo os grandes desafios do século XXI, como as desigualdades sociais, culturais e tecnológicas, na educação Brasileira.

Devemos trabalhar com afinco para que ocorra uma revolução social, pois nela está implícita a necessidade de uma educação que amplie a interpretação de mundo de nossos estudantes, que dialogue com a tecnologia e com os avanços da ciência, sem deixar de investirmos na humanização e, claro, na ampliação individual da consciência. Precisamos de estudantes persistentes, dispostos e aptos a assumir riscos diante das necessidades de nossa sociedade, capazes de lidar com as vastas possibilidades tecnológicas e cientificas, e habilitados para resolver os desafios que se apresentam.

REFERÊNCIAS

Bonder, N. (1998). *A alma imoral.* Rio de Janeiro: Rocco. Capovilla, A., & Capovilla, F. C. (2010). *Alfabetização: Método Fônico* (5 ed.). São Paulo: Memnon.

Coleman, D. (2019). *Inteligência Emocional.* Rio de Janeiro: Objetiva.

Fonseca, V. d. (2015). *Cognição, neuropsicologia e aprendizagem.* Petrópolis-RJ: Editora Vozes.

Luria, A. R. (1990). *Desenvolvimento Cognitivo.* São Paulo: Editora Ícone.

Moreira, L. C., & Baumel, R. C. (2001). Currículo em educação especial: tendências e debates. *Educar*(17), 125-137. Acesso em 7 de 7 de 2021, disponível em https://doi.org/10.1590/0104-4060.224

Relvas, M. P. (2015). *Neurociência e transtornos de aprendizagem* (6 ed.). Rio de Janeiro: Wak.

Ribeiro, R. M. (2021). *A cada um o que é seu: Metodologia CDRA — referência em defasagens educacionais e adaptações.* São Paulo: Núcleo Aprende.

Robinson, K. (s.d.). *Palestra proferida no TED Taks, Monterey (California), fev. 2006.* Acesso em 7 de 7 de 2021, disponível em https://www.ted.com/talks/sir_ken_robinson_do_schools_kill_creativity

Secretaria da Educação do Estado de São Paulo - SEDUC. (2021). *Documento orientador: flexibilização curricular para estudantes público-alvo da educação especial (PAEE).* São Paulo: Governo do Estado de São Paulo.

Takahashi, F. (4 de 8 de 2013). Muita teoria e pouca prática formam os professores. *Folha de São Paulo.* Acesso em 7 de 7 de 2021, disponível em https://www1.folha.uol.com.br/educacao/2013/08/1321237-formacao-do-professor-tem-muita-teoria-e-pouca-pratica.shtml

LEGISLAÇÃO, INCLUSÃO E ADAPTAÇÃO CURRICULAR

Ronaldo Moreira do Nascimento

Rosana Mendes Ribeiro

Ângela Mathylde Soares

RESUMO

Este artigo tem por objetivo analisar, por meio de levantamento bibliográfico, como as políticas públicas educacionais apresentam questões relacionadas à educação inclusiva e às adaptações curriculares. Procurou-se compreender também a repercussão dessas políticas na organização de um trabalho pedagógico flexível do ponto de vista curricular, calcado na perspectiva de uma real inclusão. Identificou-se a persistência de um padrão simplificado e equivocado de processos educacionais pseudo-homogêneos e integradores. A legislação nacional não proporciona subsídios para a organização de um trabalho pedagógico inclusivo, que valorize a cultura de uma escola que reflita valores de igualdade, democracia, altas expectativas, diversidade, colaboração e certeza de que todos os alunos são capazes de aprender e contribuir (Janney & Snell, 2013). Por fim, verificou-se que o sucesso ou insucesso das ações pedagógicas inclusivas são ainda baseadas em iniciativas isoladas de alguns professores ao invés de serem pautadas em políticas educacionais voltadas à geração de escolas inclusivas e que atendam a preceitos mundiais de igualdade e de oportunidades.

Palavras-chave: Inclusão, Flexibilização Curricular, Adaptação Curricular, Legislação.

INTRODUÇÃO

A Constituição da República Federativa do Brasil de 1988 (CF/88) conferiu ao País o princípio fundamental da dignidade da pessoa humana (CF, 1°, III, 1988), bem como o objetivo da construção de uma sociedade livre, justa e solidária (CF, 3°, I, 1988), sem qualquer discriminação (CF, 3°, IV, 1988).

Dentro desse contexto, insere-se o direito social à educação como direito de todos, com igualdade de condições de acesso (CF, 206, I, 1988), garantido o pleno desenvolvimento da pessoa, o exercício da cidadania e a qualificação para o trabalho (CF, 205, 1988).

Todavia, tal disposição constitucional é norma de eficácia limitada, que vincula o legislador infraconstitucional, revoga a legislação infraconstitucional contrária a esse comando, fornece ao juiz e à administração pública uma direção para suas decisões e tem aplicabilidade indireta, imediata, reduzida.

É norma que necessita de legislação integrativa, posto que a despeito de sua elevada carga valorativa, tem baixa carga normativa. Em outras palavras, para que se tenha efetividade, é necessária a existência de normatividade do enunciado, uma lei no sentido estrito.

Cumpre frisar que a Constituição de 1988 deu destaque especial ao tema "educação", dada a sua imprescindível presença na vida das pessoas, como é notório, inserindo, no texto constitucional, tal verbete mais de cinquenta vezes.

Acrescente-se a isso o fato de que o ser humano que tiver maior escolaridade estará mais apto a ingressar no mercado de trabalho, obtendo melhores salários, rompendo a imobilidade do estrato social e, com isso, o espectro da pobreza.

Também, preocupou-se a Constituição de 1988 com "as pessoas portadoras de deficiências", melhor dizendo as pessoas "com deficiência[1]", particularmente sobre o aspecto da educação, conforme estabelecem os artigos 208, III e 227, II da Lei Maior, garantindo a eles o

1 A utilização do termo "portador de deficiência" deve ser evitada, embora embasada junto a nossa Constituição de 1988. Recomendamos a utilização do termo mais atual, "pessoa com deficiência", que já é padrão no Brasil. Sua adoção tem por base

atendimento educacional especializado e a criação de programas correlatos, respectivamente:

> Art. 208. O dever do Estado com a educação será efetivado mediante a garantia de:
>
> III - atendimento educacional especializado aos portadores de deficiência, preferencialmente na rede regular de ensino;
>
> Art. 227. É dever da família, da sociedade e do Estado assegurar à criança, ao adolescente e ao jovem, com absoluta prioridade, o direito à vida, à saúde, à alimentação, à educação, ao lazer, à profissionalização, à cultura, à dignidade, ao respeito, à liberdade e à convivência familiar e comunitária, além de colocá-los a salvo de toda forma de negligência, discriminação, exploração, violência, crueldade e opressão.
>
> II - criação de programas de prevenção e atendimento especializado para as pessoas portadoras de deficiência física, sensorial ou mental, bem como de integração social do adolescente e do jovem portador de deficiência, mediante o treinamento para o trabalho e a convivência, e a facilitação do acesso aos bens e serviços coletivos, com a eliminação de obstáculos arquitetônicos e de todas as formas de discriminação. (BRASIL, 1988)

É uma classe de estudantes que não pode ser esquecida e discriminada. Nem alocada em regime separatista ou de segregação. Devem, pois, ter o mesmo uniforme, com a mesma oportunidade de acesso, com o mesmo padrão de qualidade.

Tal entendimento se justifica pela simples noção de que estudantes "menos talentosos e capacitados" são inferiorizados em relação aos tidos como mais qualificados. A quebra desse padrão se faz na direção de propostas que contemplem a diversidade em todas as particularidades, com currículo aberto que atenda a todos.

Dando seguimento a esse caminho, a CF/88 não tem conteúdo técnico (na elaboração da Lei Maior), nem poderia dela exigir a precisão, quanto mais, de conceitos sobre pessoas com deficiências.

Todavia, é importante ressaltar que, à época da promulgação da CF/88, não havia a profundidade que hoje existe sobre as pessoas que têm necessidades educacionais especiais.

> [...] um aluno tem necessidades educacionais especiais quando apresenta dificuldades maiores que o restante dos alunos da sua idade para aprender o que está sendo previsto no currículo, precisando, assim, de caminhos

---

a promulgação da Lei Brasileira de Inclusão da Pessoa com Deficiência em 2015 e tornou-se mais usual a partir de 2018.

> alternativos para alcançar este aprendizado (Borges, 2005, p. 03, como citado em Bortolozzo 2007, p. 15).

Isso só vem a demonstrar que a sociedade brasileira, de certo modo, evoluiu, preocupando-se com esse problema que tem afetado milhões de pessoas, não bastasse o precário ensino que hoje dispomos com os alunos copistas, à evidência do universo do analfabetismo funcional decorrente do ineficiente regime das políticas públicas educacionais (em destaque: reorganização dos ciclos, desrespeito ao sistema de escrita alfabético e a progressão continuada).

Para piorar esse cenário, adveio a normalização acrítica do ensino à distância como substituição dos processos educativos presenciais; agravando ainda mais as desigualdades educacionais em nosso país, em destaque, os estudantes em processo de alfabetização e os estudantes com necessidade especiais de aprendizagem, que dependem muito mais do ensino presencial, seja na atenção, seja no atendimento particularizado e afetivo. Porém, de forma geral, estudos nos apontam para quatro anos de retrocesso escolar e uma avalanche de evasão escolar (Fundação Lemann, 2020; Escola de Economia de São Paulo da Fundação Getúlio Vargas [FGV / EESP], 2020).

LEGISLAÇÃO INFRACONSTITUCIONAL

Com base nas disposições constitucionais mencionadas anteriormente, o legislador pátrio, com vistas a dar valor normativo e a referendar o direito social à educação, disposto na CF/88, editou diversas normas, em sede infraconstitucional, consolidando, assim, as normas de ensino, bem como de proteção ao educando especial.

A Lei nº 7.853, de 24 de outubro de 1989 (Brasil, 1989), dispõe sobre a Política Nacional para a Integração da Pessoa Portadora de Deficiência e seu art. 2º, I, determina:

> a inclusão, no sistema educacional, da Educação Especial como modalidade educativa que abranja a educação precoce, a pré-escolar, as de 1º e 2º graus, a supletiva, a habilitação e reabilitação profissionais, com currículos, etapas e exigências de diplomação próprios; (Brasil, 1989)

Em 1990, adveio a Lei nº 8.069, conhecida como Estatuto da Criança e do Adolescente, em cujos artigos 53, "caput" e 54, III, referenda o direito deles à educação e determina Atendimento

Educacional Especializado àqueles que tenham necessidades especiais de aprendizagem:

> Art. 53. A criança e o adolescente têm direito à educação, visando ao pleno desenvolvimento de sua pessoa, preparo para o exercício da cidadania e qualificação para o trabalho ("omissis");
>
> Art. 54. É dever do Estado assegurar à criança e ao adolescente: III - atendimento educacional especializado aos portadores de deficiência, preferencialmente na rede regular de ensino (Brasil, 1990).

Não bastasse isso, o Estatuto da Criança e do Adolescente ditou regras de responsabilização, não só para a ausência de ensino aos alunos típicos, mas também aos que têm necessidades especiais[2].

Prosseguindo, editou-se a principal norma ordinária que rege o ensino no País, que é a Lei de Diretrizes e Bases (LDB), Lei 9.394/96 (Brasil, 1996). O legislador, por essa lei, deu salvaguardas ao aluno típico, cujo verbete se apresenta quarenta vezes no citado texto diretivo, ao passo que seu olhar foi tímido para os alunos com necessidade especiais (cinco vezes). Dos noventa e dois artigos, somente quatro foram destinados para a "educação especial", que também abrangem a superdotação.

Determina-se que a base curricular, métodos, técnicas, recurso educativos e organização, segundo a LDB, em seu artigo 59, inciso I, devem estar atrelados às necessidades do educando especial:

> Art. 59. Os sistemas de ensino assegurarão aos educandos com deficiência, transtornos globais do desenvolvimento e altas habilidades ou superdotação:(Redação dada pela Lei nº 12.796, de 2013)
>
> I - currículos, métodos, técnicas, recursos educativos e organização específicos, para atender às suas necessidades. (Lei nº 9.394, 1993)

A LDB também tratou da responsabilização da autoridade competente que, por negligência, não ofereça ao aluno o ensino obrigatório. Cuida-se de medida salutar como forma de impor à sociedade (Poder Público e particulares) essa importante responsabilidade sobre os educandos no aprimoramento de seu aprendizado escolar.

---

2 Art. 208. Regem-se pelas disposições desta Lei as ações de responsabilidade por ofensa aos direitos assegurados à criança e ao adolescente, referentes ao não oferecimento ou oferta irregular:

I - do ensino obrigatório;

II - de atendimento educacional especializado aos portadores de deficiência;

A Lei 10.172/01 (Brasil, 2001) trouxe o Plano Nacional de Educação e inovou ao tratar o educando "portador de deficiência" como educando "com necessidades especiais". Isso já, por si só, representa um avanço na lida com alunos "atípicos". Dentro de suas diretrizes, dispôs o reconhecimento das crianças, dos jovens e dos adultos especiais como cidadãos e de seu direito a estarem integrados na sociedade o mais plenamente possível, com a adequação dos correlatos materiais pedagógicos.

Com defasagem de 3 anos, publicou-se o Plano Nacional de Educação [PNE] (Lei nº 13.005, 2014) em cumprimento ao art. 214 da CF/88, no qual se deu mais atenção aos alunos com necessidades especiais, dispondo sobre mais garantias, como a oferta de educação inclusiva e o atendimento educacional especializado.

Ressalta-se a importância do PNE de 2014 para o incentivo a novas práticas pedagógicas que estabeleçam métodos que quebrem estruturas pedagógicas que nada contribuíram para o aperfeiçoamento do ensino no País desde a LDB, conforme reza o item 7.12 do referido PNE, abaixo transcrito:

> 7.12) incentivar o desenvolvimento, selecionar, certificar e divulgar tecnologias educacionais para a educação infantil, o ensino fundamental e o ensino médio e <u>incentivar práticas pedagógicas inovadoras que assegurem a melhoria do fluxo escolar e a aprendizagem, assegurada a diversidade de métodos e propostas pedagógicas</u>, com preferência para softwares livres e recursos educacionais abertos, bem como o acompanhamento dos resultados nos sistemas de ensino em que forem aplicadas (Brasil, 2001).

O Estatuto da Pessoa com Deficiência (Lei nº 13.146, 2015) teve como base a Convenção sobre os Direitos das Pessoas com Deficiência e trouxe uma importante disposição legal que é a institucionalização do projeto pedagógico para atender ao educando com necessidades especiais.

Essas foram as principais leis federais desde 1988, responsáveis pela evolução do reconhecimento das pessoas com necessidades especiais de aprendizagem. Mesmo assim, o País carece de novos métodos de ensino que contribuam, de forma eficaz, com o aprendizado dessas pessoas, bem como de ferramentas que obriguem as autoridades públicas e particulares a efetivarem tais métodos.

ACORDOS INTERNACIONAIS

Os acordos internacionais de proteção às pessoas com necessidades especiais tiveram a sua importância como meio de alertar as autoridades nacionais sobre o descaso que o País tem com os educandos atípicos.

A despeito disso, a Declaração de Salamanca (Organização das Nações Unidas para a Educação, a Ciência e a Cultura [UNESCO], 1994) e a de Cochabamba (UNESCO, 2001) endossaram a escolarização inclusiva, estimulando o fortalecimento de pesquisa, e novos métodos de ensino que reforcem o aprendizado dos alunos atípicos.

Quanto ao sistema educacional, decidiu-se pela adoção do princípio da educação inclusiva em forma de lei ou política, levando-se em consideração, por óbvio, a diversidade de características e as necessidades dos alunos.

Nesse ponto, assevera que a legislação deveria reconhecer o princípio de igualdade de oportunidade para crianças, jovens e adultos com deficiências na educação primária, secundária e superior, sempre que possível em ambientes integrados.

Quanto ao currículo, a adaptação às necessidades dos alunos atípicos é crucial. As escolas deveriam, portanto, prover oportunidades curriculares que sejam apropriadas à criança com habilidades, características e interesses diferentes, disso advém a individualização do atendimento.

De fato, os alunos atípicos deveriam receber apoio instrucional adicional no contexto do currículo regular e não um currículo diferente. O princípio regulador deveria ser o de providenciar a mesma educação a todas as crianças e, também, prover assistência adicional e apoio às crianças que assim o requeiram.

A Declaração de Salamanca traz à baila a importância da participação dos pais que têm o direito imanente a serem consultados sobre a forma de educação mais apropriada às necessidades, às circunstâncias e às aspirações de suas crianças.

Segundo ela, os pais deveriam ser considerados aliados das escolas, que podem fornecer importantes subsídios na construção do aprendizado das crianças, e como tais poderem decidir sobre qual tipo de provisão educacional que eles desejam para suas crianças.

Ainda, estabelece que a família é o elo com as escolas, sendo imprescindível a sua participação no ensino. A sua ausência na condução do ensino gera o descompasso no aprendizado da criança.

A Convenção de Salamanca (UNESCO, 1994) afirmou que, a partir do momento em que compete aos pais a escolha da escola para seus filhos, isso significa que eles precisam obter toda e qualquer informação suficiente que os permita decidir sobre os méritos relativos de escolas especiais ou regulares para seus filhos e, por conseguinte, escolhida a escola, participar e influenciar no planejamento e na qualidade do ensino.

A Declaração de Cochabamba (UNESCO, 2001), realizada em 06 de março de 2001, também caminhou no mesmo sentido, expressando a preocupação de qualificar as práticas de ensino. Endossou o fato de que o papel dos professores é insubstituível para assegurar um aprendizado de qualidade na sala de aula. Reforçou que os sistemas educacionais devem ser atrelados à diversidade de capacitações, às vocações e aos estilos, com foco nas necessidades especiais de aprendizagem.

Tais diplomas internacionais catalisaram o pensamento pedagógico sobre o ensino inclusivo, o currículo flexibilizado, a qualificação dos professores e a participação imprescindível dos pais em todo esse processo. Sem dúvida, representam um marco na defesa do aluno com necessidades especiais de aprendizagem.

ENSINO INCLUSIVO

A partir dessas convenções internacionais, que deram maior alento e atenção aos alunos com necessidades especiais, é perceptível que houve um incremento com as políticas públicas nacionais, resultando no maior número desses alunos assistidos nas escolas, à evidência da legislação que hoje se encontra mais aprimorada, mas não o ideal. (Assim sendo, essas práticas são direcionadas para um grupo homogêneo, com capacidade, dentro da faixa etária, com parâmetros normais).

Nessa esteira, as principais leis brasileiras fornecem, como já estudadas anteriormente, ferramentas para a integração dessas pessoas com necessidades especiais de aprendizagem no mesmo ambiente escolar com alunos típicos.

Todavia, só isso não é suficiente. A base curricular desses alunos deve estar de acordo com suas características, alinhadas às suas necessidades, conforme se verá doravante.

A inclusão não se faz presente somente na relação alunos-escola. A inclusão é ampla e deveras complexa: pais-escola, professores-escola, todos esses atores imbuídos no mesmo propósito e desafio: o aprendizado eficiente dos alunos com necessidades especiais.

Qualquer relação que falte a essa ampla inclusão comprometerá o ensino do aluno atípico.

A dificuldade do ensino inclusivo no País decorre dessas relações. Se não houver uma convergência de interesses, de disposição, de vontade e de responsabilidades entre esses atores, não teremos ensino inclusivo, mas teremos uma teoria de processo de inclusão, o que acontece em muitas escolas brasileiras.

No seio dessa inclusão, estão as políticas públicas, realizadas por meio de gestões. O Poder Público definiu, de forma abstrata, por leis, o ensino inclusivo. Porém, isso não basta. Há necessidade de empenho e de vontade política.

MODIFICAÇÃO CURRICULAR PARA EFETIVAÇÃO DO ENSINO INCLUSIVO

Dentro desse contexto educacional, a modificação curricular dos alunos com necessidades especiais se faz presente. Não se trata, pois, de modificação do currículo em si, mas de sua flexibilização de acordo com as características, dificuldades, potencialidades e desempenho desses alunos. Trata-se de um currículo dinâmico, alterável, passível de ampliação.

Nota-se que o currículo modificado, flexibilizado não é um currículo diferente, mas aquele em que o professor apresente atividades que estejam de acordo as especificidades desses alunos, que podem apresentar dificuldades escolares, ser um autista, um disléxico ou ainda apresentar deficiências intelectuais ou quaisquer outras necessidades de aprendizagem.

O universo das necessidades especiais é grande. Portanto, o direito de acesso à escola não pode ser restrito em respeito à individualidade do ser humano e ao senso de pertencimento à sociedade.

Assim, quando se parte de um currículo flexível, não se fala de alunos com diagnóstico de deficiência e sim de uma pedagogia das diferenças e não dos diferentes. Cada aluno é um universo, com histórias sociais únicas. Cada um tem um grau diferente de desenvolvimento físico, mental, que pode parecer óbvio, mas, para a elaboração curricular, mostra-se essencial, o que não é feito pela vasta maioria das escolas, pública e privadas.

A partir desse olhar, consegue-se elaborar práticas educacionais inclusivas.

Existe, é certo, um currículo global elaborado pelo Poder Público. A Base Nacional Comum Curricular (BNCC), definida pela LDB, que tem como princípio qualificar a educação no País, estabelecendo um currículo base, de orientação e seguimento pelas instituições de ensino. O próprio artigo 210 da LDB fixa conteúdos mínimos para assegurar a formação básica comum.

O distanciamento desse padrão curricular é patente e urge, para o País, que um currículo inclusivo se origine a partir das características individuais de cada um, a forma como ele será seguido precisa sim partir de uma realidade, de uma turma real, conforme já exposto anteriormente.

ENSINO PARTICULARIZADO E INDIVIDUAL – METODOLOGIA CDRA

Para o aluno típico tal discussão não tem a mesma profundidade que existe para o aluno atípico. Se de um lado, há o aluno com necessidades especiais de aprendizagem, do outro, deverá haver o professor com imprescindíveis habilidades e conhecimentos especiais.

Aqui ingressa, como já exaustivamente relatado acima, o currículo flexibilizado em que há práticas e rotinas pedagógicas direcionadas particular e individualmente ao aluno com necessidades especiais.

Nesse contexto, o professor que tiver ferramentas que dinamizem a prática educacional inclusiva certamente conseguirá implementar a assimilação do conteúdo pelo aluno.

A Metodologia CDRA — Classificação Digital para Reenquadramento de Aprendizagem (Ribeiro, 2021), referência em defasagens educacionais e em adaptações curriculares, baseada em conceitos inovadores da Neurociência e em conceitos fundamentais: a adaptação curricular[3] e o desenho universal de aprendizagem, trouxe luz para essas dificuldades, a qual é destinada para as salas heterogêneas e com necessidades especiais. Por essa metodologia que envolve formação, mapeamento e intervenções preventivas[4] e remediativas, concebe-se ao professor a oportunidade de decisões flexíveis para, então, determinar uma educa-

---

3 O conceito de adaptações curriculares, consideradas como: estratégias e critérios de atuação docente, admitindo decisões que oportunizam adequar a ação educativa escolar às maneiras peculiares de aprendizagem dos alunos, considerando que o processo de ensino-aprendizagem pressupõe atender à diversificação de necessidades dos alunos (MEC/SEESP/SEB, 1998).

4 A literatura tem apontado a prevenção como um fator de extrema importância no combate às dificuldades de aprendizagem, uma vez que há grandes chances de sucesso nos casos em que a dificuldade da criança é precocemente identificada, além da presença de maior neuroplasticidade nos primeiros anos da infância, ou

ção individualizada (incluindo serviços e apoios especiais, acomodações e modificações) com planejamento e monitoramento da evolução de seus alunos.

Trata-se, pois, de uma prática pedagógica individualizada, calcada na particularidade de cada aluno:

> [...] que contempla as naturais e compreensíveis diferenças no aprendizado e consegue aquilo que poderia parecer utopia para mentes acomodatícias. A elaboração de padrões distintos e adaptados aos respectivos níveis de aprendizagem satisfaz a exigência da educação de qualidade e constitui manifestação autêntica de justiça. (Ribeiro, 2021, p. 11-12).

Uma proposta que faz com que o contexto educacional não fique preso a diagnósticos que não cabem ao professor realizar ou mantem o contexto educacional à espera de resultados externos para que o aluno possa aderir e responder a uma educação de qualidade. Pelo contrário, ela oferece uma linguagem clara, de fácil acesso às escolas e aos educadores, além de recursos e de instrumentos para oferecer suporte em diferentes níveis educacionais ao aluno (Pantano, 2015).

RESPONSABILIZAÇÃO DA NÃO-INCLUSÃO E INEFICIÊNCIA DO PROCESSO PDUCACIONAL

A par de tudo o que foi exposto, a implementação e a efetivação do ensino inclusivo dependem da vontade de suas principais autoridades, quais sejam, os agentes políticos, diretores e professores das escolas públicas e privadas e, também, dos sindicatos dos professores.

Não obstante o excelente arcabouço normativo constitucional e infraconstitucional, bem como os acordos internacionais sobre a inclusão, tais não são suficientes para a implementação desse processo de ensino.

De igual forma, a existência de novos e eficientes métodos de pedagogia inclusiva, como o CDRA, não aliviam o quadro hesitante do ensino de inclusão.

A alternativa é a responsabilização dessas autoridades por meio de ações judiciais.

---

seja, a maior adaptação funcional ou estrutural que permite a aquisição do conhecimento (Casella; Amaro Junior; Da Costa, 2011).

Há julgados do Tribunal de Justiça do Estado do Rio Grande do Sul e do Estado de Santa Catarina, condenando o Poder Público a garantir a inclusão de alunos com necessidades especiais no "ensino regular"[5], evitando-se o enclausuramento em face do diferente, privando-o da vivência cotidiana[6].

Porém, a jurisprudência pátria, especificamente sobre o assunto em comento (flexibilização curricular para inclusão), ainda não foi instada e questionada.

Cuida-se de um assunto extremamente específico, cujo provimento judicial é plenamente possível, em razão do que reza a própria CF/88 em seu artigo 205, atribuindo ao Estado e à família o ensino, visando ao pleno desenvolvimento da pessoa, bem como do que dispõe o artigo 54, inciso III, do ECA (Brasil, 1990), que compele o Estado ao atendimento especializado para o aluno com necessidades especiais.

No entanto, a responsabilização judicial das autoridades educacionais, quanto à ineficiência do processo educacional inclusivo, é deveras controversa, em razão de que nele se envolvem vários atores: Poder

---

5 Apelação / 70072352941 / Tribunal de Justiça do Estado do Rio Grande do Sul. Oitava Câmara Cível. APELAÇÃO CÍVEL. ECA. GARANTIA CONSTITUCIONAL DE ACESSO À EDUCAÇÃO. CRIANÇA QUE APRESENTA DEFICIÊNCIA AUDITIVA. TURMA EXCLUSIVA PARA DEFICIENTES AUDITIVOS. DESCABIMENTO, NO CASO. 1. O direito à educação, especialmente àquelas crianças e adolescentes que possuam necessidades especiais, constitui direito fundamental social, que deve ser assegurado de forma solidária pelos entes federativos, com absoluta prioridade, nos termos dos artigos 208, III, e 227, § 1°, II, ambos da Constituição Federal, artigos 4° e 54, III, ambos do Estatuto da Criança e do Adolescente, e artigos 4°, 58 e 59, todos da Lei n.° 9.394/96. 2. Contudo, não é cabível, no caso, a manutenção de turmas exclusivas para crianças portadoras de deficiência auditiva durante todo o Ensino Fundamental (6° ao 9° ano), visto que devem ser respeitadas as novas diretrizes educacionais, que visam assegurar a inclusão dos alunos deficientes na rede regular de ensino. APELAÇÃO DESPROVIDA.

6 Embargos de Declaração / 0019698-90.2016.8.24.0000 / Tribunal de Justiça do Estado de Santa Catarina. Quarta Câmara de Direito Público (...) Pluralidade e igualdade são duas faces da mesma moeda. O respeito à pluralidade não prescinde do respeito ao princípio da igualdade. E na atual quadra histórica, uma leitura focada tão somente em seu aspecto formal não satisfaz a completude que exige o princípio. Assim, a igualdade não se esgota com a previsão normativa de acesso igualitário a bens jurídicos, mas engloba também a previsão normativa de medidas que efetivamente possibilitem tal acesso e sua efetivação concreta. 5. O enclausuramento em face do diferente furta o colorido da vivência cotidiana, privando-nos da estupefação diante do que se coloca como novo, como diferente(...).

Público, pais, professores e o próprio aluno. Responsabilizar judicialmente as autoridades educacionais pelo desempenho insatisfatório de um aluno atípico demandará um conjunto probante robusto por causa dos pressupostos da responsabilidade civil.

A prevenção a esses questionamentos, que se mostra mais prudente e eficaz, à evidência de que uma demanda judicial tem tramitação letárgica e pode ficar inconclusiva ao tempo exigido, resume-se no interesse e no empenho do Poder Público, das autoridades educacionais e dos pais de promoverem o currículo inclusivo dos alunos atípicos com eficiência. É a inafastabilidade do binômio: inclusão curricular-eficiência.

CONCLUSÃO

Dentre tudo o que foi visto, confere-se a inalienabilidade do direito da pessoa com necessidades especiais a uma escola inclusiva com a integração e a participação dos principais atores na formação do indivíduo, que são os pais, o professor e os profissionais de áreas afins.

O ordenamento nacional ampara, em quase totalidade, a concreção desse direito. O que falta é um empenho maior do Poder Público na elaboração da base curricular em que haja a individualização do ensino aos alunos, que podem a qualquer momento de suas vidas apresentar necessidades educacionais específicas, temporárias ou definitivas, bem como na formação de professores com conteúdos e com disciplinas específicas para atuação efetiva ao atendimento de um grupo sabidamente heterogêneo.

Não bastasse isso, o campo da pedagogia deve ser aberto a novos métodos de aprendizagem eficientes, como a citada Metodologia CDRA, baseada em conceitos inovadores da Neurociência e em conceitos fundamentais à adaptação curricular e ao desenho universal de aprendizagem.

Que novos estudos possam continuar demonstrando que é emergencial modelos educacionais verdadeiramente inclusivos:

As equipes escolares usam tomadas de decisão flexíveis para determinar os programas de educação individualizada dos alunos (incluindo seus serviços especiais e apoios, acomodações e modificações) que não são baseadas em categorias de deficiência (Janney & Snell, 2013, p. 20).[7]

---

7 Traduzido livremente de: "School teams use flexible decision making to determine students' individualized education programs (including their special services and supports, accommodations, and modifications) that are not based on disability categories." (JANNEY e SNELL, 2013, p. 20).

REFERÊNCIAS

Bortolozzo, A. R. S. (2007). Banco de dados para o uso das tecnologias de informação e comunicação na prática pedagógica de professores de alunos com necessidades especiais [Dissertação de mestrado Pontifícia Universidade Católica do Paraná]. Disponivel em: <http://www.educadores.diaadia.pr.gov.br/arquivos/File/2010/artigos_teses/Pedagogia/anarita.pdf>. Acesso em: 30 ago. 2021.

Brasil (1988). Constituição da República Federativa do Brasil. Brasília: Presidência da República. Disponivel em: <http://www.planalto.gov.br/ccivil_03/constituicao/constituicao.htm>. Acesso em: 21 maio 2021.

Brasil (1989). Lei N.º 7.853, de 24 de outubro de 1989: Dispõe sobre o apoio às pessoas portadoras de deficiência, sua integração social, sobre a Coordenadoria Nacional para Integração da Pessoa Portadora de Deficiência - Corde, institui a tutela jurisdicional [.]. Brasília: Presidência da República. Disponivel em: <http://www.planalto.gov.br/ccivil_03/Leis/L7853compilado.htm>. Acesso em: 21 jul. 2021.

Brasil (1990). Lei Federal n. 8069, de 13 de julho de 1990: Dispõe sobre o Estatuto da Criança e do Adolescente e dá outras providências. Brasília: Presidência da República. Disponivel em: <http://www.planalto.gov.br/ccivil_03/leis/l8069.htm>. Acesso em: 21 maio 2021.

Brasil (1996). Lei N. 9.394, de 20 de dezembro de 1996: Estabelece as diretrizes e bases da educação nacional. Brasília: Presidência da República. Disponivel em: <http://www.planalto.gov.br/ccivil_03/leis/L9394compilado.htm>. Acesso em: 6 jun. 2021.

Brasil (2001). Lei N.º 10.172, de janeiro de 2001: Aprova o Plano Nacional de Educação e dá outras providências. Brasília: Presidência da República. Disponivel em: <http://www.planalto.gov.br/ccivil_03/leis/leis_2001/L10172.htm>. Acesso em: 26 jul. 2021.

Brasil (2014). Lei n.º 13.005, de 25 de junho de 2014: Aprova o Plano Nacional de Educação - PNE e dá outras providências. Brasília: Presidência da República. Disponivel em: <http://www.planalto.gov.br/ccivil_03/_ato2011-2014/2014/lei/l13005.htm>. Acesso em: 6 jun. 2021.

Brasil (2015). Lei N.º 13.146, de 6 de julho de 2015: Institui a Lei Brasileira de Inclusão da Pessoa com Deficiência (Estatuto da Pessoa com Deficiência). Brasília-DF: Presidência da República. Disponivel em: <http://www.planalto.gov.br/ccivil_03/_ato2015-2018/2015/lei/l13146.htm>. Acesso em: 29 maio 20.

Casella, E. B., Amaro Junior, E., & Da Costa, J. C. (2011). As bases neurobiológicas da aprendizagem da leitura. In: ARAÚJO, A. P. Aprendizagem infantil: uma abordagem da neurociência, economia e psicologia cognitiva. Rio de Janeiro: Academia Brasileira de Ciências, p. 37-78.

Escola de Economia de São Paulo da Fundação Getúlio Vargas [FGV / EESP] (2020). Perda de aprendizado no Brasil durante a pandemia de covid-19 e o avanço da desigualdade educacional. São Paulo: Clear. Disponivel em: <https://fundacaolemann.org.br/storage/materials/e828oun5zDAh6bqCMcplmqKz1VsD5Tr3jTgecYXd.pdf>. Acesso em: 26 jul. 2021.

Fundação Lemann (2020). Educação pode retroceder até quatro anos devido à pandemia: crianças e adolescentes em vulnerabilidade social são os mais prejudicados, aponta estudo da FGV EESP Clear encomendado pela Fundação Lemann. Fundação Lemann.Disponivel em: <https://fundacaolemann.org.br/materiais/educacao-pode-retroceder-ate-quatro-anos-devido-a-pandemia>. Acesso em: 26 jul. 2021.

Janney, R., & Snell, M. E. (2013). Modifying schoolwork: teacher's guides to inclusive practices. 3. ed. Baltimore - EUA: Brookes Publishing Company.

Malacrida, P. D. F., & Moreira, L. C. (2009). Adaptações/adequações curriculares no processo de inclusão: das políticas educacionais às prática pedagógicas. IX Congresso Nacional de Educação - EDUCERE / III Encontro Sul Brasileiro de Psicopedagogia, Curitiba, p. 6600-6609, out. Disponivel em: <https://educere.bruc.com.br/arquivo/pdf2009/3161_1327.pdf>. Acesso em: 26 jul. 2021.

Ministério da Educação / Secretaria de Educação Especial [MEC/SEESP] (2001). Resolução CNE/CEB N.º 2, de 11 de setembro de 2001: Institui diretrizes nacionais para a educação especial na educação básica. Brasília: Ministério da Educação. Disponivel em: <http://portal.mec.gov.br/seesp/arquivos/pdf/resolucaocne.pdf>. Acesso em: 12 jul. 2021.

Organização das Nações Unidas para a Educação, a Ciência e a Cultura [UNESCO] (1994). Declaração de Salamanca: sobre princípios, políticas e práticas na área das necessidades educativas especias. Ministério da Educação. Disponivel em: <http://portal.mec.gov.br/seesp/arquivos/pdf/salamanca.pdf>. Acesso em: 21 maio 2021.

Organização das Nações Unidas para a Educação, a Ciência e a Cultura [UNESCO] (2001). Declaração de Cochabamba: educação para todos - cumprindo nossos compromissos coletivos. Cochabamba: UNESCO. Disponivel em: <http://www.dominiopublico.gov.br/download/texto/ue000005.pdf>. Acesso em: 18 ago. 2021.

Pantano, T. (2015). Como se estuda? Como se aprende?. São José dos Campos-SP: Pulso.

Ribeiro, R. M. (2021). A cada um o que é seu: Metodologia CDRA — referência em defasagens educacionais e adaptações. São Paulo: Núcleo Aprende.

PLANO DE ENSINO INDIVIDUALIZADO (PEI) PARA ESCOLARES COM TRANSTORNOS ESPECÍFICOS DE APRENDIZAGEM

Andréa Carla Machado

Suzelei Faria Bello

Simone Aparecida Capellini

INTRODUÇÃO

Em um panorama de constantes mudanças no qual se encontra o processo educacional, torna-se inevitável coexistir possibilidades colaborativas para que a escola inclusiva se torne cada vez mais uma realidade que atenda às necessidades educativas especiais[1].

A premissa de uma escola para todos se fundamenta na igualdade e na pluralidade de direito ao acesso à educação de qualidade, um modelo que seja suficiente para restituir e reconhecer as particularidades individuais e se adaptar a ela, garantir a todos os educandos uma aprendizagem máxima e participativa (Miranda H. & Miranda R., 2020).

Uma educação inclusiva que atenda a diversidade, potencializando o processo de ensino e de aprendizagem de cada aluno traz no cerne da questão pontos relevantes a serem abarcados, um deles, a latente demanda de atender a diversidade para que todos tenham a oportunidade de atingir seu potencial, perfazendo como foco o reconhecimento

1 Necessidades Educativas Especiais – a expressão utilizada desde a declaração de Salamanca (1994) ao se referir a crianças e jovens cujas necessidades para aprender devem ser edificadas na diversidade do ser humano.

das necessidades, implica nas ações cooperativas e sobre as adaptações curriculares, dois pilares do compromisso fundamental deste capítulo.

Documentos legais fundamentam a importância de uma perspectiva inclusiva que atenda a todos os alunos, sendo pontuadas desde a Declaração de Salamanca (Organização das Nações Unidas para a Educação, a Ciência e a Cultura [UNESCO], 1994), a Lei de Diretrizes e Bases da Educação Nacional [LDB] (Lei Nº 9.394, 1996), os Parâmetros Curriculares Nacionais (Brasil, 1997), a Política Nacional de Educação Inclusiva (Ministério da Educação [MEC], 2008) e o Plano Nacional de Educação Especial (MEC, 2020) que recomendam ações efetivas que favoreçam a participação ativa na promoção de práticas inclusivas que perpassam pela importância da concretização de práticas fundamentadas.

Nessa perspectiva, os transtornos de aprendizagem são transtornos nos quais os padrões normais de aquisição de habilidades apresentam prejuízos desde os estágios iniciais do desenvolvimento. Eles não são simplesmente uma consequência de uma falta de oportunidade de aprender nem são decorrentes de qualquer forma de traumatismo ou de doença cerebral adquirida (World Health Organization [WHO], 2019).

A Dislexia como um Transtorno Específico de Aprendizagem (American Psychiatry Association [APA], 2014) pode ser caracterizada como uma dificuldade de decodificação e de soletração que resulta em alterações na fluência, precisão, velocidade e compreensão leitora. De origem genética-neurológica, com inteligência normal, ausência de problemas sensoriais e neurológicos, com dificuldades que podem ser observadas desde o início do processo de alfabetização, evidenciado nos processos cognitivos, fonológicos/visuais, acarretando prejuízos no processo de leitura e escrita (Capellini & Germano, 2016).

Pesquisas internacionais (Snowling, 2013), (Peterson & Pennington, 2015) e nacionais (Azoni & Pereira, 2017) relatam a variabilidade do perfil cognitivo de sujeitos com dislexia e, sobretudo, da importância de os profissionais compreenderem preditores precocemente para favorecer o processo de aprendizagem.

Assim, necessitam de monitoramento do progresso, que é parte integral das boas estratégias de intervenção. Por meio desse, os professores, por exemplo, e outros profissionais da pesquisa escolar podem aferir o nível em que o aluno está respondendo a uma instrução. Quando a resposta é inadequada, podem revisar rapidamente o plano de ensino e monitorar o impacto dessas revisões (Fletcher et al., 2009).

Visto isso, identificar, reconhecer e se utilizar de práticas efetivas para atender às necessidades educativas especiais torna-se particularmente imperativo na educação inclusiva, pois transcorre pelo entrelaçamento de elementos que efetivam a ciência como prática baseada em evidência, possibilidades de implementar estratégias que potencialize as práticas de professores e de escolas, a fim de os conduzi a efetivar uma aprendizagem de alta qualidade e resultados sociais para todos (Mitchel, 2001).

A ciência, para os fins dessa discussão, pode ser definida como uma abordagem para o desenvolvimento de um arcabouço de conhecimento consistente e reconhecido sob critérios rigorosos, sistemáticos e objetivos que levaram a refinadas possibilidades de processos interativos, aplicáveis na prática, para que se efetive um processo de aprendizagem diante da particularidade de cada aprendente, delineando, assim, a Prática Baseada em Evidência, PBE (Evidence-based-practice-EBP) (Vaughn & Dammann, 2001).

Cook B. e Cook S. (2011) descreveram uma refinada revisão de procedimentos utilizados na interface com a educação para determinar práticas em evidência na educação especial, estabelecendo indicadores de qualidade que evidenciam sua aplicabilidade.

Assim, Mitchell (2001) descreveu 24 práticas baseadas em evidências no constructo da Educação Especial, que, fundamentadas em sólidas teorias, podem fomentar as práticas empregadas de forma substancial, valorizando o processo inclusivo diante da diversidade de alunos com Necessidades Educativas Especiais que se configuram no contexto educacional. A saber, algumas dessas estratégias podem auxiliar na organização do contexto de aprendizagem, nessa perspectiva que se insere dinâmicas colaborativas, envolvendo grupos de pessoas que compartilham seus conhecimentos para combinar recursos, a fim de gerar soluções para os problemas de aprendizagem ou de comportamento dos alunos com Necessidade Educativa Especial.

Modelos de colaboração são efetivos no contexto da escola inclusiva em que professores da sala regular podem trabalhar em colaboração com professores especialistas, paraprofissionais, profissionais especializados ou outros agentes educacionais que podem contribuir para uma ação inclusiva, nesta proposta, iremos demostrar a colaboração entre professores e especialistas, denominada de Consultoria Colaborativa

DEFINIÇÃO E OPERACIONALIZAÇÃO DO MODELO DE CONSULTORIA COLABORATIVA

Uma proposta (Villa et al., 2008) muito utilizada na América do Norte desde 1990 com o objetivo de criar cooperação para potencializar o trabalho voltado ao aluno com alguma necessidade educacional, tal envolvimento demarca boas habilidades interpessoais de resolução de problemas e de comunicação, a construção de uma relação de confiança entre os agentes participantes do processo e, sobretudo, mudança de paradigma da cultura escolar a fim de criar uma ação de cooperação para reduzir as barreiras de aprendizagem.

Definir "colaboração" como "Ato ou efeito de colaborar, de trabalhar em conjunto; cooperação, ajuda" (Ferreira, 2010), entendo como um processo que permitirá que grupos de pessoas envolvidas de forma voluntária possam combinar seus recursos para gerar soluções cabíveis e eficazes para resolução de um problema ao longo de um determinado período.

O Modelo de Consultoria Colaborativa permite contextualizar e abordar de maneira mais eficaz um problema dentro da perspectiva da educação inclusiva, haja vista que permite uma troca entre especialistas e educadores na tentativa de qualificar o trabalho pedagógico, visando responder à diversidade dos alunos no processo educacional. No entanto, algumas habilidades e componentes devem estar presentes durante o processo, definidos por Brown, Pryzwansky e Schulte (2005) e Kawpwirth (2003), conforme a Figura 1.

Figura 1 - Habilidades e componentes que devem existir entre os componentes da proposta

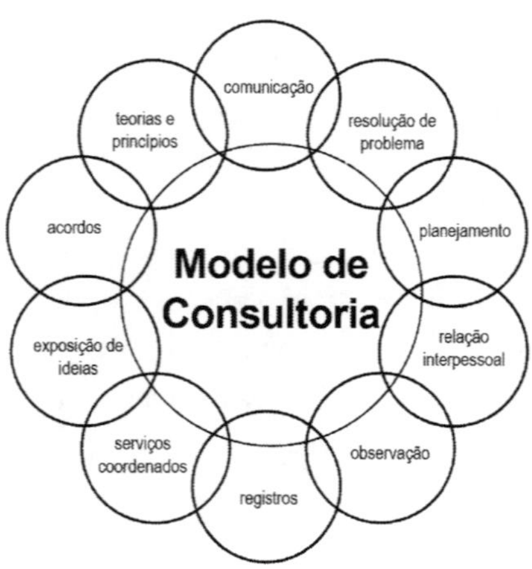

A "consultoria colaborativa" é um processo interativo e cooperativo em que educadores (consultado) e especialistas (consultor) cooperaram para resolver problemas das necessidades especiais de alunos-alvo que necessitam de apoio, recursos para planejar o processo de aprendizagem e de comportamento, de forma a implementar plano de ação, avaliar, gerenciar e monitorar cada etapa do processo (Dettmer et al., 2009).

Kawpwirth (2003) define os passos que podem ser utilizados para auxiliar, colaborar e cooperar com o consultado e o consultor na operacionalização do modelo na figura 2.

Figura 2 - Passos apresentados para operacionalizar o processo

Nota: Adaptado pelas autoras de Kawpwirth (2003).

O processo de consultoria colaborativa no âmbito educacional envolve, a princípio, uma relação de respeito, de confiança e de participação efetiva, utilizando de ferramentas que permitiram que o aluno progrida no processo de ensino e de aprendizagem, dessa forma algumas competências educacionais são elencadas (Dettmer et al., 2009), tais como: a) Conhecimento e consciência dos processos colaborativos; b) Habilidades de comunicação; c) Técnicas de resolução de problemas; d) Organização e gestão de processos colaborativos; e) Valorização e respeito pela diversidade humana; f) Mudança de agente de acordo com a demanda de responsabilidades; g)Aderência aos princípios de ética para consultoria escolar colaborativa. Sendo assim, consultor e consultado combinam seus conhecimentos e estabelecem um programa de ações delineados na Figura 3.

Figura 3 - Operacionalização da proposta entre consultor e consultado

Sobretudo dentro desse modelo, poderão ser identificados as necessidades educativas especiais do aluno e desenvolver planos de ensino que atendam suas particularidades, contudo se torna importante demarcar claramente os papéis dos agentes que compõem o modelo e a atuação, visando que cada etapa deva ser clarificada em cooperação, porém executada de acordo com a responsabilidade de cada agente envolvido no processo (Mitchel, 2008),(Kampwirth, 2003) e (Dettmer et al., 2009), apresentados no Quadro 1.

Quadro 1 - Definições de papéis dentro do contexto educacional

Agentes	Reponsabilidade
Consultado (professor da sala regular/ professor especialista)	· Encaminhar alunos-alvo; · Definir as necessidades primárias do aluno-alvo dentro do constructo acadêmico: leitura, escrita e matemática; · Sugerir possibilidades de intervenção e sucesso de algumas delas e que tipo e grau de intervenção o professor de sala poderá necessitar para atender a demanda do aluno; · Discutir qualquer currículo, ensino e adaptações de avaliação necessárias para o aluno; · Implementar as adaptações necessárias; · O professor da sala de aula deve assumir a responsabilidade principal de educar todos os alunos em sua classe; · O professor especialista pode fornecer materiais de instrução adicionais e ajuda para modificar o ambiente da sala de aula.
Consultor (especialista)	· Não trabalha diretamente com os alunos (exceto ocasionalmente para demonstrar uma estratégia de ensino); · Avaliação deve ser realizada pelo consultor, de acordo com seu campo de especialidade e voltado ao contexto educacional, o que é previsto pelo conselho profissional de cada área, e, então, focar nos futuros encaminhamentos da consultoria para desenvolver um plano com diretrizes e metas
Ação conjunta que deverá ser definida na consultoria colaborativa	· Discussão inicial sobre o processo, discussão com os pais para levantamento das necessidades e apoio na implantação do plano de ação; avaliação e encaminhamentos do estudante para demandas extras (AEE); plano de intervenção e monitoramento. · Anexo 1 e Anexo 2 clarificam o processo de arranjo conjunto.

Dessa maneira, esse modelo pode cooperar grandemente com a ação inclusiva dentro de um dos grandes desafios que recai sobre as adaptações curriculares.

INTERCONEXÃO ENTRE O MODELO DE CONSULTORIA E ADAPTAÇÃO CURRICULAR

Dentro dessa concepção de colaboração, um dos pontos a serem alavancados no processo de consultoria em que ocorra resoluções de problemas voltados ao ensino e à aprendizagem de alunos com necessidades educativas especiais, encontra-se as medidas práticas que instrumentalize os agentes para implementação de adaptações curriculares eficazes.

As "adaptações curriculares" podem ser entendidas como: "Ajustes e modificações que devem ser promovidos nas diferentes instâncias curriculares, para responder às necessidades de cada aluno, e assim favorecer as condições que lhe são necessárias para que se efetive o máximo possível de aprendizagem" (Aranha, 2020).

No documento publicado pela Secretaria de Educação Especial do Ministério da Educação, Parâmetros Curriculares Nacionais - Adaptações Curriculares (Brasil, 1997), são descritas estratégias para educação de alunos com necessidades educacionais especiais, que, para superação dos diversos obstáculos, preconiza dois tipos de adaptações curriculares: adaptações de acesso ao currículo e adaptações pedagógicas.

O PLANO DE ENSINO INDIVIDUALIZADO (PEI)

Uma premissa orientadora da Educação Especial e Inclusiva (MEC, 2008) é que os alunos prosperarão quando os esforços de intervenção se concentrarem em seus pontos fortes, interesses e habilidades individuais emergentes (Pretti-Frontczak & Bricker, 2000). Desde meados da década de 1990, o Plano de Ensino Individualizado (PEI) tem estado no centro dos esforços para individualizar os serviços de necessidades educacionais, particularmente por meio da construção de metas e de objetivos.

Assim, a prática recomendada para o desenvolvimento do PEI sugere que a aprendizagem e o desenvolvimento podem ser aprimorados quando as metas e os objetivos do PEI atendem às necessidades individuais das crianças e são definidos operacionalmente, tornando-os úteis para todos os membros da equipe.

Destacamos aqui, neste capítulo, que nossa definição de equipe inclui membros da escola e profissionais que trabalham juntos para atender às necessidades de cada criança, portanto, sempre que o termo equipe for usado, o envolvimento e a participação devem ser assumidos. Quando as metas e os objetivos estão diretamente ligados a outros componentes-chave do currículo, à prática recomendada, ou seja, ao PEI, sugere-se que os serviços podem ser melhorados.

Goodman e Bond (1993) afirmam que resultados insatisfatórios de intervenção para crianças são resultado de metas e de objetivos de PEI mal redigidos. Especificamente, estratégias que auxiliam no desenvolvimento de metas e de objetivos de qualidade do PEI e, por sua vez, melhorar a ligação entre os componentes do programa e melhorar os resultados para as crianças são necessários.

Um currículo flexibilizado adequado às possibilidades de cada aluno que necessitar de uma adaptação curricular para melhor desenvolver suas habilidades para aquisição de competências para aprendizagem de conteúdo.

Há distintas forma de adaptação curricular: adequação (pequenos ajustes por meio de estratégias); suplementação (por exemplo, retirada ou redução) de conteúdo a serem trabalhados; e as modificações curriculares, nas quais alguns alunos necessitarão de mudanças mais específicas na base curricular.

É mister dizer que se necessitarem desse serviço de adaptações seja ela qual for, precisam ser planejadas e registradas.

Assim, o PEI deve ser elaborado e estruturado pela equipe pedagógica (Brasil, 1997) sob a supervisão do professor regente e executado em sala de aula, quando necessitar de apoio individualizado, pode ser executado por um professor de apoio da instituição escolar para cada aluno, definindo cronograma e atividades para ele de acordo com o currículo vigente na série/ano cursada.

Assim, o PEI deverá respeitar as fases de desenvolvimento que o aluno apresenta, suas conquistas, seus interesses, ou seja, o levantamento de repertório, a fim de estabelecer as estratégias pedagógicas necessárias para efetivar novas aprendizagens. A escrita desse documento deve ser pautada em metas e em objetivos a serem atingidos.

Assim, algumas linhas norteadoras aqui traçadas poderão auxiliar na elaboração desse documento:

- Selecione os objetivos que devem ser alcançados pelo aluno em períodos pré-estabelecidos;
- Adapte atividades (quando necessário) de acordo com as capacidades e habilidades cognitivas de cada aluno, por isso, é imprescindível o levantamento do repertório pedagógico;
- Reavalie constantemente, isto é, por meio de monitoramento, os objetivos elencados no PEI. Esse documento não pode ser algo rígido e inflexível, pois a aprendizagem é dinâmica e processual. Portanto, o professor deverá refazer os objetivos sempre que as metas forem atingidas pelo aluno;
- Adapte a forma de avaliar, passo importante na efetivação do respeito às diferentes formas que os alunos têm de expressar seus conhecimentos.

Diante disso, a avaliação deve partir dos objetivos traçados no PEI. O currículo deve ser flexibilizado e adequado de acordo com as necessidades educacionais específicas de cada aluno, portanto, processual.

Os instrumentos para uma avaliação processual no contexto educacional podem ser protocolos, *checklists* (listas), observação (com base nos objetivos), análise de produção escolar, registros do professor em diferentes momentos da prática pedagógica, tarefas realizadas em casa, realização de provas orais, quando possível, e variação de formas de registro de aprendizagens (fotografias, desenhos etc.).

Se a avaliação é processual, ou seja, do percurso, então é correto considerar o tempo e o ritmo de cada aluno, os quais serão estipulados no PEI. No final do ano letivo, a equipe deverá verificar se as metas traçadas para o aluno foram conquistadas ou se foi alcançada apenas uma parte dos objetivos. Caso apenas parte desses objetivos tenha sido alcançada, as metas precisam permanecer no PEI como objetivos para o período avaliativo seguinte. Nessa perspectiva, as metas do aluno refletirão a qualidade dos resultados e nunca a quantidade de conteúdos trabalhados.

DESCRIÇÃO DE UM ESTUDO DE CASO ÚNICO NO CONTEXTO EDUCACIONAL

No campo definido pelo encontro da linguagem com as questões cognitivas e de ensino, uma característica que esse estudo partilha com outros recentes publicações é a concretização de uma perspectiva colaborativa e a sua fundamentação na metodologia quase experimental, delineamento de sujeito único (Ledford & Gast, 2014). Os estudos de caso devem especificar as condições sob as quais seus resultados podem ser replicados (Wolery et al., 1992). Para entender o processo, apresentamos os participantes como membros da consultoria colaborativa ocorrido no contexto escolar.

PARTICIPANTES E LOCAL

Participaram desse estudo, o qual foi aplicado no contexto educacional, uma Aluna com Diagnóstico de Dislexia Subtipo Fonológico, do sexo feminino com 10 anos e 2 meses de idade, uma Professora de Apoio Pedagógico e duas Profissionais que prestaram a consultoria: Psicopedagogia e Fonoaudiologia.

DESENVOLVIMENTO DA CONSULTORIA COLABORATIVA

A consultoria colaborativa foi desenvolvida devido à demanda acadêmica da aluna-alvo. A Professora de Apoio acompanhou as instruções determinadas no Plano de Ensino Individualizado desenvolvido. Os encontros entre as Profissionais Consultoras e a Professora de Apoio foram mensais com duração total de seis meses no primeiro semestre do ano de 2019.

Figura 4 - Níveis da consultoria colaborativa direcionando para os serviços que podem ser prestados

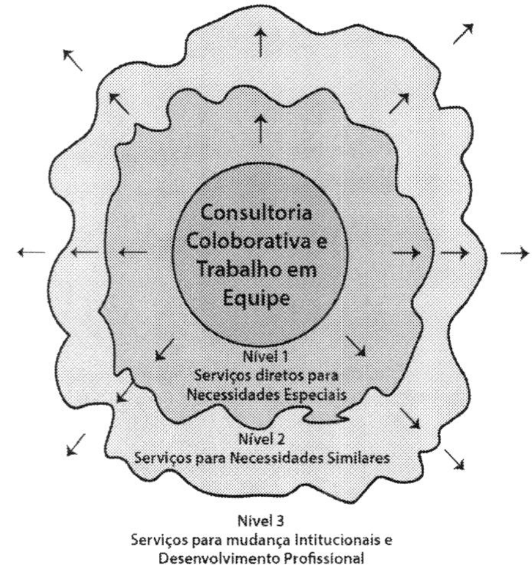

DESENVOLVIMENTO DO PLANO DE ENSINO INDIVIDUALIZADO – PEI POR MEIO DA TUTORIA INSTRUCIONAL

Para o desenvolvimento do PEI, dimensões de qualidade foram inseridas no contexto da consultoria colaborativa como medida de controlar e desenvolver as metas e os objetivos de forma efetiva. Para avaliar as metas e os objetivos escritos do PEI, foram seguidos critérios. A partir de uma revisão completa de pesquisas anteriores (Mcwilliam et al., 2020) sobre as metas e objetivos do PEI e a prática recomendada derivada de valores e de crenças compartilhados por muitos professores, três dimensões de qualidade foram identificadas: contexto instrucional; mensurabilidade e relação hierárquica do envolvidos.

Exemplo abaixo do Plano de Ensino Individualizado – PEI – foi desenvolvido no ano de 2019 diante das necessidades educacionais especiais da aluna e aplicado pela professora de apoio em formato de tutoria instrucional, a qual pode ser aplicada pelo professor e ou por qualquer profissional com formação para o ensino do conteúdo a ser trabalhado. A tutoria instrucional (Machado & Capellini, no prelo) é o caminho sistemático que será seguido de acordo com o programa ou plano de ensino estabelecido para o aluno com necessidades educacionais especificas.

Tabela 1 - Fragmentos retirados do Plano de Ensino Individualizado – PEI da aluna alvo.

Disciplina	Língua Portuguesa
Conteúdo para ano série de acordo com a Base Nacional Comum Curricular (Brasil, 2018) EF05LP01 – Leitura de palavras EF35LP01 e EF35LP03 – Compreensão de leitura	**EF05LP01-** **Habilidade:** Grafar palavras utilizando regras de correspondência fonema-grafema regulares, contextuais e morfológicas e palavras de uso frequente com correspondências irregulares. **EF35LP01 –** **Habilidade:** Ler e compreender, silenciosamente e, em seguida, em voz alta, com autonomia e fluência, textos curtos com nível de textualidade adequado. **EF35LP03** **Habilidade:** Identificar a ideia central do texto, demonstrando compreensão global.

Série/Ano	5º ano ensino fundamental
Conceito Geral	Leitura de palavras, vocabulário e compreensão de leitura.
Características específicas do aluno	Precisa de apoio visual para melhor compreensão e retenção de informação; necessita de atividades manuais para compreensão.
Apresentação da instrução para a atividade	Foram oferecidos o programa de leitura com a série dos livros conforme as etapas e passos propostos.
Avaliação da aprendizagem/ monitoramento	Para medir o desempenho da aluna, foi preenchido um protocolo pela Professora de Apoio. Anotações realizadas de acordo com as etapas.
Materiais para aula	Coleção estrelinha

Glossário dos itens apresentados na tabela 1.

- *Conteúdo*: conjunto de elementos referente a uma disciplina a ser ensinado e relacionado ao conteúdo da matriz da Base Nacional Curricular Comum, BNCC, área de Língua Portuguesa.
- *Conceito Geral*: habilidade que o aluno precisa adquirir para aprender o conteúdo da disciplina.
- *Instrução*: refere-se à maneira como o conteúdo é apresentado e pode determinar o grau de envolvimento do aluno com o conceito e a tarefa.
- *Avaliação da aprendizagem e monitoramento*: medida individualizada realizada por meio de protocolos desenvolvidos para metas e objetivos propostos.

MATERIAL

Para as intervenções realizadas pela Professora de Apoio foram utilizados os livros da coleção estrelinha (Junqueira,2006) Nível I e Nível II em um total de 12 (doze) livros. Os livros apresentam um nível gradativo de complexidade de palavras, compondo elementos psicolinguísticos:

regularidade, extensão e frequência, bem como complexidade gramatical. Abaixo a descrição dos livros da coleção utilizada, a saber:

Tabela 2 - Especificação dos livros utilizados no programa de intervenção

Nome do livro e Nível	Número de páginas	Quantidade de palavras
O pato e o sapo - I	30	130
O macaco e a mola - I	30	120
A foca famosa - I	24	98
O galo maluco - I	24	110
Regina e o mágico - I	24	165
O peru de peruca - I	24	155
A arara cantora - II	24	179
A onça e a anta - II	24	146
O sonho da vaca - II	24	168
O macaco medroso - II	24	200
O caracol viajante - II	24	152
O menino e o muro - II	24	144

Nota: os dois primeiros livros do nível I apresentam mais páginas e mais palavras devido à redundância delas, mecanismo para auxiliar automatização do vocabulário.

DESCRIÇÃO DO PROGRAMA

VARIÁVEL INDEPENDENTE

A variável independente é a duração do seguimento das etapas do programa, é o próprio programa. Etapas foram criadas para cada parte do programa. O número de etapas mostradas no segmento do programa não aumentou durante a condição de tratamento/intervenção com base nas condições do participante.

VARIÁVEL DEPENDENTE

A variável dependente foi o número de etapas concluídas independentemente na cadeia de resposta para cada estrutura do livro utilizado. As etapas concluídas puderam ser executadas na ordem especificada na cadeia de resposta da etapa.

DESENHO EXPERIMENTAL

Os efeitos do comprimento do segmento da cadeia de resposta, desenvolvido nas tarefas do programa, foram examinados por meio do delineamento de múltiplas sondagens individuais com a participante (Ledford & Gast, 2014), (Lourenço, 2009) por meio de cada tarefa das etapas do programa. Esse tipo de desenho se caracteriza quase experimental, denominado como delineamento de sujeito único, pois permite a análise das variáveis observadas antes, durante e após a implementação do programa de intervenção. Nos delineamentos de pesquisa de sujeito único, as medidas objetivas, intensivas e repetidas permitem ao profissional monitorar, de forma eficaz, modificações que possam ocorrer nos níveis de desempenho individual, assim como identificar no tempo e no espaço, a qualquer momento das fases de implementação, a presença de variáveis estranhas a situação de ensino (Ledford & Gast, 2014).

As tarefas das etapas com maior dificuldade, por exemplo, a primeira tarefa da etapa I, que era leitura do livro, foi realizada como leitura compartilhada, como variação do estímulo nessa tarefa, e as outras ensinadas na mesma ordem. As sondagens foram realizadas durante o programa de ensino para cada etapa. Não houve mudança de critério nas etapas.

COLETA E ANÁLISE DE DADOS

Os dados foram coletados em protocolos específicos para tempo e acuraria da leitura, na segunda etapa, a contagem do número de vocábulos evocados e, na terceira etapa, perguntas diretas feitas e respondidas oralmente. Os dados foram registrados para um desempenho preciso de cada etapa. A porcentagem alcançada da participante foi calculada adicionando o número das tarefas em que a participante acertou dividido pelo total de tarefas de cada etapa e multiplicando por 100.

DESCRIÇÕES DAS ETAPAS E TAREFAS DO PROGRAMA DE ENSINO

Após realizado a Linha de Base, ou seja, verificar o repertório da aluna diante da leitura de livros (LB1) os participantes iniciaram o programa de ensino que consistiu em três etapas. O programa foi aplicado pela Professora de Apoio, um dos componentes da equipe e da consultoria colaborativa. A participante iniciou o programa de ensino que consistiu em três etapas: I Etapa: leitura realizada pela participante; II Etapa: registro de palavras relacionadas ao texto lido; III Etapa: resposta direta sobre o entendimento do texto, respondidas oralmente. Após a aplicação do programa referente ao plano, foi aplicado novamente a Linha de Base (LB2) como medida de monitoramento para verificação da eficácia.

É importante ressaltar que a leitura foi realizada pela participante, pois consistia auxiliar na memória visual das palavras, bem como com as figuras do próprio livro, como apoio recordatório sobre a história. Os termos essenciais e presentes foram contados de acordo com a importância deles na história, pois, na sua ausência, o sentido da narrativa tornava-se prejudicado.

Quadro 2 - Apresentação das etapas do programa proposto no plano de ensino da aluna-alvo

Etapas	Tarefas
I Etapa	Leitura do livro. A leitura é iniciada pela participante podendo ser compartilhada com o professor;
II Etapa	A aluna necessita registrar o maior número de palavras recordadas sobre a história lida. As palavras anotadas e contadas em cada passagem (história) e comparadas sua quantidade ao longo do programa.
III Etapa	O professor faz perguntas de forma direta para a participante respondê-las oralmente. As respostas são registradas e verifica-se os acertos ou erros. A formulação das perguntas é realizada de acordo com a coerência no seguimento da história, sempre utilizando os componentes da narrativa: O que? Quando? Onde? Por quê? Quem?

RESULTADO E DISCUSSÃO

A porcentagem de números identificados corretamente nas fases da linha de base e ensino é exibida na Figura 5.

Os resultados, mesmo com a sistematicidade da implementação das etapas e dos passos de ensino, não atingiram o objetivo proposto no plano. A dificuldade pode ser explicada por uma memória de trabalho deficitária (Medina et al., 2018), ou seja, no componente central executivo, no qual é responsável pela retenção de uma informação em detrimento de outras mais. As dificuldades da aluna apresentaram baixo desempenho em decodificação, ocasionando uma redução na velocidade de processamento das informações e, consequentemente, na fluência da leitura. Assim, a aluna atingiu menos 50% e permaneceu nessa porcentagem até o final do ensino.

A análise dos resultados corrobora a literatura, evidenciando a importância da flexibilização do PEI, bem como retomada e desenvolvimento de novas estratégias e a permanência de outras. Assim, o dinamismo do Plano de Ensino Individualizado precisa levar em consideração o repertório e o perfil do aluno diante do ensino de um novo conteúdo.

A observação do resultado colabora com a literatura (Fletcher et al., 2009), apoia a eficácia das intervenções assistidas por meio do monitoramento e fornece evidências de generalidade para uma população de alunos disléxicos cujas dificuldades também são relacionadas, especificamente, à memória de curto prazo e à memória operacional fonológica em tarefas de evocação e de registro de palavras lidas. Embora os dados da segunda linha tiveram somente um mês após o término do ensino, pode-se observar que a aluna manteve porcentagem superior comparada à primeira linha de base, demonstrando avanço no final do ensino, o que pode ser visualizado na tabela 1 quando se comparou LB1 e LB2, ou seja, as linhas de base antes e após o ensino.

Também é mister salientar que tarefas de escrita de palavras podem ter auxiliado na compreensão, principalmente, para o entendimento das ideias dos textos. Assim, de acordo com Barros e Spinillo (2019), há ampla possibilidade do conhecimento do vocabulário e das regras constituídas por ele ser fundamental para a auxiliar na formação de competência para leitura. Diante disso, e não por acaso, recomenda-se ver o ensino do vocabulário com um olhar aprimorado, caso haja o desejo de contribuir com os sujeitos, que porventura, possam apresentar, deficiência na leitura (Bello & Capellini, 2021).

Os resultados também apontam achados na pesquisa de Sousa e Gabriel (2011), ressaltando que a falta do conhecimento lexical é um dos fatores que levam ao baixo desempenho em leitura desses alunos.

Desse modo, a trajetória de leitura desenvolvida, por meio dos livros, nessa experiência, de maneira sistemática, colaborando com a formação da leitura, e o domínio do significado das palavras constituem-se em prenúncio da possibilidade dos leitores acessarem ao léxico mental e estabelecerem conexões entre as palavras já internalizadas ou entre elas e as palavras desconhecidas contidas em um texto.

Mais uma vez, os resultados enfatizam a importância do planejamento individual para alunos que apresentam necessidades educacionais especiais, pois necessitam de flexibilização para ensino dos conteúdos, contidos em uma matriz curricular, nas quais, no cerne destas, precisam dominar competências e habilidades em relação ao material escrito, por exemplo, as quais, nos alunos disléxicos, estão defasadas.

Quanto à atuação da equipe, foi, por meio da proposta da consultoria colaborativa, desenvolvida a possibilidade do acompanhamento pelo professor de apoio diante da implementação de um conteúdo de forma instrucional contido no PEI. Agentes da equipe escolar são primordiais na gestão de informações e na participação da aprendizagem dos alunos, mostrando que todos são atores e, assim, responsáveis pelo processo de ensino e de aprendizagem.

Figura 5 - Desempenho da aluna durante o ensino

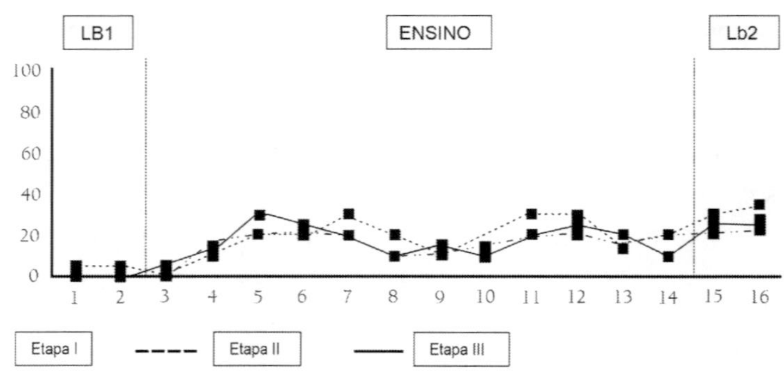

Na Figura 6, verifica-se o nível de ajuda que foi oferecido pela professora para a aluna durante o ensino. Observou-se um maior apoio, ou seja, de 40% representativo por dica física parcial para planejamento, no qual a professora precisou mostrar por modelagem, ou seja, apontar a palavra e lê-la para a aluna, e na escrita de palavras evocadas previamente. Os apoios visuais e verbais obtiveram a mesma porcentagem, 20% para planejamento, mas precisou ser oferecido maior apoio verbal para execução da tarefa. No entanto, é importante salientar que ambos não foram dados juntamente com a dica física parcial, ou seja, a marcação foi distinta para cada critério de análise.

A aluna realizou 20% das tarefas sozinha, conseguindo planejá-las, porém, no restante delas, precisou de dicas visuais, verbais e físicas parciais.

O nível de ajuda que pode ser oferecido para auxiliar o aluno durante a implementação de ensino é essencial para verificar as estratégias que são desenvolvidas por ele durante a feitura de tarefas. Brian Iwata e colaboradores (1982; 1994), em um artigo que se tornou influente e replicado, relacionado à abordagem analítica funcional, verificou o comportamento diante do ensino, medindo, posteriormente, o nível de apoio. Assim, o monitoramento em relação ao nível de apoio dado a um aluno torna-se um fator ímpar na verificação e na condução de um PEI.

Figura 6 - Média da porcentagem dos tipos de ajuda recebido pela aluna durante o ensino

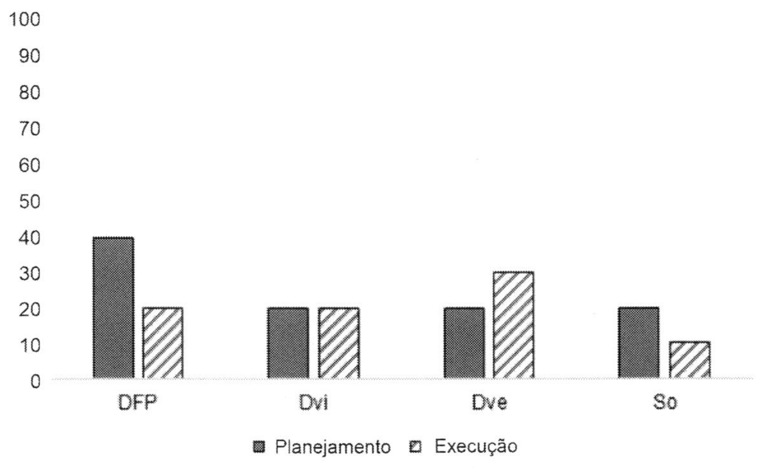

Nota: **Legenda:** DFP = Dica física parcial; DVi= Dica visual; DVe = Dica verbal; So = Sozinho.

CONCLUSÃO

No capítulo, foi apresentado o modelo educacional na abordagem colaborativa e apresentado parte do Plano de Ensino Individualizado (PEI), desenvolvido para uma aluna com Transtorno Específico de Aprendizagem, Dislexia, assim demonstrado os efeitos de um programa de ensino, aplicado por meio da tutoria instrucional por um professor de apoio.

Diante disso, destaca-se a necessidade de mais publicações relacionando às adaptações curriculares e ao desenvolvimento de Plano de Ensino Individualizado para acompanhamento do desempenho na aprendizagem do aluno com dislexia, tornando um campo fecundo de investigação que poderá trazer resultados promissores para a educação inclusiva de qualidade.

Os resultados das pesquisas na área educacional estão cada vez mais robustos em demonstrar que um sistema educacional que priorize práticas baseadas em evidências científicas nos três níveis de atuação (promoção, prevenção e intervenção) é, sem dúvidas, o melhor caminho para garantir a equidade de acesso a um ensino de qualidade. É importante também salientar que devemos considerar sempre as reais possibilidades do ambiente escolar com o qual estamos lidando e, assim, podendo dá oportunidade para que todos os alunos possam atingir seu potencial de desenvolvimento, direcionando os modelos colaborativos, as adaptações curriculares e o Plano de Ensino Individualizado (PEI) como poderosas ferramentas para trilhar e assegurar o direito de todos aprenderem.

REFERÊNCIAS

American Psychiatry Association [APA] (2014). Manual de Diagnóstico e estatístico de transtornos mentais. Porto Alegre: Editora Artmed.

Aranha, M.S.F. (2002). Formando Educadores para a Escola Inclusiva. TV Escola. Disponível em: https://docplayer.com.br/9011931-Formando-educadores-para-a-escola-inclusiva.html. Acesso em: 20 de jan. de 2020.

Azoni, C.A.S., & Pereira, J.S. (2017). Identificação precoce de crianças de risco para os transtornos de leitura e estratégias preventivas. In: J.F. Salles (Org). Dislexia do Desenvolvimento e Adquiridas. São Paulo: Pearson Clinical Brasil.

Barros, M.T.A., & Spinillo, A.G. (2019). Fluência e compreensão de textos: implicações para a sala de aula. In: Guimarães SRK; Paula FV. *Compreensão da leitura: processos cognitivos e estratégias de ensino*. São Paulo: Vetor Editora.

Bello, S.F., & Capellini, S.A. (2021). *Desenvolvimento do vocabulário*. Recurso eletrônico.

Brasil (1996). Lei de Diretrizes e Bases da Educação Nacional. *Lei Nº 9.394, de 20 de dezembro de 1996*. Estabelece as diretrizes e bases da educação nacional. Presidência da República.

Brasil (1997). Ministério da Educação/Secretaria de Educação Especial [MEC/SEESP]. *Adaptações Curriculares para o Ensino Fundamental*.

Brasil (2020). *Decreto nº 10.502, de 30 de setembro de 2020*. Institui a Política Nacional de Educação Especial: Equitativa, Inclusiva e com Aprendizado ao longo da vida. Diário Oficial da União. Brasília.

Brasil. Ministério da Educação (MEC/SEED). *Base Nacional Comum Curricular*. Terceira versão - Versão Final. Brasília, 2017. Disponível emhttp://portal.mec.gov.br/index.php?option=com_docman&view=download&alias=79601-anexo-texto-bncc-reexportado-pdf-2&category_slug=dezembro2017-pdf&Itemid=30192. Acesso em: 12 de abril de 2021.

Brasil. Ministério da Educação e Cultura [MEC] (2008). *Política Nacional de Educação Especial na Perspectiva da Educação Inclusiva*. Brasília.

Brown, D., Pryzwansky, W.B., & Schulte, A.C. (2005). *Psychological consultation and collaboration: Introduction to theory and practice*. Boston, MA: Allyn & Bacon.

Capellini, S.A., & Germano, G.D. (2016). Dislexia do desenvolvimento: contribuições das teorias para o diagnóstico e a intervenção. In: J. F., Sales, V. G. Haase, & Malloy-Diniz. *Neuropsicologia do desenvolvimento*. Porto alegre, Artmed.

Cook, B.G., & Cook, S.C. (2011). Unraveling evidence-based practices in special education. *The J of Spec Educ*.47(2):71-82.

Dettmer, P., Thurston, L., Knackendoffel, A., & Dyck, N.J. (2009). *Collaboration,consultation, and teamwork: For students with special needs* (6th ed.). Columbus,OH: Pearson Education.

Ferreira, A.B.H. (2010). *Novo Dicionário da Língua Portuguesa*, Editora Positivo.

Fletcher, J.M., Lyons, R., Fuchs, L., & Barnes, M.A. (2009).*Transtornos de aprendizagem: da identificação à intervenção*. Porto Alegre: Artmed.

Goodman, J., & Bond, L. (1993). The individualized education program: A retrospectivecritique. *Journal of Special Education*, 26, 408–422.

Iwata, B.A. et al. (1982). Toward a functional analysis of self-injury. *Analysis and intervention in developmental disabilities*. 2 (1); 3-20.

Iwata, B.A. et al. (1994). Toward a functional analysis of self-injury. *Journal of applied behavior analysis*. 27 (2); 197-209.

Junqueira, S. (2006). *Coleção Estrelinha*. São Paulo: Editora Ática.

Kampwirth, T.J. (2003). *Collaborative consultation in the schools: Effective practices for students with learning and behavior problems*. NJ: Merrill Prentice Hall.

Ledford, J.R, & Gast, D.L. (Ed.) (2014). *Single Subject research methodology in behavioral sciences: Applications in special education and behavioral sciences*. Routledge.

Lourenço, É.A.G., Hayashi, M.C.P.I, & Almeida, M.A. (2009). Delineamentos intrassujeitos nas dissertações e teses do PPGEES/UFSCAR. *Revista Brasileira de Educação Especial.*15 (2); 319-336.

Machado, A.C, & Capellini, S.A. (no prelo). Tutoria instrucional para professores na intervenção precoce para alunos de risco para dislexia. In: *Tenho um aluno com dislexia, E agora?*

Mcwilliam, R.A., Morales-Murillo, C.P., & Stevenson, C.M. (2020). Assessment of early childhood school and classroom environments. In: *Psychoeducational Assessment of Preschool Children. Routledge*; 129-159.

Medina, G.B.K, & Souza, F.F, & Guimarães, S.R.K. (2018). Funções executivas e leitura em crianças brasileiras com dislexia do desenvolvimento. *Revista Psicopedagogia*, 35 (107); 168-179.

Miranda, H., & Miranda, R.S. (2020). A Presença Da Direção, Supervisão, Coordenação E Mediação Em Uma Gestão Escolar Democrática Participativa. *Cadernos da Pedagogia.14* (27).

Mitchel, D. (2008). *What really works in special and inclusive education using evidence-based teaching strategies*. Oxfordshire: Francis & Taylor.

Organização das Nações Unidas para a Educação, a Ciência e a Cultura [UNESCO] (1994). *Declaracion de Salamanca y Marco de Accion para las Necesidades Educativas Especiales*. Salamanca.

Peterson, R.L., & Pennington, B.F. (2015). Developmental Dyslexia. *Annual Reviews of Clinical Psychology*. 11, 283-307.

Pretti-Frontczak, K., & Bricker, D. (2000). Enhancing the quality of individualizededucation goal and objectives. *Journal of Early Intervention*, 23(2), 92-105.

Snowling, M.J. (2013). Early identification and intervention for dyslexia: a contemporay view. *Journal of research in special education needs*, 13 (1). 7-13.

Sousa, L.B., & Gabriel, R. (2011). Aprendendo palavras através da leitura. Santa Cruz do Sul: Edunisc.

Vaughn, S., & Dammann, J.E (2001). *Science and sanity in special education*. Behavioral Disorders. 27 (1); 21-29.

Villa, R.A., Thousand, J.S., & Nevin, A.I. (2008). *A guide to co-teaching: practical tips for facilitating student learning*. London Corwin Press: SAGE Publish Company; 2008.

Wolery, M., Holcombe, A., Cybriwsky, C.A., Doyle, P.M., Schuster, J.W., & Gast, D.L. (1992). *Constant time delay with discrete responses: A review of effectiveness and demographic, procedural, and methodological parameters*. Research in Developmental Disabilities. V.p.13, 239–266.

World Health Organization [WHO] (2019). *ICD-11 for mortality and morbidity statistics*. Version: April. Geneva: WHO; [cited 2019 Aug 20]. Available from: https://icd.who.int/browse11/l-m/en» https://icd.who.int/browse11/l-m/en.

ANEXO 1

INVENTÁRIO PARA RESOLUÇÃO DO PROBLEMA

Consultor ____

Consultado ____

Aluno alvo ____

Sala/série ____

Membros participantes da consultoria

____

Pontos fortes do aluno alvo

____

____

Identifique o objetivo-alvo de forma clara e objetiva

Acadêmico: ____

Comportamentais: _____________________________________

Nível de atuação: frequência e duração

____

Metas do consultor ___________________________________

Metas do consultado __________________________________

PLANO DE INTERVENÇÃO 1	OBJETIVO ________	DATA DE INÍCIO___/___/___
Quem implementará o plano ____________________________		
Método de monitoramento ______________________________		
Frequência do monitoramento ___________________________		
		DATA DA REVISÃO ___/___/___

ANEXO 2

INTERVENÇÃO PARA ACOMPANHAMENTO EDUCACIONAL

Aluno-alvo: ____________________

Sala/série: ____________________

OBJETIVO DA INTERVENÇÃO:

INTERVENÇÃO 1	Data de início ___/___/___
Responsável pela implementação: ____________________	
Resultado ____________________	
Nova ação ____________________	

INTERVENÇÃO 2	Data de início ___/___/___
Responsável pela implementação: ____________________	
Resultado ____________________	
Nova ação ____________________	

INTERVENÇÃO 3	Data de início ___/___/___
Responsável pela implementação: ____________________	
Resultado ____________________	
Nova ação ____________________	

OBJETIVO ALCANÇADO ( ) SIM ( ) NÃO

OBJETIVO DA INTERVENÇÃO RELACIONADO À PERFORMANCE DO ALUNO-ALVO

( ) REDUZIR ( ) MANTER ( ) AUMENTAR

DECISÕES

( ) META ALCANÇADA

( ) CONTINUAR A INTERNVEÇÃO

( ) MODIFICAR A INTERVENÇÃO

( ) CONSULTAR OUTRO PROGRAMA

( ) CONSULTAR OUTRO ESPECIALISTA

CHECKLIST DE ATUAÇÃO NO PROCESSO DESSA CONSULTORIA

Abarcar	Checklist	Sugestão de tempo
Introdução: levantamento da proposta e agentes atuantes		5 minutos
Identificação do problema: pontos fortes do aluno-alvo; desempenho do aluno como monitorar; priorizar o ponto de partida (linha de base) definir os objetivos de forma clara e objetiva ( )		10 minutos
Analisar o problema e elencar possibilidades de resolução		5 minutos
Plano de intervenção: quem implementará, onde, como irá monitorar o progresso, avaliação de integridade		10 minutos
Encerramento: marcar a próxima data para o encontro		2 minutos

Nota: Adaptado de Kampwirth & Powers, 2015.

CÉREBRO E ADAPTAÇÃO CURRICULAR: O QUE PRECISAMOS CONHECER

Telma Pantano

RESUMO

A partir do conhecimento do cérebro fornecido pelos estudos de neuroimagem funcional, podemos organizar o contexto e a situação escolar, respeitando as individualidades tanto relativas ao desenvolvimento normal quanto ao desenvolvimento das mais diversas condições de aprendizagem que podem envolver o estudante. Limitações sobre os processos atencionais, memórias, funções executivas devem ser consideradas durante o processo de escolarização e adaptação curricular e pedagógica.

Palavras-chave: Neurociência, cérebro, atenção, memórias, linguagem, adaptação curricular.

INTRODUÇÃO

De acordo com os princípios propostos pelo Ministério da Educação (MEC), para que uma adaptação curricular possa ser realizada, deve-se considerar as estratégias e os critérios de atuação docente para que a ação educativa atinja diretamente o processo de aprendizagem do aluno (MEC, 2000; MEC/SEESP/SEB, 1998).

A adaptação curricular envolve, portanto, a organização e a utilização de práticas que, se bem estruturadas e utilizadas, devem permitir acessar o conhecimento do aluno independente das suas características que envolvam o processo de aprendizagem. Os estudos relacionados às neurociências contribuem diretamente para que possamos compreender como o cérebro funciona em condições normais e com o estabelecimento de patologias que alteram o seu funcionamento e, consequentemente, a aprendizagem.

Os estudos que envolvem o funcionamento cerebral parecem demonstrar que, mesmo com patologias específicas diagnosticadas, o cérebro e, consequentemente, o sujeito não têm consciência das suas dificuldades ou mesmo como o cérebro dele funciona. Para promover a aprendizagem, são necessários recursos do ambiente educacional (além, é claro, de um olhar apurado do professor) e avaliações de equipes externas à escola (muitas vezes, de áreas relacionadas à saúde) para que o funcionamento da criança possa ser registrado.

Talvez esse seja um ponto muito importante. Para a adaptação curricular, o que o aluno não sabe ou não consegue torna-se secundário a sua aprendizagem. Conhecer como o aluno aprende e como facilitar o processo de organização dos sistemas associados à aprendizagem é o ponto central para uma adaptação realmente inclusiva.

Vamos começar compreendendo um pouco do cérebro para, posteriormente, compreendermos mais sobre adaptação curricular dos nossos alunos.

Os estudos nas áreas das Neurociências voltados à aprendizagem procuram contribuir com imagens e investigações que utilizam de recursos tecnológicos atuais para preencher uma lacuna de conhecimentos sobre o funcionamento cerebral. Até esses recursos começarem a ser disponibilizados, todos os modelos de funcionamento cerebral eram teóricos, estabelecendo relações entre estrutura e função fundamentando-se no comportamento observado.

Por exemplo, ao observar uma pessoa ler (comportamento), pressupunha-se quais os processos cerebrais associados à leitura e, a partir do estudo de pacientes com lesões cerebrais, pressupunha-se as áreas do cérebro envolvidas nesse processo. Sem os recursos tecnológicos atuais, tudo o que podíamos compreender do cérebro eram suposições.

Atualmente, podemos saber as áreas que estão associadas diretamente aos processos cerebrais envolvidos em diversos comportamentos do ambiente educacional como ler, escrever, ouvir, falar, fazer um cálculo, dividir a atenção, compreender, memorizar.

Sem dúvida, essa infinidade de processos tem sido alvo dos estudos em neurociência, que têm questionado muitas das terminologias e das teorias elaboradas sobre outros princípios teóricos.

Porém, como relacionar esses conceitos quando me deparo com alterações no processamento da aprendizagem no contexto educacional? Como, a partir desses princípios, posso atribuir objetivos para adaptar o currículo de um aluno?

Este capítulo abordará as relações entre cérebro e funcionamento cerebral, permitindo, assim, a compreensão do processo de aprendizagem em condições normais e decorrentes de alterações – conceitos básicos para que a adaptação curricular possa ser considerada para cada aluno.

CÉREBRO E AMBIENTE – RELAÇÕES

Embora o enfoque deste capítulo seja o cérebro, não temos como desvinculá-lo do ambiente. É o ambiente que fornece a matéria-prima para o cérebro trabalhar, uma vez que ele não está em contato direto com o ambiente. O cérebro depende de órgãos sensoriais que transformem os estímulos ambientais em impulsos elétricos, já que essa é a unidade de trabalho do cérebro.

A partir da integração e organização dos estímulos sensoriais, o nosso cérebro nos capacita para a percepção e interação com o mundo (incluindo a nós mesmos), seja nas esferas social, emocional, física ou mental.

Para a aprendizagem escolar, a inter-relação entre os canais sensoriais é fundamental. Embora os dois canais sensoriais principais nos quais construímos o contexto educacional atual sejam o visual e o auditivo, torna-se fundamental conhecer e observar os demais canais sensoriais que estão sendo requeridos pela criança.

Essas primeiras informações sensoriais acabam definindo as memórias sensoriais que, desde os primeiros momentos, estão associadas às memórias emocionais. Aqui ainda não temos elementos linguísticos associados a elas, tornando impossível o acesso da forma como foram armazenadas essas informações.

Essas memórias vão se reorganizando por meio de redes neuronais que fornecem a possibilidade de estruturar de forma permanente as informações – são as memórias de longo prazo. Portanto, a forma como organizamos o nosso ambiente resulta em memórias que são continuamente estocadas e resultam no que observamos como o nosso comportamento.

Em especial, nos primeiros anos de vida, temos alterações que acontecem no nosso cérebro que tem como objetivo nos adaptar ao ambiente e às diversidades ambientais. Esses períodos são chamados de podas neurais e são períodos-chave de escolhas de rotas neuronais.

As podas neurais são fundamentais para preparar nosso cérebro para conhecer, significar e, posteriormente, ressignificar o ambiente. A primeira poda neural acontece durante o período de 0 a 3 anos e tem como objetivo capacitar percepções cerebrais do mundo a nosso redor e a integração sensorial entre esses estímulos. Inicialmente, os primeiros comportamentos reflexos dos bebês vêm acompanhados de estímulos sensoriais importantes que seriam de difícil significação em um cérebro imaturo.

Dessa forma, nosso cérebro pode gradualmente ir analisando e significando os estímulos sensoriais que, organizados, começam a formar memórias sensoriais. Com a repetição dos comportamentos e a estabilização das memórias, podemos integrar as memórias sensoriais com novas experiências e emoções, começando a dar prioridade a alguns estímulos diante de outros (Baddeley, 2006, 2007; Baddeley et al., 1998; Kandel et al., 2003). A segunda poda neuronal acontece entre os 10 e os 12 anos e tem a principal função de fortalecer o processamento cerebral para adquirir uma estrutura funcional extremamente relacionada a processos límbico-frontais.

Essas conexões são fundamentais para que possamos integrar as emoções e o ambiente social em que vivemos com o controle consciente e voluntário da pessoa e para provocar uma integração extremamente saudável para a percepção e a resolução de problemas de vida diária e social (Gross & Thompson, 2007).

Nessa visão do funcionamento cerebral, a cognição se entrelaça de forma bastante harmônica com a emoção, uma que vez não existe dissociação entre essas representações mentais, principalmente se a resposta do processamento cerebral considerar os aspectos socioambientais. As memórias de todo o processamento cerebral envolvem a integração de inúmeras informações sensoriais, cognitivas e emocionais associadas a elas.

Existe uma diferença importante a ser considerada no processamento cerebral como um todo. Os neurônios, ao receber as informações sensoriais advindas do mundo externo, registram essa informação em processo que denominamos memórias (Kandel et al., 2003). A integração entre esses neurônios e áreas depende de diversos fatores neurofisiológicos e o tipo de processo utilizado para o armazenamento da informação. A essa integração damos o nome de aprendizagem. A aprendizagem envolve a integração dessas redes neuronais associadas às representações do mundo externo e interno (Pantano, 2010, 2020; Pantano & Zorzi, 2009).

FAZENDO O CAMINHO OPOSTO: AMBIENTE PARA O CÉREBRO – PREPARANDO O TERRENO PARA A ADAPTAÇÃO CURRICULAR

Até agora discutimos como o cérebro se organiza e aprende. Porém, quando consideramos a adaptação curricular, queremos adaptar o ambiente ao cérebro da criança. Para a adaptação curricular, precisamos conhecer o funcionamento cognitivo, emocional e a metodologia de ensino que promove a melhor resposta por parte do aluno.

Os dados específicos de cada aluno devem ser comparados com as expectativas curriculares da série que o aluno encontra-se matriculado, e a escola em conjunto à família e, se possível, à equipe multidisciplinar envolvida devem definir as metas e os objetivos a serem alcançados para cada aluno.

Nesse momento, trabalhamos então com a organização do ambiente para promover a aprendizagem. A escola pode utilizar recursos de adaptação curricular de pequeno porte, ou seja, aquelas relacionadas à organização do ambiente, do espaço ou da metodologia de ensino, ou alterações de grande porte, nas quais os elementos básicos do currículo são modificados (MEC, 2000).

COMO CONHECER O PERFIL COGNITIVO E EMOCIONAL DE UMA CRIANÇA?

O primeiro passo é compreender como a criança organiza-se sensorialmente para receber a informação. Todos precisamos de uma rede sensorial ampla durante o processo de aprendizagem.

As primeiras adaptações ambientais devem envolver essas questões sensoriais. Quais os canais predominantes para o processamento da informação por parte da criança? É necessária adaptação na apresentação sensorial desses estímulos?

Por exemplo, uma criança que tenha dificuldades com a espacialidade visual dos estímulos deve receber adaptações com relação à apresentação do material didático. Será necessário que a apresentação do material (principalmente em situações avaliativas) seja com espaços maiores, tamanho de letra aumentado.

ENTÃO... COMO ESTÃO OS CANAIS SENSORIAIS DO MEU ALUNO E COMO O CÉREBRO PROCESSA ESSAS INFORMAÇÕES?

O principal ponto é compreender como a criança está se organizando diante desses processos sensoriais. Quando conhecemos o funcionamento cerebral, conseguimos evitar as visões simplistas que organizam a aprendizagem diante de um único canal sensorial. Todos inter-relacionamos os canais sensoriais para resultar no cérebro um processo de aprendizagem efetivo, caso contrário, estamos discutindo elementos que resultarão em arquivamentos de memória sem redes neuronais associadas a essas informações.

Essa foi a forma como aprendemos quando a escola exigia somente habilidades de registro. O mundo atual muda em conceitos e em informações constantemente, e os elementos que antes eram associados à memória podem facilmente ser resgatados em qualquer *smartphone*.

Precisamos desenvolver crianças que saibam buscar e elaborar corretamente a informação e, diante dessa mudança de paradigma, a aprendizagem deve ser vista sob um novo olhar.

A adaptação curricular deve considerar os elementos sensoriais de uma forma integrada, porém, considerando as limitações de cada criança. Por exemplo, se temos em sala uma criança com deficiência visual, é importante que o material seja adaptado para a possibilidade visual da criança, assim como os elementos em sala e a estrutura da sala de aula.

Isso se dá com a informação auditiva, que, por exemplo, em crianças autistas ou com falhas graves em processamento auditivo central precisam de suporte multissensorial para ressignificar a informação auditiva. O cuidado com ruídos externos e barulhos concomitantes deve ser uma preocupação constante no contexto educacional.

Pensando na aprendizagem por meio de uma inter-relação de vias sensoriais, os momentos de aula expositiva devem conter movimentação, estímulos táteis e olfativos em conjunto à realidade educacional, à faixa etária e às características do funcionamento sensorial do aluno.

Outro ponto importante para a adaptação curricular, assim como para toda a comunidade escolar, envolve a questão motivacional do aluno em sala de aula. A motivação é considerada um dos aspectos mais importantes para a aprendizagem e a permanência das crianças no contexto educacional (Guay et al., 2016).

A motivação envolve um processamento cerebral bastante específico e relacionado a um comportamento ativo (motor) em conjunto ao acionamento de áreas límbicas (emocionais).

A partir da motivação, podemos organizar os nossos atos motores e, principalmente, tornar o cérebro e as redes neuronais associadas à determinada aprendizagem prontas para a reorganização neuronal associada a um processo de aprendizagem efetivo.

Porém, um dos aspectos mais importantes para a motivação é a sua origem. Consideramos dois tipos de motivação: uma **extrínseca**, que parte do ambiente, e uma **intrínseca**, que parte da curiosidade e do interesse pessoal do aluno (Gay et al., 2010, 2018).

Estudos realizados no Canadá têm demonstrado que a motivação intrínseca é mais facilmente observada na criança de pré-escola e dos primeiros anos do ensino fundamental. À medida que a criança cresce, os elementos ambientais ficam mais atraentes e, então, a utilização de recursos extrínsecos, como premiações ou ganhos associados ao desempenho escolar, ficam cada vez mais atrativos.

Essa mudança na origem da motivação pode ser explicada pela maturação de áreas pré-frontais do cérebro e das funções executivas em geral, permitindo maior organização e controle das ações para objetivos e metas cada vez mais específicas.

Embora essa diferença seja destacada, a motivação é um elemento fundamental para o contexto escolar, e a manutenção dos processos motivacionais tem relação direta com a estimulação. Quanto mais estimulamos a nossa motivação, mais facilmente ela pode ser acionada.

Portanto, uma dúvida dos pesquisadores é se a motivação intrínseca passa a ser pouco estimulada no contexto educacional, resultando, assim, em dificuldades na observação dessa motivação em crianças maiores.

A motivação intrínseca está diretamente relacionada à persistência na aquisição de objetivos educacionais e de vida prática. A sua estimulação precisa ser constante e diretamente relacionada à possibilidade de os estudantes conseguirem expressar com clareza os seus objetivos de vida, acadêmicos e de aprendizagem.

Portanto, precisamos dizer continuamente para o nosso cérebro quais os nossos objetivos com uma determinada aprendizagem e adequar essas metas à realidade do funcionamento cerebral – tanto cognitivo quanto emocional - de cada estudante.

Esse é um dos motivos que os objetivos do ensino são tão importantes de serem organizados constantemente pelos alunos. Os alunos devem saber quais os pontos que são esperados na aquisição de um contexto ou matéria e, principalmente, o que se espera de suas respostas. Torna-se muito mais fácil para o cérebro se organizar se o aluno puder saber o que esperam do seu desempenho, despertando, assim, a motivação intrínseca de forma cada vez mais intensa e constante.

Ao contrário do que se pensava, o cérebro não é "louco por aprender". Em primeiro lugar, o cérebro prioriza toda a energia necessária para a sobrevivência. Manter-se vivo é a prioridade do corpo e do cérebro como um todo. O segundo aspecto prioritário para o processamento cerebral são o processamento das emoções.

Uma vez que temos processos de regulação emocional que devem ser organizados para que os processamentos da aprendizagem formal possam ocorrer, precisamos considerar que uma das primeiras aprendizagens que devemos ter é a aprendizagem da regulação emocional (Gross &Thompson, 2007). Essa aprendizagem deve ser considerada no contexto educacional dentro das possibilidades maturacionais no cérebro.

Somente então, se o nosso cérebro estiver bem e estável emocionalmente, a aprendizagem formal e escolar, da forma como a conhecemos e estruturamos, pode acontecer. Portanto, temos aí mais uma limitação do processo cerebral. Sem o controle emocional, os recursos cognitivos deslocados para a aprendizagem tornam-se bastante limitados.

Essa regulação depende diretamente de mecanismos de autorregulação e de controle das funções executivas que se iniciam de forma mais intensa aos 5/6 anos de vida e encerram-se por volta dos 24 anos (Kandel et al., 2003). Trata-se, portanto, de um processo bastante longo com uma série de peculiaridades.

O início da maturação das funções executivas mais tardias explica sem dúvida a dependência que as crianças antes dos 5/6 anos apresentam do controle ambiental externo. Esse mecanismo, ao contrário do que possa parecer, é extremamente condizente com o desenvolvimento. Até que possam ter memórias de longo prazo suficientes para o reconhecimento e autocontrole das suas próprias emoções, não seria necessário um controle dessas memórias (funções executivas).

Precisamos, então, conhecer as limitações cerebrais com relação ao funcionamento cerebral para que as adaptações curriculares possam ser diretamente relacionadas às necessidades do aluno. Precisamos conhecer qual a capacidade de sustentação da atenção, de atribuir significados às memórias de longo prazo de organização e da expressão dos pensamentos em linguagem.

Esses elementos devem ser considerados para que possamos incluir atividades que respeitem o tempo atencional de cada aluno, assim como a capacidade de compreensão e atribuição de significados linguísticos que pode ser observada pela extensão da memória operacional.

No cérebro, temos restrições importantes que envolvem diretamente a nossa capacidade atencional. A atenção é um processo neural que se expressa no comportamento dos indivíduos (Kandel et al., 2003) e é observada pela capacidade de filtrar informações em diferentes pontos do processo perceptivo. A atenção faz com que haja a percepção de alguns estímulos e a negligência de outros dentro do processamento cognitivo.

De todos os estímulos perceptivos que invadem o nosso córtex, a atenção atua como um mecanismo que escolhe os estímulos relevantes para serem processados enquanto os demais são atenuados ou não processados (Bear et al., 2002; Pessoa et al., 2003). São características do processo atencional a possibilidade de controle voluntário sobre ele, bem como a sua capacidade limitada. Assim, pode-se escolher os estímulos a receberem seleção atencional; da mesma forma, não é possível ter mais de um foco atencional em um processamento cognitivo complexo ao mesmo tempo.

Com relação à origem do processo atencional, a atenção pode ser classificada de duas formas como automática e voluntária (controlada) (Kandel et al., 2003; Dalgalarrondo, 2000; Gazzaniga et al., 2006). A atenção automática não tem o controle voluntário e é destinada a estímulos salientes sensorialmente ou relevantes biologicamente, ou seja, estímulos súbitos, intensos, em movimento, contrastantes com o fundo (ex.: parede x animal) e significativos em um dado contexto (ex.: alguém chamando o seu nome numa festa).

Já a atenção voluntária pode ser dirigida a motivações fisiológicas como dor de barriga, fome e sede, assim como a motivações sociais como sugestões verbais e a procura na internet de um determinado tema.

A atenção voluntária pode ser operacionalizada de acordo com algumas características (Kandel et al., 2003; Gazzaniga et al., 2006):

- Seletiva: privilegiar determinados estímulos em detrimento de outros – mecanismo atencional básico;
- Sustentada: manter atenção em um estímulo durante um determinado tempo;
- Alternada: alternar o foco atencional – desengajar-se de um estímulo e engajar-se em outro;
- Dividida: desempenhar simultaneamente duas tarefas – um estímulo torna-se um processamento automático e o outro um processamento controlado.

Por sua vez, os focos atencionais podem estar relacionados a estímulos sensoriais, a memórias, a pensamentos, a recordações e à execução de cálculos mentais. A atenção está diretamente relacionada ao contexto em que o indivíduo está inserido, às características dos estímulos, às expectativas individuais, à motivação, à relevância da tarefa desempenhada e às experiências anteriores (Davidoff, 1983; Balota et al., 1999).

O controle da atenção voluntária desenvolve-se até a segunda década de vida (por volta dos 24 anos) em função da maturação pré-frontal ser mais tardia (Fuster, 2002). Com o aumento da maturação nas áreas pré-frontais, torna-se possível um maior controle do comportamento (Fuster, 2002) e memória operacional (Gathercole et al., 2004), permitindo uma organização maior de resolução de problemas, manutenção de metas e de objetivos e reduzindo a interferência de distratores externos (Wetzel e Schoger, 2014).

A escola trabalha com crianças que, embora estejam em maturação de áreas pré-frontais, a estimulação constante dessas áreas é o que permite a funcionalidade das funções executivas. Portanto, temos que lidar com a realidade do funcionamento cerebral de nossas crianças e de nossos adolescentes: tempos atencionais bastante curtos, grande suscetibilidade a distratores, dificuldades em tomada de decisões, flexibilidade mental e controle de impulsos.

Principalmente em momentos de maior demanda cognitiva e emocional (situações avaliativas), a fragilidade das áreas pré-frontais é muito evidente e, quando pensamos nas necessidades que envolvem a adaptação curricular, essas fragilidades cerebrais devem ser consideradas. O tempo de processamento das informações deve também ser considerado. Crianças e adolescentes com maior imaturidade das funções executivas precisam de tempo de processamento ampliado, assim como suporte específico. Não adianta aumentar o tempo de uma situação avaliativa se o suporte adequado não for fornecido.

Assim como há alterações temporais na velocidade e ritmo do processamento, as funções executivas encontram-se também imaturas e a capacidade de compreensão, de elaboração e de resolução de problemas também se encontram alteradas. Portanto, em sujeitos com fragilidades pré-frontais, é fundamental que possamos considerar que o suporte das funções executivas deve ser externo (ambiental).

Uma nova restrição do nosso funcionamento cerebral refere-se às limitações da memória operacional. Mesmo sendo responsável por tantos processamentos cerebrais que envolvem as relações interpessoais e a aprendizagem, sua capacidade é bastante restrita. Essa limitação, que apresenta um aumento durante o desenvolvimento infantil até chegar em mais ou menos 7 elementos no adulto, pode ser verificada por meio de testes que indicam a sua capacidade de retenção conhecida como testes de "*spam*" (Baddeley, 2007).

A quantidade e a complexidade do material a ser apresentado pela criança devem ser reduzidos, uma vez que crianças e adolescentes com limitações em memória operacional e nas funções executivas como um todo possuem restrições em relação à complexidade do material e ao processamento destes. Isso não quer dizer que as informações não devem ser trabalhadas.

Material com complexidade deve ser inserido gradualmente, da mesma forma que o treino temporal (do tempo de realização) e da organização do pensamento para a escrita. Porém, o *stress* ambiental tende a sobrecarregar as funções executivas e, portanto, dificultam o acionamento dessas funções. Dessa forma, esses aspectos não devem exigidos em situações avaliativas.

Antes de aprender a significar e manipular uma informação, é necessário ter informações estocadas com uma riqueza de conexões entre essas informações. Ou seja, para que a memória operacional possa trabalhar, é necessário que se tenha elementos para o seu trabalho. Cabe ao ambiente escolar e social, em que as crianças estão inseridas, contextualizar e formar memórias significativas com altas correlações de informações emocionais e sensoriais associadas a elas. Devemos propiciar condições para que o cérebro possa "aprender a aprender", ou seja, possa aprender a relacionar informações armazenadas com outras informações sensoriais e emocionais também armazenadas, associando ainda mais essas informações.

As memórias de longo prazo também possuem limitações importantes. Para uma informação poder ser estocada, precisamos de 15 minutos a 1 hora para começarmos a tornar a sinapse (memórias explícitas) mais estável (fenômeno físico), caso esse processo seja interrompido antes desse período perde-se a informação a ser armazenada (Kandel et al., 2003). Da mesma forma, a capacidade do hipocampo (estrutura que ajuda a estabilizar e formar memórias de longo prazo) também é restrita e a maior parte dessas memórias se formam durante o sono REM (*rapid eyes moviment*).

Como essas limitações impactam a aprendizagem e devem ser consideradas para a adaptação curricular? Devemos considerar a aprendizagem um processo principalmente em crianças em situação de inclusão. Não é porque vemos, ouvimos ou lemos alguma coisa que a memória será estocada. É necessário um trabalho intenso de significação da informação para que ela possa adquirir e se relacionar com informações diversas, sejam essas informações de origem sensorial, cognitiva ou emocional. Isso é um treino constante que deve se iniciar desde os primeiros anos de vida escolar. As informações não devem ser estocadas sem referenciais claros do significado emocional, sensorial e cognitivo dessas informações. A criança deve tornar isso um hábito.

O professor precisa ressignificar a aprendizagem diante desses novos parâmetros de funcionamento cerebral. Crianças que tenham dificuldades de aprendizagem ou mesmo transtornos de aprendizagem têm essas limitações cerebrais ainda mais intensificadas, e a chave da inclusão é tornar a aprendizagem possível a todos.

REFERÊNCIAS

Baddeley, A. D. (2007). *Oxford psychology series (Vol. 45). Working memory, thought, and action.* Oxford University Press.

Baddeley, A. D. (2006). Working Memory and Language: an overview. *J. Com. Disorders, 36*, 189-208.

Baddeley, A.D., Gathercole, S., & Papagno, C. (1998). The phonological loop as a language learning device. *Psychol. Rev., 105*, 158-173.

Bear,_M.F, Cooper, L.N, & Ebner , F.F. (2002). A physiological basis for a theory of synapse modification. *Science*, Vol 237, 4810, 42-48.

Balota, D. A., Cortese, M. J., Duchek, J. M., Adams, D., Roediger III, H. L., McDermott, K. B., & Yerys, B. E. (1999). Veridical and false memories em healthy older adults and in dementia of the Alzheimer's type. Cognitive Neuropsychology, 16, 3 - 5 , 361 – 384.

Brasil (1998). Ministério da Educação. Secretaria de Educação Especial. *Diretrizes curriculares nacionais para a Educação Especial.*

Dalgalarrondo P. (2002). *Psicopatologia e semiologia dos transtornos mentais.* Porto Alegre: Artes Médicas.

Davidoff, J. (1983). Precategorial perception and cognition: A review of Clinical Applications of Visual Psychophysics.Cognitive Neuropsychology, 1, (2), 159 – 162.

Fuster, J. M. (2002). Physiology of executive functions: The perception-action cycle. In D. T. Stuss, & R. T. Knight (Eds.), *Principles of frontal lobe function* (p. 96–108).Oxford University Press. https://doi.org/10.1093/acprof:oso/9780195134971.003.0006

Gathercole S. E., Pickering S. J., Knight C., & Stegmann Z. (2004). Working memory skills and educational attainment: evidence from national curriculum assessments at 7 and 14 years of age. *Appl. Cogn. Psychol.* 18, 1–16 10.1002/acp.934

Gazzaniga, M.S, Ivry R.B, & Mangun G.R. (2006). *Neurociência cognitiva: a biologia da mente.* 2ª edição. Porto Alegre: ArtMed.

Guay, F., & Bureau, J. S. (2018). Motivation at school: Differentiation between and within school subjects matters in the prediction of academic achievement. *Contemporary Educational Psychology* · May.

Guay, F., Chanal, J., Ratelle, C. F., Marsh, H. W., Larose, S., & Boivin, M. (2010). Intrinsic, identified, and controlled types of motivation for school subjects in young elementary school children. *British Journal of Educational Psychology*, 80(4), 711–735. http://dx.doi.org/10.1348/000709910X499084.

Guay, F., Lessard, V., & Dubois, P. (2016). How can we create better learning contexts for children? Promoting students' autonomous motivation as a way to foster enhanced educational outcomes. In J. Wang, W.C., Liu, & R.M. Ryan (Eds.), *Building autonomous learners* (pp. 83–106). Singapore: Springer Singapore. http://doi.org/10.1007/978-981- 287-630-0_5.

Gross, J. J., & Thompson, R. A. (2007). Emotion Regulation: Conceptual Foundations. In J. J. Gross (Ed.), *Handbook of emotion regulation* (pp. 3-24). The Guilford Press.

Kandel, E. R., Schwartz, J. H., & Jessell, T. M. (2003). *Princípios de neurociência.* Manole editorial. São Paulo.

Ministério da Educação (2002). Secretaria da Educação Especial. *Projeto Escola Viva:* Garantindo o acesso e permanência de todos os alunos na escola – alunos com necessidades educacionais especiais.

Pantano, T., & Zorzi, J. L. (Orgs.) (2009). *Neurociências aplicada a Aprendizagem* (Vol. 1, p. 190). São José dos Campos: Pulso Editorial.

Pantano, T. Neurociências e Educação. *Revista Aprendizagem,* 2010. 54-56.

Pantano, T. et al (2020). Funções cognitivas fundamentais para a aprendizagem: processamentos auditivo e visual, atenção, memória, linguagem e funções executivas. In A. D. P. Serafim, C. C. A. Rocca, & P. D. Gonçalves (Orgs.). *Intervenções Neuropsicológicas em saúde Mental* (1a ed., pp. 201-213). Barueri: Editora Manole Ltda.

Pessoa, K., Gutierrez, L. G., Bandettini, P. A., & Ungerleider, L. G. (2003). Neural correlates of visual working memory: fmRI amplitude predicts task performance. *Neuron* 35, 975-987.

Wetzel, N., & Schröger, E. (2014). On the development of auditory distraction: a review. *PsyCH J.* 3, 72–91. doi: 10.1002/pchj.49.

PRINCÍPIOS DO DUA (DESENHO UNIVERSAL PARA APRENDIZAGEM) SOB A PERPECTIVA DA METODOLOGIA CDRA (CLASSIFICAÇÃO DIGITAL PARA REENQUADRAMENTO DE APRENDIZAGEM)

Rosana Mendes Ribeiro

Pedro Francisco Molina

Ronaldo Moreira do Nascimento

Ângela Mathylde Soares

INTRODUÇÃO

O direito à educação foi reconhecido na Constituição Federal de 1988 como parte de direitos chamados de direitos sociais, tendo como inspiração o valor da igualdade entre as pessoas.

Além da Constituição Federal de 1988, outras leis complementam e regulamentam o direito à educação: o Estatuto da Criança e do Adolescente (Brasil, 1990); a Declaração de Salamanca (Organização das Nações Unidas para a Educação, a Ciência e a Cultura [UNESCO],1994); a Lei de Diretrizes e Bases da Educação — LDB (Brasil,1996); o Plano Nacional de Educação (Brasil, 2014), Conselho Nacional de Educação CNE/2000; Resolução nº 2 CNE/CEB/2001, e Parecer nº 17 CNE/CEB/2001; a Convenção sobre os Direitos de Pessoas com Deficiência da Organização das Unidas - ONU (United Nations, 1996); e o Decreto Legislativo 90/08, promulgado em 09/07/2008 preconizam a matrícula dos portadores de Necessidades Educativas Especiais (NEE) na rede regular de ensino (Cunha, 2014).

Contudo, em 2016, 781 milhões de pessoas adultas não sabem ler nem escrever, 124 milhões de crianças no mundo não concluem o ensino primário e muitas das que terminam não adquirem as competências básicas pela má qualidade da educação. Um em cada seis adolescentes (entre os 12 e os 15 anos) está fora da escola, em um total de 65 milhões. Uma em cada quatro crianças em zonas de conflito não frequenta a escola; 40% da população mundial não tem acesso à educação em uma língua que fale ou entenda. Um em cada oito jovens está desempregado. Por detrás destes dados da UNESCO e da UNICEF, há muitas pessoas a quem está sendo negado um direito básico: a educação.

O Índice de Desenvolvimento da Educação Básica (Ideb) que foi divulgado em 3 de setembro de 2018, pelo Ministério da Educação e pelo Instituto Nacional de Estudos e Pesquisas Educacionais Anísio Teixeira (Inep) mostra que o Brasil não atingiu as metas nos anos finais do ensino fundamental e ensino médio (Novo, 2019).

Nesse contexto, estão as crianças com dificuldades e/ou déficits de aprendizagem, que podem apresentar desde defasagens pedagógicas sabidamente de causas externas a alterações globais do desenvolvimento, com variações físicas, cognitivas comportamentais e clínicas. Na área cognitiva, podem ter manifestações: dificuldades de atenção, memória, processamento da informação, capacidade de correlação, análise e pensamento abstrato, além da possibilidade de outros comprometimentos nos aspectos comportamentais, intelectuais, clínicos e físicos (Silva & Kleinhans, 2006) e podem demandar mais tempo para aquisição do conhecimento, mas podem ter estes processos regulados a partir de estratégias e de recursos acessíveis. Identificar possíveis barreiras que possam afetar o processo de aprendizagem de nossos alunos é fundamental e emergencial (Souza & Gomes, 2015).

Dentre essas barreiras, destaca-se a oferta de material gráfico homogêneo e não acessível ao universo educacional diverso.

ADAPTAÇÃO, EXCLUSÃO OU CURRÍCULO PARA TODOS?

Por muito tempo, perdurou o entendimento de que a Educação Especial, organizada de forma paralela à educação comum, seria mais apropriada para a aprendizagem dos alunos que apresentavam deficiência, problemas de saúde ou qualquer inadequação em relação à estrutura organizada pelos sistemas de ensino. Tal concepção exerceu impacto duradouro na história da Educação Especial, resultando em práticas que enfatizaram os aspectos relacionados à deficiência ou ao impedimento em contraposição das possibilidades de aprendizagem dos conteúdos educacionais (Zerbato & Mendes, 2018).

A educação inclusiva enfatiza que o ensino, com suas estratégias e metodologias, respeite às diferenças e seja adaptado às necessidades educacionais dos alunos e não o contrário. Os projetos pedagógicos das escolas não demonstram traduzir esses princípios em normas de ações efetivas, denotando um caráter puramente prescritivo para definir a prática (Moreira, 1997).

> .... não se pode correr o risco de se utilizar sempre as mesmas estratégias para os alunos com necessidades especiais e produzir na mesma sala de aula um currículo de segunda categoria - que possa denotar a simplificação ou descontextualização do conhecimento, ao contrário, a inclusão escolar requer uma reestruturação do ensino. (Moreira & Baumel, 2001)

Partindo da premissa de que "quase tudo" que foi pensado sobre educação para todos, com respaldo das leis, das normas, dos objetivos estabelecidos e das ideias dentro do contexto da razoabilidade, vamos divagar sobre os resultados obtidos por uma ação educacional denominada "Metodologia CDRA — Classificação para reenquadramento de Aprendizagem" (Ribeiro, 2015). A metodologia, foco deste capítulo, foi vencedora do respeitado prêmio Mário Covas 2016/2017 e levou em consideração o que está estabelecido como estrutura secular, ou seja, parodiando Descartes, "...diante das estruturas, cujos alicerces já estabelecidos se mostram firmes bem sedimentados, portanto vamos aproveitá-las, apenas levantar novas paredes..." e propôs adaptações e adequações possíveis, já comprovadas pelas experiências práticas e documentadas sobre o tema na perspectiva do Desenho Universal para Aprendizagem (DUA).

A metodologia proposta apresentou dados estatísticos no campo de atuação e revelou em seu estudo piloto resoluções acima do esperado, dado a inovação apresentada dentro do espectro das deficiências e transtornos comuns, juntamente aos denominados "normais". Desmistificando alguns diagnósticos, principalmente no reducionismo de que a deficiência se resume e se constitui em uma perturbação do tipo orgânica.

A proposta do estudo tem como referência o MEC (2015):

> ...assegura que o tempo é de transformação de referências curriculares, onde não cabe ao aluno adaptar-se à escola, e sim a escola é que dever

> se adaptar para atende as especificidades de cada aluno, sendo ele com deficiência ou não. Para isso, se faz necessárias adaptações nas estruturas de ensino, tanto nos espaços físicos, nos objetos de aprendizagem, que devem ser refletidos na concepção de desenho universal para aprendizagem, quanto nas relações físicas e emocionais que dizem respeito ao desenvolvimento das práticas de ensino e aprendizagem e nas relações humanas (Costa, 2016, p. 37).

Dificuldades e/ou Déficits Educacionais sob a Perspectiva da Metodologia (CDRA) dentro do disposto do tema Desenho Universal para Aprendizagem (DUA) surge para auxiliar no ensino inclusivo, conforme, citação em Costa "é um conjunto de princípios que norteiam o desenvolvimento e dão a todas as pessoas a igualdade e oportunidade para aprender" (Costa, 2016, p. 47), pois inclui toda metodologia, criações, materiais, ajustamentos de abordagens flexíveis, personalizadas, ajustadas às necessidades individuais no que requer a educação como fim.

Contempla o reconhecimento da Neurociência naquilo que se refere às diferentes áreas do saber, considerando as redes de conhecimentos, estratégicas e afetivas. Visando ao conceito da DUA, conforme Silva, Beche e Bock (2013), citados por Costa (Silva et al., 2013 como citado em Costa, 2016, p. 48), dentro dos três princípios que a fundamenta, ou seja, proporcionar modos múltiplos de apresentação, de ação, de expressão e modos múltiplos de autoenvolvimento.

Além de corresponder com os requisitos no que se refere ao *Design* Instrucional, conforme Filatro (2008), citação em Costa (2016, p. 50), sendo as cinco fases de análise, *design*, desenvolvimento, implementação e avaliação (ADDIE). Atendendo também à proposta do autor citado, os modelos especificamente para materiais de aprendizagem digital no que se refere ao *design* instrucional fixo, aberto e contextualizado.

ATENDENDO AOS PRECEITOS

Nessa abordagem coerente com a literatura e correspondendo aos requisitos preconizados de diferenciação curricular e do Desenho Universal de Aprendizagem (DUA), iniciamos a apresentação de nossa base de dados, o projeto CRA — Classificação para Reenquadramento de Aprendizagem (Ribeiro, 2015) vencedor do prêmio Mário Covas 2016 e 2017, que deu origem ao estudo da Metodologia CDRA.

O Prêmio Mario Covas tem por objetivo reconhecer ações inovadoras de servidores públicos estaduais e municipais, que criem ou aprimorem práticas, gerando melhorias nos processos organizacionais, na prestação de serviços públicos ou em uma política pública.

Podem participar: equipe de servidores públicos estaduais dos Poderes Executivo (Administração Direta, Empresas Públicas, Fundações e Autarquias), Legislativo e Judiciário do Estado de São Paulo e dos municípios do Estado de São Paulo envolvidos em ações de parceria com o governo estadual. As iniciativas devem ter pelo menos seis meses de implementação, resultados verificáveis.

O Prêmio Mario Covas possui duas categorias: "Melhoria dos Serviços Prestados ao Cidadão" e "Melhoria da Gestão Governamental".

O Prêmio é uma ação coordenada pela Secretaria de Planejamento e Gestão e Unidade de Desenvolvimento e Melhoria das Organizações. As Iniciativas serão avaliadas por duas bancas: avaliadora e julgadoras, por pessoas de notório saber em gestão pública.

Sobre o processo de avaliação: inicialmente, é verificado se os relatórios atendem aos requisitos do Regulamento Geral. Aqueles que não cumprirem os requisitos serão desclassificados, sendo publicada a lista dos projetos formalmente aptos, que participarão das etapas seguintes. Os relatórios em conformidade são avaliados por especialistas, que deverão atribuir de um a quatro pontos para cada um dos critérios. Com base nas pontuações da banca avaliadora, serão selecionadas 20 finalistas mais bem pontuadas e divulgadas no *site*. Em seguida, passarão para a etapa de julgamento em que os juízes farão visitas onde são desenvolvidas as iniciativas (SPGSP, 2017).

Em 2017, em sua 12ª edição, o Prêmio Mario Covas (SPGSP, 2017) recebeu mais de duas centenas de projetos nas diversas áreas de atuação que passaram por quatro etapas de avaliação: na primeira etapa, "elegibilidade", verificou-se se as iniciativas preenchiam os requisitos mínimos previstos no regulamento. Na segunda etapa, cada iniciativa passou por avaliação de uma banca avaliadora que analisou todos os trabalhos, elegendo 24 finalistas, sendo 12 de cada categoria. Na terceira etapa, os finalistas de cada categoria foram avaliados por uma Banca Julgadora composta por especialistas de notório saber em diversas áreas, para os quais as equipes finalistas fizeram a exposição de suas iniciativas. Essa banca selecionou cinco projetos de cada categoria, que obtiveram a nota máxima (24 pontos) e sugeriram um vencedor e quatro menções honrosas. Ainda nessa etapa, contamos com a Visita Presencial a iniciativas finalistas, no local em que o projeto foi realizado com o objetivo de desempatar os resultados obtidos; porém isso não foi possível, pois os resultados se mantiveram.

Diante do empate técnico, resultado da terceira etapa de avaliação, o Comitê Gestor do Prêmio Mario Covas encaminhou os cinco finalistas eleitos em cada categoria para uma comissão composta por representantes da Subsecretaria de Planejamento Estratégico e Gestão, da Escola de Governo e da Fundação Mario Covas para avaliação e aplicação de critérios de desempate, definindo um vencedor de cada categoria.

Na categoria "Melhoria da Gestão Governamental", venceu a iniciativa "Classificação para Reenquadramento de Aprendizagem", de autoria da Fonoaudióloga Educacional Rosana Mendes Ribeiro em parceria com a Diretoria de Ensino Regional do Centro-Oeste, São Paulo, da Secretaria Estadual da Educação (SPGSP, 2017).

Ribeiro (2015), autora do projeto CRA (Classificação para Reenquadramento de Aprendizagem), apresenta uma ação validada como Metodologia CDRA, atualmente em sua versão digital, que tem em seu âmago três pilares: *Formação*, *Mapeamento* e *Intervenção* (Ribeiro, 2015):

- *Pilar 1 — Formação*. Objetiva apresentar ao professor conhecimento teórico relacionado à sua vivência em uma sala de aula heterogênea, além de conhecimentos específicos sobre marcos do desenvolvimento neuropsicomotor e capacitá-lo a ressignificar sua prática pedagógica para inclusão de todos os escolares.
- *Pilar 2 — Mapeamento*, que objetiva o mapeamento de uma sala de aula em quatro níveis diferentes de aprendizagem, abordados como grupos I, II, III e IV.
- *Pilar 3 — Intervenção*. Fase que se concretiza por meio da produção de atividades e de provas adequadas e/ou adaptadas para diferentes níveis de aprendizagem.

Destacamos, neste capítulo, os resultados obtidos na segunda fase da referida Metodologia, *Mapeamento*, que, por meio de um questionário dirigido aos pais e aos professores, composto por 54 questões de múltipla escolha, acerca do desenvolvimento cognitivo, emocional e socioeconômico cultural do aluno, objetiva o denominado mapeamento de uma sala de aula em quatro níveis diferentes de aprendizagem: grupo I (aprendizagem regularizada), grupo II (Tendência à Dificuldades Escolares), grupo III (Tendência a Transtornos Funcionais) e grupo IV (Tendência a Deficiência Intelectual).

CONCLUSÃO

A metodologia CDRA voltada à área da Neurociência — com base nos estudos de Rotta (2016) e Bridi (2016) — ao contrário do que muitos imaginam, não propõe uma nova pedagogia, pelo contrário, as descobertas são de bases biológicas anteriores, de Piaget, Vygotsky, Wallon (La Taille et al., 2019), uma abordagem atual, que preza pela formação do professor, por instrumentos de avaliação e pela intervenção.

O protocolo CRA (Ribeiro, 2015) foi aplicado pelos coordenadores das escolas, no momento da matrícula, para pais ou responsáveis (16 questões) e para professores (38 questões) das disciplinas de Língua Portuguesa e Matemática (três meses após o início das aulas) em uma amostra total de 2492 alunos do ensino fundamental I, ensino fundamental II e ensino médio, divididos em três escolas da rede pública estadual da cidade de São Paulo. Todos os responsáveis assinaram o Termo de Consentimento Livre e Esclarecido (TCLE) e a divulgação dos resultados foi autorizada pela Secretaria da Educação do Estado de São Paulo.

O presente artigo visa, além da aplicação de uma metodologia inovadora, respeitando as normativas atuais, primando pelos pilares da Formação, Mapeamento e Intervenção, também dirimir custos na educação.

De forma visionária, sua metodologia é um investimento futuro na revolução do ensino de se levar o conhecimento dos iniciandos, instrumentalizando-os para convivências harmônicas, dentro do conceito de alteridade, destacando-se pelo altruísmo, autoestima na inserção social, visando à convivência das "diferenças", primado pelos princípios do "DUA".

Além da visão universal em que cada singularidade representa uma unidade assim constituída, sendo a linguagem respaldada pela dinâmica transformadora, atuação reveladora do contínuo processo neurocientíficos.

Desmistificando transtornos em seus resultados, nivelados pela inteligência em que a linguagem é o marco na interação, levando os aprendizes a sua independência na comunicação, na capacitação e na continuidade futura que a metodologia oferece baseados em dados reais, com estatísticas que demonstram eficientes.

Por outro lado, amenizar as patologias atuantes que desembocam nas dificuldades do professorado diante das responsabilidades, obrigações, afastamentos médicos. A metodologia da leveza em sua aplicação, envolvimento de equipes multidisciplinares na condução das soluções pragmáticas que se apresentam. Importância fundamental na pirâmide educacional, está embasada nas intercorrências da base, referência capital que é o professor, condutor, observador, encaminhador das diversidades apresentadas.

REFERÊNCIAS

Brasil (1990). *Lei Federal n. 8069:* Dispõe sobre o Estatuto da Criança e do Adolescente e dá outras providências. Brasília: Presidência da República. Disponivel em: <http://www.planalto.gov.br/ccivil_03/leis/l8069.htm>. Acesso em: 29 maio 2020.

Brasil (1996). *Lei Nº 9.394:* Estabelece as diretrizes e bases da educação nacional., 1996. Disponivel em: <http://www.planalto.gov.br/ccivil_03/leis/l9394.htm>.

Brasil (2014). *Lei n.º 13.055, de 25 de Junho de 2014:* Aprova o Plano Nacional de Educação - PNE e dá outras providências. Brasília-DF: Presidência da República. Disponivel em: <http://www.planalto.gov.br/ccivil_03/_ato2011-2014/2014/lei/l13005.htm>. Acesso em: 30 maio 2020.

Brasil (2015). *Lei N.º 13.146, de 6 de julho de 2015:* Institui a Lei Brasileira de Inclusão da Pessoa com Deficiência (Estatuto da Pessoa com Deficiência). Brasília-DF: Presidência da República, 2015. Disponivel em: <http://www.planalto.gov.br/ccivil_03/_ato2015-2018/2015/lei/l13146.htm>. Acesso em: 29 maio 20.

Costa, D. S. D. (2016). *Diretrizes de Qualidade para Materiais Educacionais no Contexto da Educação Inclusiva.* Porto Alegre: Universidade Federal do Rio Grande do Sul - UFRGS. [Dissertação submetida ao Programa de PósGraduação em Design da Universidade Federal do Rio Grande do Sul como requisito final para obtenção do título de Mestre em Design].

Cunha, A. E. (2014). *Práticas Pedagógicas para a inclusão e diversidade.* 4. ed. Rio de Janeiro: Wak, 2014.

Descartes, R. (1995). *O Discurso sobre o Método.* 9. ed. [S.l.]: Ed. Hemus.

Espinosa, B.(2008). *Ética.* Tradução de Tomaz Tadeu. 2. ed. Belo Horizonte: Autêntica.

Ferreira, M. A. R. (2011). *Alfabetização de alunos com paralisia cerebral no ensino regular de Ipatinga-MG: um estudo de caso.* Brasília: Universidade de Brasília

- UnB. Disponivel em: <https://bdm.unb.br/bitstream/10483/2283/1/2011_MariaAparecidaRosaFerreira.pdf>. Acesso em: 9 out. 2020. Monografia sobre Alfabetização de Alunos com Paralisia Cerebral no Ensino Regular de Ipatinga – MG.

Grossi, G. R. M., Lopes, A. M., & Couto, P. A. (2014). A Neurociência na Formação de Professores: Um Estudo da Realidade Brasileira. *Revista da FAEEBA: Educação e Contemporaneidade*, Salvador, v. 23, n. 41, p. 27-40, jan/jun 2014. Disponivel em: <https://www.revistas.uneb.br/index.php/faeeba/article/view/821>. Acesso em: 9 out. 2020.

Kuhn, T. S.(2017). *A Estrutura das Revoluções Científicas.* 13. ed. São Paulo: Ed. Perspectiva.

La Taille, Y., Oliveira, M. K. & Dantas, H. *Piaget, Vygotsky, Wallon: teorias psicogenéticas em discussão.* 28. ed. São Paulo: Summus Editorial, 2019.

Moreira, A. F. B. (1997). A psicologia. E o resto: o currículo segundo césar coll. *Cad. Pesq.*, n. 100, p. 93-107, Março 1997. Disponivel em: <http://publicacoes.fcc.org.br/ojs/index.php/cp/article/view/770/782>. Acesso em: 9 out. 2020.

Moreira, L. C., & Baumel, R. C. R. D. C.(2001). Currículo em educação especial: tendências e debates. *Educ. rev.*, Curitiba, n. 17, p. 125-137, junho. Disponivel em: <http://www.scielo.br/scielo.php?script=sci_arttext&pid=S0104-40602001000100010&lng=pt&nrm=iso>. Acesso em: 9 out. 2020.

Novo, B. N. (2019). O direito à educação. *Conteúdo Jurídico*. Disponivel em: <https://conteudojuridico.com.br/consulta/artigos/52669/o-direito-a-educacao>. Acesso em: 09 out. 2020.

Organização das Nações Unidas para a Educação, a Ciência e a Cultura [UNESCO] (1994). *Declaração de Salamanca:* sobre princípios, políticas e práticas na área das necessidades educativas especias. Ministério da Educação. Disponivel em: <http://portal.mec.gov.br/seesp/arquivos/pdf/salamanca.pdf>. Acesso em: 15 maio 2020.

Pacheco, J. A.(2008). Notas sobre Diversificação/Diferenciação Curricular em Portugal. *InterMeio: Revista do Programa de Pós-Graduação em Educação - UFMS*, Campo Grande, MS, v. 14, n. 28, p. 178-187. Disponivel em: <https://periodicos.ufms.br/index.php/intm/article/view/2498>. Acesso em: 10 set. 2020.

Ribeiro, R. M. (2015). *CRA - Classificação para Reenquadramento de Aprendizagem.* São Paulo: Editora Desafio.

Ribeiro, R. M. (2018). Inclusão, educação para todos: apresentação de uma ação educacional. In: Soares, Â. M., Simão, J. R. O. R., & Neves, M. *Caminhos da aprendizagem e inclusão: entretecendo múltiplos saberes.* Belo Horizonte: Artesã.

Rotta, N. T., Bridi Filho, C. A., & Bridi, F. S.(2016). *Neurologia e Aprendizagem: Abordagem Multidisciplinar.* 2. ed. Porto Alegre: Artmed Editora.

Rotta, N. T., Ohlweiler, L., & Riesgo, R. S.(2016) *Transtornos da Aprendizagem: Abordagem Neurobiológica e Multidisciplinar.* 2. ed. Porto Alegre: Artmed Editora.

Silva, M. D. F., & Kleinhans, A. C. S. (2006). Processos cognitivos e plasticidade cerebral. *Revista Brasileira de Educação Especial*, Marília, SP, v. 12, n. 1, p. 123-138. Disponivel em: <http://www.scielo.br/scielo.php?script=sci_arttext&pid=S1413-65382006000100009>. Acesso em: 9 out. 2020.

Soares, D. (2003). *Os vínculos como passaporte da aprendizagem: um encontro com D'EUS*. Rio de Janeiro: Caravansarai, 2003.

Souza, M. C. D., & Gomes, C. (2015). Neurociência e o déficit intelectual: aportes para ação pedagógica. *Rev. psicopedag. [online]*, São Paulo, v. 32, n. 97, p. 104-114.

SPGSP (2017). Anunciados os vencedores da 12ª edição do Prêmio Mario Covas. *12ª Edição do Prêmio Mario Covas*. Disponivel em: <http://www.premiomariocovas.sp.gov.br/Default.aspx>. Acesso em: 29 maio 2020.

Toassa, G. (2011). *Emoções e vivências em Vigotski*. São Paulo: Papirus.

United Nations (1996). *Convention on the Rights of Persons with Disabilities (CRPD)*. United Nations. Disponivel em: <https://www.un.org/development/desa/disabilities/convention-on-the-rights-of-persons-with-disabilities.html>. Acesso em: 29 maio 2020.

Vigotski, L. S. (1996). La Crisis de los siete años. In: *Obras escogidas*. Madri: Visor, v. Tomo IV, 1996.

Zerbato, A. P., & Mendes, E. G. (2018). Desenho universal para a aprendizagem como estratégia de inclusão escolar. *Educação Unisinos*, v. 22, n. 2, p. 147-155, abril/junho. Disponivel em: <http://revistas.unisinos.br/index.php/educacao/article/download/edu.2018.222.04/60746207>. Acesso em: 9 out. 2020.

ADAPTAÇÃO CURRICULAR: NÃO EXISTE RECEITA PRONTA

Sandra Kraft do Nascimento

Rosana Mendes Ribeiro

RESUMO

O presente artigo busca refletir, por meio de levantamento bibliográfico e vivências clínicas de uma das autoras, o papel interventivo, por meio das adaptações curriculares, do profissional da educação (especificamente o pedagogo), no processo de ensino e de aprendizagem de crianças e de adolescentes inseridos no grupo das Necessidades Educacionais Especiais (NEE). Salienta-se que o processo de adaptação curricular vai além da utilização de métodos prontos, envolvendo a compreensão de cada caso em suas especificidades e complexidades e a elaboração de estratégias flexíveis, adaptadas e adequadas aos níveis de desenvolvimentos de cada criança. Para que isso possa ser alcançado, é preciso que o professor esteja amparado por políticas públicas pensadas para esses estudantes; que receba formação adequada para identificação e elaboração de planos específicos para cada criança. Neste estudo, destacamos estratégias de adaptação/adequação curricular de pequeno porte que valorizam a brincadeira (a atividade), a criatividade (a experimentação) e o lúdico (a atitude) não só por meio de jogos e de brinquedos (muitas vezes, adaptados na sua forma física ou nas regras), como também pelas atividades gráficas, que envolvem o conteúdo curricular, tão frágeis de publicações em nossa literatura e, para isso, analisamos o papel da Metodologia CDRA (Classificação Digital para Reenquadramento de Aprendizagem), uma iniciativa educacional que contempla as naturais e compreensíveis diferenças no aprendizado de um grupo heterogêneo. As reflexões aqui trazidas reafirmam a necessidade de metodologias de aprendizagem efetivas e flexíveis que possam viabilizar possibilidades reais de transformação em nossos contextos educacionais, atualmente, em sua grande maioria, integradores, para ambientes educacionais verdadeiramente inclusivos — para os quais não existem receitas prontas.

Palavras-chave: Pedagogia, Metodologias Educacionais, Flexibilização Curricular, Adaptação Curricular, Adequação Curricular e Educação Inclusiva.

INTRODUÇÃO

"Uns sapatos que ficam bem numa pessoa são pequenos para outra; não existe uma receita para a vida que sirva para todos". (C. G. Jung)

A pedagogia é a ciência responsável por estudar os métodos e os princípios voltados diretamente à educação (Ghiraldelli, 2017). Neste artigo, abordaremos, a princípio, a pedagogia sob o ponto de vista institucional, seja na função de direção, coordenação pedagógica, orientação educacional ou na atuação como professor em sala de aula, principalmente, em relação aos alunos do grupo das Necessidades Educacionais Especiais (NEE) e nos relatos pessoais da psicopedagogia clínica em interlocução com o contexto escolar.

Importante ressaltar que a formação em pedagogia, em relação à atuação como professor em sala de aula, permite atuar desde a educação infantil até o final do quinto ano escolar, portanto, ensino fundamental I, como professor polivalente, ou seja, aquele que ministra todas as disciplinas ((CNE/CP, 2006)).

Com a aprovação das Diretrizes Curriculares Nacionais para o curso de licenciatura em pedagogia ((CNE/CP, 2006)), em maio de 2006, houve necessidade de reformulação da matriz curricular a partir da extinção das habilitações para exercícios da atividade de professor (magistério), sendo que a formação pedagógica deve contemplar uma carga horária mínima de 3.200, conforme disposto em seu Art. 7º:

> Art. 7º O curso de Licenciatura em Pedagogia terá a carga horária mínima de 3.200 horas de efetivo trabalho acadêmico, assim distribuídas:
>
> I - 2.800 horas dedicadas às atividades formativas como assistência a aulas, realização de seminários, participação na realização de pesquisas, consultas

a bibliotecas e centros de documentação, visitas a instituições educacionais e culturais, atividades práticas de diferente natureza, participação em grupos cooperativos de estudos;

II - 300 horas dedicadas ao Estágio Supervisionado prioritariamente em Educação Infantil e nos anos iniciais do Ensino Fundamental, contemplando também outras áreas específicas, se for o caso, conforme o projeto pedagógico da instituição;

III - 100 horas de atividades teórico-práticas de aprofundamento em áreas específicas de interesse dos alunos, por meio, da iniciação científica, da extensão e da monitoria. ((CNE/CP, 2006, p. 4))

Uma formação que tradicionalmente carrega consigo a crença em uma aprendizagem uniforme, realizada no mesmo ritmo e profundidade, geradora de mesmos resultados e a partir das mesmas estratégias de ensino — conceito antagônico à prática diária do professor, à diversidade e à inclusão; já que estas preconizam a existência de mecanismos biológicos, experiências sociais e ambientais, moldando configurações singulares, tornando-nos únicos nas formas de conhecer, de entender, de agir e de aprender sobre o mundo (Zorzi, 2015).

"DIFICULTADORES" DA PRÁTICA EDUCACIONAL

Atualmente, refletir sobre educação e aprendizagem em um contexto inclusivo é se deparar com uma série de "dificultadores" que vão desde a fragilidade na graduação de nossos educadores, passando pela ausência ou insuficiência de formações continuadas, até a mentalidade inflexível dos sistemas educacionais que, apesar dos avanços demonstrados pela ciência, *resistem* em tomar medidas de ensino que atendam a todos.

POLÍTICAS PÚBLICAS EDUCACIONAIS

Como ponto de partida de nossa análise, podemos citar como principal política pública a Lei de Diretrizes e Bases da Educação, de 1996 (LDB/96). A partir de sua promulgação, as escolas começam a adotar o ensino por ciclos e a consequente progressão continuada deles, situação que acabou por favorecer que as dificuldades de aprendizagem se instalassem em várias crianças e jovens.

Segundo nossa lei, é permitido que uma criança de 5 anos de idade possa se matricular no 1° ano do ciclo fundamental 1. Sabemos que, no 1º ano escolar, formaliza-se o processo de alfabetização (que, em princípio, seria feito no ciclo do 1º ao 3º ano). Muitas vezes, isso leva a dificuldades importantes para além do 3º ano escolar.

Temos um ensino organizado por ciclos que, na verdade, trabalha em séries. Em função da prática da progressão continuada, não se pode reter uma criança do 1º ao 3º ano escolar. Isso faz com que as dificuldades se arrastem.

> Sobre a Progressão Continuada, há um número maior de defensores do que de opositores, porém, críticas veladas e consistentes em relação à forma de implantação dessa medida — primeiramente sem formação e, consequentemente, sem a plena participação dos protagonistas desta história, os professores, com inexistência de projetos pedagógicos adequados, muitas vezes sem clareza dos conteúdos reais a serem aprendidos, sem entendimento da individualidade e dos processos de aprendizagem de cada aluno e, principalmente, sem avaliações do aprendizado dos alunos e das próprias instituições envolvidas — são frequentes em nossa literatura (Ribeiro, 2021, p. 61).

Em julho de 2015, foi promulgada a lei de inclusão das pessoas com Necessidades Educativas Especiais (PNEE) dentro das escolas regulares e, com isso, na formação em pedagogia, passa a constar, na grade curricular, a disciplina de *Educação Inclusiva* (Brasil, 2015).

Esta lei significou um enorme avanço do ponto de vista da educação, visto que, até então, as crianças, principalmente as com deficiência intelectual, frequentavam a escola regular no máximo até o final da educação infantil e, posteriormente, a opção para se continuar a escolaridade era somente a Escola Especial (na qual havia professores especialistas, formados em nível de pós-graduação para tal atendimento). Nessas escolas, o currículo era individualizado, levando-se em consideração o nível de desenvolvimento intelectual de cada um e suas singularidades de comportamento (dados que alguns diagnósticos tinham como características questões importantes no comportamento).

Segundo Sacristán,

> O conceito de currículo, desde seu uso inicial, representa a expressão e a proposta da organização dos segmentos e fragmentos dos conteúdos que o compõem; é uma espécie de ordenação ou partitura que articula os episódios isolados das ações, sem a qual esses ficariam desordenados, isolados entre si ou simplesmente justapostos, provocando uma aprendizagem fragmentada. O currículo desempenha uma função dupla-organização e ao mesmo tempo unificadora – do ensinar e do aprender, por um lado, e por outro, cria um paradoxo, devido ao fato de que nele se reforçam as fronteiras (e muralhas) que delimitam seus componentes, como, por

> exemplo, a separação entre as matérias ou disciplinas que o compõem... em tempos modernos, poderíamos dizer que, com essa intervenção unificadora, pode-se, em primeiro lugar, evitar a arbitrariedade na escola de o que será ensinado em cada situação, enquanto que em segundo lugar, se orienta, modela e limita a autonomia dos professores... O currículo recebeu o papel decisivo de ordenar os conteúdos a ensinar; um poder regulador que se somou à capacidade igualmente reguladora de outros conceitos, como o de classe (ou turma), empregando para distinguir entre si a agrupá-los em categorias que os definam e classifiquem....o fato é que o ensino, a aprendizagem e seus respectivos agentes destinatários – os professores e alunos – tornaram-se mais orientados por um controle externo, uma vez que este determinou a organização da totalidade do ensino por meio do estabelecimento de uma ordem sequenciada...o conceito de currículo delimitou as unidades ordenadas de conteúdo e períodos que tem começo e um fim, impondo normas para a escolarização. Não é permitido fazer qualquer coisa, fazer de uma maneira qualquer ou fazê-la de modo variável (Sacristán, 2013, p. 17)

A ideia era ter algo que, em prol da "igualdade", pudesse educar em massa, como um instrumento que estruturaria a escolarização e as práticas pedagógicas. No entanto, isso nos trouxe perguntas importantes: Quais conhecimentos são adquiridos? Como e quando se aprende? Quais atividades são adequadas a cada nível? Como é o que cada aluno entende a partir do que se ensina? Com qual ritmo o aluno vai aprender? Como avaliar? E os conhecimentos prévios que cada aluno traz? Não se aprende somente dentro da escola.

Dadas essas questões, como incluir e não somente integrar esses alunos com Necessidades Educacionais Especiais na escola regular, com tantas singularidades e diferentes diagnósticos? Como fazer para que esses alunos aprendam o conteúdo curricular estabelecido? Eles precisam seguir o currículo estabelecido? De que modo? O que e como priorizar? Qual a melhor metodologia para cada caso; visto que, para cada diagnóstico, há especificidades na aprendizagem?

Estamos falando de uma grande diversidade entre deficiências. Mesmo as intelectuais se apresentam em vários graus, com diferentes níveis cognitivos e de escolaridade. Sem contar as diferentes metodologias seguidas por cada escola, as diferentes modalidades de aprendizagem, questões comportamentais ou não e as especificidades de cada diagnóstico, de cada ser humano.

Cada aprendente é único, com suas demandas e singularidades. Muitas vezes, temos alunos com o mesmo diagnóstico (o que lhes conferem características semelhantes), mas com modos diferentes de aprender, vindos de culturas distintas e com formas muito individuais de abordagem em cada família.

Talvez, para poder começar a responder as perguntas feitas acima, as palavras que devam nos vir à mente sejam: sensibilidade, empatia, flexibilidade, criatividade, muito estudo e foco.

Se já concebíamos a criatividade do professor em sala de aula para se trabalhar o conteúdo acadêmico em uma sala dita "homogênea", como pensarmos depois de 2015, quando a Lei da Inclusão (Brasil, 2015) passou a vigorar e as crianças com Necessidades Educacionais Especiais estavam dentro das salas de aulas regulares?

Essa lei encontrou uma escola despreparada para recebê-los. Nos deparamos desde aquela data com questões mais profundas na área do ensino/aprendizagem.

A FRAGILIDADE NA FORMAÇÃO NE NOSSOS PROFESSORES

A preocupação acerca de formação de professores é um fato antigo e objeto de estudo de diversos autores (Andalo, 1995; Oliveira, 2020; Libâneo, 1998; Cury, 2003; Souza, 2003; Saviani, 2009; Gatti et al., 2011).

Em meados dos anos 1960, o Instituto Nacional de Estudos e Pesquisas Educacionais Anísio Teixeira (INEP) e colaboradores promoveram um estudo sobre aperfeiçoamento de docentes, perguntando para estes o que pensavam sobre suas formações. Na pauta: aperfeiçoamentos. A pesquisa demonstrou que 80% dos professores consideraram seus aperfeiçoamentos insatisfatórios e que não atendiam as realidades práticas das escolas (Andalo, 1995).

Além disso, temos uma divisão histórica na formação docente: *professores polivalentes* (com formação de nível médio) e *professores especialistas* por disciplinas (com formação de nível superior). Vale ressaltar que, em meados dos anos 1970, o professor polivalente passa também a ser formado em nível superior nos cursos de pedagogia.

Um abismo passa a se instalar entre o professor polivalente (formado nos cursos de pedagogia) e o professor especialista (formados em cursos de licenciatura, como letras, matemática, filosofia, entre outros). No caso do pedagogo, a preparação parece se voltar a um conhecimento pedagógico abstrato e, no caso do especialista, a prioridade é o conteúdo, sem considerar que tais serão ensinados para crianças e adolescentes inseridos em um complexo e singular processo de ensino e de aprendizagem. Um contexto institucional distante da preocupação com a educação básica e com modelos educacionais heterogêneos. Segundo Mello (2000):

> A localização institucional das licenciaturas na estrutura do ensino superior, e particularmente das universidades, cria um divórcio entre a aquisição de conhecimentos nas áreas de conteúdos substantivos e a constituição de competências para ensinar esses conteúdos a crianças, adolescentes ou adultos com atraso escolar (Mello, 2000, p. 100).

A autora esclarece ainda que:

> Essa não foi a opção de muitos países europeus e latino-americanos. Nestes últimos, os Institutos de Formação Docente, como são comumente conhecidos no Uruguai, na Argentina, no Chile, entre outros, ou as Escolas Normais Superiores, tais como existem até hoje no México, foram as instituições encarregadas de formar professores de crianças e adolescentes. Diga-se mesmo que esse modelo institucional, no caso da França, existe não apenas para professores, como para outras áreas profissionais, como administração, engenharia, medicina, ficando reservada à universidade a preparação de cientistas, filósofos, mestres de letras com ênfase na investigação científica, como, aliás, foi a inspiração da Faculdade de Filosofia, Ciências e Letras no Brasil, primeiro *locus* institucional de ensino superior responsável pela formação de professores, que se retalhou em departamentos com a Lei no 5.540/68 (Mello, 2000, p. 110).

A LDB (BRASIL, 1996) em seu Art. 13, estabelece que:

> Art. 13. Os docentes incumbir-se-ão de:
>
> I - participar da elaboração da proposta pedagógica do estabelecimento de ensino;
>
> II - elaborar e cumprir plano de trabalho, segundo a proposta pedagógica do estabelecimento de ensino;
>
> III - zelar pela aprendizagem dos alunos;
>
> IV - estabelecer estratégias de recuperação para os alunos de menor rendimento;
>
> V - ministrar os dias letivos e horas-aula estabelecidos, além de participar integralmente dos períodos dedicados ao planejamento, à avaliação e ao desenvolvimento profissional;
>
> VI - colaborar com as atividades de articulação da escola com as famílias e a comunidade.

Ou seja, a legislação orienta que o professor de educação básica construa em seus alunos a capacidade de aprender e de relacionar a teoria à prática em cada disciplina do currículo. Infelizmente, o "*tem que fazer*" não capacita nossos professores para "*o como fazer*".

Idealmente, candidatos a professores polivalentes ou especialistas deveriam aprender sobre desenvolvimento e aprendizagem de modo integrado aos demais conhecimentos do currículo de formação docente, tendo a prática mediada desde o primeiro ano do curso superior. Afinal, "competências são formadas pela experiência, portanto esse processo deve ocorrer necessariamente em situações concretas, contextualizadas" (Mello, 2000, p. 104).

Políticas públicas educacionais e específicas para a formação *prática* de professores são fundamentais e emergenciais, tendo em vista as fragilidades desde o processo de formação inicial do professor ao exercício de sua profissão; com consequências diretas e devastadoras para a educação e a aprendizagem de nossos estudantes (Pimenta, 2002).

ADAPTAÇÕES CURRICULARES E AS DIFICULDADES NA PRÁTICA DOCENTE

Formação prática, grupo heterogêneo e diversidade no âmbito escolar são conceitos que podem ser garantidos pela prática responsável das adaptações curriculares.

As adaptações curriculares constituem possibilidades de atuar como principal meio de interação entre as necessidades dos educandos e as respostas educacionais a serem propiciadas, uma vez que cada aluno possui características que lhe são próprias, bem como necessidades e capacidades que lhe são singulares, sendo assim, é de fundamental importância que toda a comunidade escolar compreenda que o conhecimento sistematizado produzido no ambiente escolar deve propiciar a todos, oportunidades, possibilidades e condições, mesmo apresentando necessidades ou diferenças sociais, culturais e pessoais (Vendrusculo & Watzlawick, 2014, p. 2).

São inúmeros os relatos de professores que se sentem despreparados, frágeis, pouco formados ou capacitados para realizar adaptações curriculares como demonstra estudo realizado por Bertolde e Larchert (2021):

> Durante a entrevista perguntamos sobre a importância da adaptação curricular no processo de ensino e aprendizagem, os participantes relataram que:

As adaptações devem ser feitas para ajudar o aluno. (P01)

A gente escuta muito falar nos curso que realizo, mas acho difícil realizar (P06)

As adaptações correspondem à necessidade percebida no aluno, ai modifico as tarefas para ver se ele consegue fazer. (P05)

Os professores da escola entendem e reconhecem a importância de realizar a adaptação curricular, contudo durante as observações a pesquisadora presenciou momentos em que a teoria não estava alinhada com a prática (Bertolde & Larchert, 2021, p. 1322).

As adaptações curriculares fundamentam-se nos Parâmetros Curriculares Nacionais (PCNs) (Brasil, 1999), que retratam a importância de as escolas flexibilizarem seus currículos para contemplar a diversidade escolar. Portanto, a efetivação prática da adaptação curricular oportuniza o desenvolvimento da aprendizagem por caminhos singulares e respeitosos às condições e às necessidades dos estudantes.

Ressalta-se, neste estudo, que serão abordadas as adaptações curriculares de pequeno porte: segundo Figueiredo ((2002)), a ideia de adaptações curriculares de pequeno porte compreende modificações da alçada do professor nas ações planejadas para a aula, possibilitando a participação dos estudantes.

A realização da inclusão escolar com práticas de adaptações curriculares, embasadas na ciência, ainda é um obstáculo a ser vencido.

ATIVIDADES LÚDICAS: O JOGO E O BRINQUEDO

Ao brincar, a criança assume papéis e aceita regras próprias da brincadeira, executando, imaginariamente, tarefas para as quais ainda não está apta ou não sente como agradáveis na realidade —*Lev Vygotsky* (Resnick, 2020, P. 119).

Brincar é indispensável ao crescimento sadio e possibilita o desenvolvimento da cognição (ato que consiste em processar informações, percebendo, integrando, compreendendo e respondendo adequadamente aos estímulos do ambiente) em amplitude: atenção, concentração, memória, percepções, raciocínio lógico, desenvolvimento da linguagem, construção de narrativas, pensamento. Quando a criança brinca, ela compara, diferencia, classifica, nomeia, compõe, decompõe, constrói conceitos de espaço, tempo e causalidade, analisa, sintetiza, memoriza, conta, constrói diálogos, amplia possibilidade de trabalhar sua coordenação motora, opera mentalmente, dentre outros (Cunha, 2011).

Brincar também possibilita o desenvolvimento de habilidades socioafetivas (habilidades para lidar com nossas emoções durante os desafios cotidianos) como: empatia, solidariedade, cooperação, responsabilidade, autoestima, criatividade, comunicação, autonomia, paciência, sociabilidade, dentre outros.

Por que o brinquedo e o jogo? Porque são materiais mais sedutores, parceiros silenciosos que convidam a criança a interagir, mexendo com a motivação intrínseca dos alunos. "É no brinquedo que a criança aprende a agir numa esfera cognitiva, em vez de uma esfera visual externa, dependendo das motivações e tendências internas e não dos incentivos fornecidos pelos objetos externos" (Vygotsky, 2007, p. 113).

Podemos nos apoiar também no conceito de Zona de Desenvolvimento Proximal (ZDP) que se refere à distância entre o nível de desenvolvimento real, que é determinado pela capacidade de resolver um problema com autonomia, e o nível de desenvolvimento potencial, determinado por meio de resolução de um problema sob a orientação de um adulto ou junto a outro companheiro (uma criança mais velha). São as informações que a pessoa tem a potencialidade de aprender, mas ainda não completou o processo. São os conhecimentos que não estão disponíveis no momento, mas potencialmente atingíveis. São aquelas funções que ainda não amadureceram, mas que estão em processo de maturação, funções que amadurecerão, ou seja, a zona de desenvolvimento proximal hoje, será a zona de desenvolvimento real de amanhã (Rego, 2014).

Como já citado, cada aprendente é único, com suas demandas e singularidades. Desta forma, com jogo, o brinquedo e as atividades gráficas também não há receita. O mesmo material pode ser usado com demandas diferentes, aumentando ou baixando a complexidade de seu uso de acordo com o nível de desenvolvimento cognitivo de cada aprendente.

Em minha experiência, ouvindo os relatos das escolas de meus aprendentes, minha inquietação se instalava sempre que algo gráfico era apresentado ao aluno. Isso ocorria também dentro do meu consultório quando alguma atividade gráfica lhes era oferecida, pois a experiência do desenvolvimento cognitivo com uso de materiais lúdicos era muito rica. Ao passar para o papel, no entanto, vinham junto olhares de cansaço, pouca disponibilidade e falta de interesse dos aprendentes, assim como frases do tipo: *"- Ah! Não..., isso é chato!"*.

De fato, as atividades gráficas, em sua maioria, não são atraentes, não "convidam" o aprendente a entrarem em contato com elas e são, muitas vezes, distantes do entendimento de quem as utiliza. A começar pelos enunciados, que usam termos que muitos alunos na escola não entendem e, por isso, podem dar respostas que não condizem com as perguntas feitas.

Nesse sentido, apresentava-se um grande desafio: como transformar essas atividades de forma que eles tivessem o mesmo entusiasmo, a mesma *ludicidade*[1], e se sentissem "convidados" a produzir como em um jogo.

A METODOLOGIA CDRA

Esse tratamento lúdico *(atitude)*, perfeitamente possível nos materiais gráficos, e o respeito a singularidade de cada aprendente tornaram-se possíveis por meio da introdução da Metodologia CDRA — Classificação Digital para Reenquadramento da Aprendizagem (Ribeiro, 2021) no ambiente escolar. Sua atuação está fundamentada em três pilares: 1) *Formação* continuada dos professores, oferecendo embasamento teórico para que eles possam compreender e atuar diante de uma sala de aula diversa e heterogênea; 2) *Mapeamento* da sala de aula, por meio de anamnese pontuada (realizada junto aos pais ou responsáveis e professores), classificando os alunos em quatro diferentes níveis de aprendizagem[2]; e 3) *Intervenção*, por meio de um banco de atividades e de provas adaptadas para cada um dos níveis identificados (Ribeiro, 2021). Importante ressaltar que a metodologia CDRA não diagnostica os alunos, mas sim localiza tendências que necessitam de intervenções.

---

1 "A ludicidade é uma consideração mais importante do que a brincadeira. A primeira é uma atitude da mente, enquanto a última é uma manifestação externa momentânea dessa atitude" (Dewey, 1938 como citado Resnick, 2020, P. 119).

2 Após o mapeamento, os alunos são classificados em um dos quatro grupos: Grupo I – Cinza – Aprendizagem regularizada; Grupo II – Verde – Tendência a dificuldades de aprendizagem; Grupo III – Laranja – Tendência a transtornos funcionais e Grupo IV – Vermelho – Tendência a déficits intelectuais.

Com a sala de aula reenquadrada[3], a metodologia propõe técnicas embasadas cientificamente específicas para cada grupo, para adaptar as atividades diárias e as provas escolares, proporcionando a equidade entre os alunos, ou seja, fazendo com que todos os alunos tenham a mesma possibilidade de produzir conhecimentos, sem alteração do conteúdo.

Como trabalho em consultório, iniciei o uso da Metodologia CDRA, adaptando algumas provas base já feitas pelos meus aprendentes nas escolas que frequentam (sempre com a anuência da instituição). Essas provas eram refeitas nas sessões e fui observando o passo a passo do aprendente enquanto refazia a prova.

Lembro-me da primeira criança que ofereci essa prova e do que ela me falou: "— Nossa, que linda! Você fez isso para mim?".

Observei que, inicialmente, já houve, por parte daquela criança, um certo encantamento pelo visual da atividade, o lúdico em sua essência. Na sequência, fui observando que a "fadiga mental"[4], que normalmente acontecia com as crianças nas provas base, não estava ocorrendo naquele momento pelo simples fato de se motivar e, em seguida, aplicar técnicas da referida metodologia cujo alvo é a remediação por meio da autorregulação[5] e do funcionamento executivo[6], exemplo de écnicas: alternar os tipos de questões dadas[7], trazer imagens de captura

---

3 Segundo a definição popular, reenquadramento é o "Ato de fazer novamente parte de algo, de ser incluído em..." (DICIO, 2021).

4 A fadiga induzida pelo desempenho contínuo de uma tarefa (Faber et al., 2012).

5 "A autorregulação é uma habilidade que está interligada às funções executivas. Sua definição equipara-se, em larga medida, ao controle inibitório, porém, o campo de estudo da autorregulação compreende mais aspectos. Enquanto pesquisadores de funções executivas se concentram mais em pensamentos, atenção e ações, os pesquisadores de autorregulação consideram mais as emoções. A pesquisa em autorregulação também se diferencia por compreender a importância da motivação e do empenho nas respostas às emoções. Assim, o conceito de autorregulação é mais amplo e abrange o monitoramento, a regulação e o controle dos estados emocional, motivacional e cognitivo do indivíduo" (Ribeiro, 2021, p. 111).

6 "Conjunto de habilidades que, de forma integrada, permitem ao indivíduo direcionar comportamentos e metas, avaliar a eficiência e a adequação dos comportamentos, bem como priorizar ou abandonar estratégias, viabilizando a resolução de problemas e a autorregulação (Marques et al., 2020)." (Ribeiro, 2021, P. 107).

7 Técnicas que compõe a obra «A cada um o que é seu: Metodologia CDRA — referência em defasagens educacionais e adaptações».

atencional[8] e imagens de resgate de conteúdo pedagógico[9]. Repito: sem alteração do conteúdo, e sim mudança de forma das atividades.

A criança conseguiu fazer toda a prova sem que eu tivesse que fazer intervenções ajudando-a a pensar. A partir daquele dia, o CDRA, na minha vida profissional, foi um divisor de águas do ponto de vista técnico do meu trabalho. Comecei a usá-lo quando algum aprendente "trazia a escola" nas sessões, precisando de alguma intervenção do ponto de vista do entendimento do conteúdo escolar e, também, em minhas orientações às equipes docentes envolvidas com meus pacientes.

CONCLUSÃO: NÃO EXISTEM RECEITAS PRONTAS

Educação inclusiva, ensinar a todos, favorecer o acesso, a permanência e a aprendizagem com respeito às singularidades de uma sala de aula, exige que nossos professores tenham uma formação inicial e continuada que priorize a conscientização e a capacitação de suas práticas pedagógicas pautadas na ciência.

Ao se trabalhar com adaptações curriculares, definitivamente — não existem receitas prontas — padronizar, facilitar, reduzir, generalizar estratégias com base em parâmetros pré-estabelecidos são ações devastadoras no contexto escolar.

Trabalhar com adaptação é construir ações nas quais o professor irá flexibilizar o objetivo e as estratégias pedagógicas. Essas ações não visam reduzir os conteúdos, mas buscam ajustá-los de forma que atendam as condições de desenvolvimento para que todos os alunos participem e aprendam os mesmos conhecimentos (Araújo, 2019)

Acredita-se que os temas aqui discorridos possam contribuir para reflexões acerca de formações continuadas práticas e de qualidade, para que nossos professores possam ter acesso a práticas pedagógicas de adaptação curricular pautadas na ciência, como forma de estímulo

---

8 "Imagem que objetiva uma mudança não intencional de atenção visuoespacial para decodificação em seu significado conceitual a favor de fixação única (Wyble et al., 2013)." (Ribeiro, 2021, P. 145).

9 "Imagem intencional de natureza indicial, de padrão conceitual, lógico, argumentativo, de dimensão perceptiva, cognitiva e executiva, diretamente ligada ao conteúdo que objetiva tornar a informação importante, saliente a ponto de provocar ensaios (repasses mentais repetitivos e associativos)." (Ribeiro, 2021, p. 146).

para mudanças intensas e efetivas dentro das escolas em relação a uma aprendizagem para todos.

É preciso trabalhar de forma a aproximar a "libertação" da aprendizagem de cada aprendente.

A libertação da inteligência aprisionada, somente poderá dar-se através do encontro com o pedido prazer de aprender. Por tal razão cremos que nossa principal tarefa com relação aos nossos pacientes é "ajudá-los a recuperar o prazer de aprender" e da mesma forma pretendemos, para nós mesmos, recuperar o prazer de trabalhar aprendendo e de aprender trabalhando (Fernández, 1991, p. 18)

Os desafios são muitos e temos instrumentos para vencê-los. Com toda certeza, o CDRA é um deles! É possível. Continuemos lutando por nossas crianças e jovens com muita ciência e afeto.

REFERÊNCIAS

Andalo, C. S. (1995). *Fala, professora!: repensando o aperfeiçoamento docente.* Petrópolis, RJ: Vozes.

Araújo, M. A. (2019). *Adaptações curriculares para alunos com deficiência intelectual: das concepções às práticas pedagógicas.* Dissertação (Mestrado em Educação). Catalão, GO: Universidade Federal de Goiás.

Bertolde, F. Z., & Larchert, J. M. (2021). Pensando as adaptações curriculares na perspectiva da educação especial. In: *Educação como (re)Existência: mudanças, conscientização e conhecimentos - Volume 01...* (pp. 1312-1329). Campina Grande: Realize Editora. Acesso em 27 de 7 de 2021, disponível em https://www.editorarealize.com.br/index.php/artigo/visualizar/74157

Brasil (1999). *Parâmetros Curriculares Nacionais: Adaptações Curriculares - Estratégias para Educação de Alunos com Necessidades Educacionais Especiais.* Brasília: Secretária de Educação Especial.

Brasil (2015). *Orientações para implementação da política de educação especial na perspectiva da educação inclusiva.* Fonte: Ministério da Educação: http://portal.mec.gov.br/index.php?option=com_docman&view=download&alias=-17237-secadi-documento-subsidiario-2015&Itemid=30192

CNE/CP. (2006). *Resolução CNE/CP N.º 1, de 15 de maio de 2006: Institui Diretrizes Curriculares Nacionais para o Curso de Graduação em Pedagogia, licenciatura.* Brasília: Conselho Nacional de Educação / Conselho Pleno. Acesso em 27 de 7 de 2021, disponível em http://portal.mec.gov.br/cne/arquivos/pdf/rcp01_06.pdf

Cunha, N. H. (2011). *Brinquedoteca: um mergulho no brincar.* São Paulo: Aquariana.

Cury, A. J. (2003). *Pais brilhantes, professores fascinante.* Rio de Janeiro: Sextante.

Faber, L. G., Maurits, N. M., & Lorist, M. M. (2012). Mental Fatigue Affects Visual Selective Attention. *PloS one, 7*(10). doi:https://doi.org/10.1371/journal.pone.0048073

Fernández, A. (1991). *A inteligência aprisionada: abordagem psicopedagógica clínica da criança e sua família.* Porto Alegre: Penso.

Fernandez, A. (2001). *O saber em jogo: a psicopedagogia propiciando autoria do pensamento.* Porto Alegre: Penso.

Figueiredo, R. V. (2002). Políticas de Inclusão: escola-gestão da aprendizagem na diversidade. Em D. E. ROSA, & V. C. SOUZA, *Políticas organizativas e curriculares, educação inclusiva e formação de professores* (pp. 67-78). Rio de Janeiro: DP&A.

Frade, C., & Meira, L. (2012). Interdisciplinaridade na escola: subsídios para uma Zona de Desenvolvimento Proximal como espaço simbólico. *Educação em Revista [online], 28*(1), 371-394. Acesso em 27 de 5 de 2021, disponível em https://doi.org/10.1590/S0102-46982012000100016

Gatti, B. A., Barretto, E. S., & André, M. E. (2011). *Políticas docentes no Brasil: um estado da arte.* Brasília: UNESCO.

Ghiraldelli, P. (2017). *O que é pedagogia?* (4 ed.). São Paulo: Brasiliense.

Libâneo, J. C. (1998). *Adeus professor, adeus professora?: novas exigências educacionais e profissão docente.* São Paulo: Cortez.

Marques, A. P., Amaral, A. V., & Pantano, T. (2020). *Treino de funções executivas e aprendizado.* Barueri: Editora Manole.

Mello, G. N. (maio de 2000). Formação inicial de professores para a educação básica: uma (re)visão radical. *São Paulo em Perspectiva [online], 14*(1), 98-110. Acesso em 27 de 7 de 2021, disponível em https://doi.org/10.1590/S0102-88392000000100012

Oliveira, A. F. (2020). *Políticas Públicas Educacionais: conceito e contextualização numa perspectiva didática.* Goiânia: PUC Goiás.

Pimenta, S. G. (2002). Formação de professores: identidade e saberes da docência. Em S. G. PIMENTA (Ed.), *Saberes pedagógicos e atividade docente* (pp. 15-34). São Paulo: Cortez.

Rego, T. C. (2014). *Vygotsky : uma perspectiva historico-cultural da educacao* (25 ed.). Petrópolis-RJ: Editora Vozes.

Resnick, M. (2020). *Jardim de infância para a vida toda: por uma abordagem criativa, mão na massa e relevante para todos.* São Paulo: Penso.

Ribeiro, R. M. (2021). *A cada um o que é seu: Metodologia CDRA — referência em defasagens educacionais e adaptações.* São Paulo: Núcleo Aprende.

Ribeiro, R. M., & Braga, T. (2021). *Adaptação curricular, inclusão ou exclusão?: visão da metodologia CDRA como ferramenta de concretização de uma educação para todos*. São Paulo: Núcleo Aprende. Acesso em 21 de 5 de 2021, disponível em http://rosanamendesribeiro.com.br/livros/Adaptacao-curricular-inclusao-ou-exclusao.pdf

Sacristán, J. G. (2013). O que significa currículo? Em J. G. Sacristán, *Saberes e incertezas sobre o currículo* (pp. 16-37). Porto Alegre: Penso.

Saviani, D. (jan./abr. de 2009). Formação de professores: aspectos históricos e teóricos do problema no contexto brasileiro. *Revista Brasileira de Educação, 14*(40), 143-155.

SOUZA, C. (jul./dez. de 2003). Políticas Públicas: questões temáticas e de pesquisa. *Caderno CRH*(39).

Vendrusculo, M. C., & Watzlawick, J. A. (2014). A adaptação curricular e seus reflexos diante do processo de aprendizagem dos alunos com necessidades educacionais especiais. Em *Cadernos PDE: os desafios da escola pública paranaence na perspectiva do professor PDE: artigos*. Curitiba: Governo do Estado do Paraná.

Vygotsky, L. S. (1998). *A formação social da mente: o desenvolvimento dos processos superiores* (1 ed.). São Paulo: Martins Fontes.

Wyble, B., Folk, C., & Potter, M. C. (2013). Contingent attentional capture by conceptually relevant images. *Journal of experimental psychology. Human perception and performance*, 39(3), 861-871. doi:10.1037/a0030517

Zorzi, J. L. (2015). *Fracasso na alfabetização é culpa da escola e não do aluno, diz pesquisador... [Entrevista concedida a]*. (B. S. Cruz, Produtor) Acesso em 14 de 4 de 2020, disponível em UOL Educação: https://educacao.uol.com.br/noticias/2015/12/22/fracasso-na-alfabetizacao-e-culpa-da-escola-e-nao-do-aluno-diz-especialista.htm

RESSIGNIFICAÇÃO DOS TRANSTORNOS DA LINGUAGEM: VISIBILIDADE DO TDL COMO CONDIÇÃO PARA ADOÇÃO DE PRÁTICAS INCLUSIVAS

Adriana de Souza Batista Kida

Thaís Braga

Cristiana Marques

RESUMO

Os transtornos que acometem a linguagem frequentemente geram dificuldades ao longo da escolarização. Dadas suas características de heterogeneidade de manifestações, advindas da complexa interação entre fatores biológicos e interacionais, podem acometer a linguagem expressiva e/ou a linguagem receptiva interferindo sobremaneira na apreensão de conteúdos acadêmicos e no próprio aprendizado da leitura e da escrita. Embora tenham alta prevalência, com porcentagem de acometimento variável entre 3 a 7% da população, é preciso destacar a invisibilidade do transtorno para as políticas públicas educacionais. Compreender as necessidades desses alunos e buscar evidências científicas que apontem para práticas pedagógicas mais efetivas, capazes de minimizar o impacto da linguagem sobre a aprendizagem e de respeitar a boa condição cognitiva desses escolares, é o principal desafio do sistema educacional.

Palavras-chave: Desenvolvimento de Linguagem, Transtornos da Linguagem e Problemas de Aprendizagem.

INTRODUÇÃO

A linguagem se constitui como um instrumento de compreensão e de construção de uma representação interna do mundo, uma ferramenta essencial ao pensamento, bem como uma forma poderosa de interação social (Mousinho & Alves, 2017). Dada a sua importância, é uma capacidade-chave para o desenvolvimento humano e, por sua complexidade, envolve uma diversidade de variáveis em seu processo de organização: integridade anatomofisiológica, maturação do Sistema Nervoso Central, boas capacidades integrativas perceptomotoras e sensoriais, excelentes modelos e mediadores capazes de apresentar a linguagem em uso, disparando seu aprendizado de modo progressivo.

Assim, devemos considerar que a linguagem é uma capacidade que se sustenta, por um lado, em uma estrutura anatomofuncional geneticamente determinada; e, por outro, na contínua interação com o ambiente social (Hage &Pinheiro, 2017). A linguagem exige uma função simbólica, influenciada pelo processo de desenvolvimento do conhecimento ancorado nas habilidades percepto-sensório-motoras e na cognição e parte da capacidade de representação, capaz de gerar as imagens mentais. Assim, necessita de estrutura cognitiva e só pode ser elaborada socialmente, na vivência com o mundo e por meio de mediação de interlocutores proficientes na língua (Britto & Britto, 2017).

Em sua organização, a linguagem é composta por subsistemas linguísticos que constituem o conteúdo, a forma e o uso da linguagem, a saber: nível fonético-fonológico, morfossintático, semântico-lexical e pragmático.

Por ser um sistema dinâmico, durante o uso, os níveis linguísticos se entrelaçam havendo um processamento tanto sequencial quanto paralelo, no qual todos os subsistemas são requeridos na construção das competências discursivas e narrativas. Estas são atividades linguísticas complexas e que exigem intensa organização no uso dos diferentes subsistemas linguísticos, sempre regulados pela pragmática (Befi-Lopes, 2017; Mousinho & Alves, 2017).

LINGUAGEM: DESENVOLVIMENTO, RISCOS E SEUS TRANSTORNOS

Há uma variabilidade na aquisição da linguagem de cada criança, porém existe uma sequência cronológica semelhante de desenvolvimento para todas, por meio da qual é possível descrever fases evolutivas e observar um domínio crescente das habilidades cognitivas e comunicativas (Sandri et al., 2009). Portanto, o conhecimento acerca dos marcos de desenvolvimento da linguagem se torna fundamental para identificar alterações no seu curso de apropriação (Hage & Pinheiro, 2017). Alterações de qualquer ordem, seja no ritmo de apropriação ou na presença de sinais disruptivos, podem constituir os primeiros sinais de alerta para eventuais transtornos na sua aquisição (Befi-Lopes, 2017).

Nesse contexto, a investigação fonoaudiológica torna-se imprescindível para identificar e caracterizar a comunicação e a linguagem da criança. Ela é capaz de identificar os fatores de risco para eventuais transtornos, permitindo atuar preventivamente no seu desenvolvimento e, assim, minimizar os frequentes impactos sociais, afetivos, emocionais e acadêmicos que podem advir das dificuldades linguísticas persistentes.

É verdade que, pela multiplicidade de fatores implicados no desenvolvimento linguístico, nem sempre os sinais de risco se traduzem em futuros impactos sobre a linguagem. A atuação de fatores protetivos pode auxiliar na correção do curso (Mckean et al., 2015; Mckean et al., 2017).

Por essa razão e pela complexidade dos fatores que interferem em seu desenvolvimento, é que muitas das concepções acerca dos transtornos que afetam a linguagem têm mudado recentemente, à luz da literatura científica e das intensas discussões mobilizadas pelo conhecimento clínico acumulado no cuidado com crianças que trazem consigo essas características.

CARACTERIZAÇÃO DO TRANSTORNO DO DESENVOLVIMENTO DA LINGUAGEM (TDL)

A natureza complexa da linguagem, bem como suas manifestações multimodais impõem dificuldades para a identificação e classificação dos seus distúrbios, podendo resultar em entraves não somente para os sistemas diagnósticos, mas também para a prática clínica e desenvolvimento de pesquisas na área. A ausência de consenso quanto à nomenclatura e aos critérios para identificação, classificação e caracterização dos problemas da linguagem levou à compreensão sobre a natureza dos problemas enfrentados para adoção de medidas preventivas eficazes e para a intervenção mais assertiva junto aos indivíduos com problemas nessa aquisição (Bishop et al., 2016; Bishop et al., 2017).

Como forma de favorecer um consenso multidisciplinar, foi proposto, por meio da adoção do Método Delphi, ou seja, a formação de um painel de especialistas que teve como objetivo elaborar critérios de identificação e diagnóstico dos transtornos, bem como realizar a adequação terminológica (adoção de nomenclatura-padrão com critérios diagnósticos consistentes) dos problemas de linguagem (Bishop et al., 2016; Bishop et al., 2017).

A proposta estabeleceu duas etapas para o diagnóstico. A primeira envolveu identificar se as dificuldades de linguagem apresentadas pela criança se mostram persistentes e significativas. Para tanto, devem apresentar um impacto funcional na rotina diária de crianças que tiveram oportunidade suficiente para aprender a língua; e se existem manifestações sugestivas de prognóstico desfavorável - dificuldades de compreensão ou de imitação, restrição do uso de gestos e de expressões faciais. A presença dessas manifestações amplia o risco para o diagnóstico de um transtorno de linguagem.

Tendo em vista a possibilidade de um transtorno, a etapa seguinte constitui-se na identificação da existência de quadros coocorrentes. Uma condição biomédica associada sugere pelo consenso o uso da terminologia "Transtorno de Linguagem associado a...", identificado pela sigla TL. Esse quadro inclui crianças com Transtorno do Espectro Autista (TEA), Síndromes Neurológicas, Deficiência Intelectual, entre outras condições.

Não havendo associação com uma condição biomédica conhecida, o termo recomendado é Transtorno do Desenvolvimento da Linguagem, referido pela sigla TDL. Esse critério se diferencia do anterior utilizado para o diagnóstico de Distúrbio Específico de Linguagem (DEL), pois atualmente é permitido a existência de comorbidade com quadros sem associação direta ao desenvolvimento de linguagem, como o Transtorno do Déficit de Atenção com Hiperatividade (TDAH) ou Transtorno do Desenvolvimento da Coordenação (TDC). O quadro de TDL, dentro da proposta Catalise (Bishop et al., 2016; Bishop et al., 2017), inclui os indivíduos até então diagnosticados com DEL e também os casos que não eram contemplados, como o de crianças com desempenho cognitivo limítrofe em tarefas não verbais (que não caracterizem deficiência intelectual) e crianças com algumas comorbidades (Cáceres-Assenço et al., 2020).

É claro que tal classificação nos obriga a considerar que, dentro de uma mesma classificação diagnóstica, seja possível encontrar uma heterogeneidade de manifestações, justificada tanto pela variabilidade de acometimentos possíveis em função dos subsistemas linguísticos comprometidos quanto pela presença de características transversais do perfil linguístico, ou seja, os diferentes traços que caracterizam o transtorno em função da idade e momento do seu desenvolvimento (Correia, 2020). Assim, é importante destacar que, por suas características de pervasividade, ou seja, da persistência das manifestações ao longo das diferentes etapas de vida, tem-se um potencial impacto sobre as relações sociais e, especialmente, sobre o aprendizado acadêmico. Entretanto, a forma e a natureza desse impacto dependem das características clínicas identificadas no quadro. A compreensão acurada das manifestações linguísticas e de suas causas é fundamental para gerenciar de modo eficiente os impactos do TDL. Ela é fundamental para que possamos compreender como o sistema educacional pode adaptar-se para acolher e estimular academicamente os escolares com Transtorno do Desenvolvimento da Linguagem, levando-os ao máximo potencial de aprendizado.

VISIBILIDADE DO TDL NO CONTEXTO EDUCACIONAL

Embora o TDL seja um transtorno de alta prevalência, com porcentagem de acometimento variável entre 3 a 7% da população, é preciso destacar a invisibilidade do transtorno para as políticas públicas educacionais. A ausência de manifestações visíveis torna seu reconhecimento difícil nos ambientes sociais e acadêmicos. Para tanto, é necessária uma ampla campanha de conscientização, capaz de atrair a visibilidade para essa condição; e que também reafirme a importância de um diagnóstico criterioso para essas crianças, envolvendo uma equipe multidisciplinar, composta por profissionais das áreas de fonoaudiologia, neurologia, psiquiatria e neuropsicologia; que possam auxiliar na identificação precoce dos riscos ou mesmo no diagnóstico dos Transtornos do Desenvolvimento da Linguagem em tempo oportuno, condição essencial para que essas crianças recebam o apoio escolar necessário ao seu desenvolvimento acadêmico.

A invisibilidade que mencionamos tem raiz no não reconhecimento do TDL como uma condição educacional especial. Entende-se no Brasil que "necessidade educacional especial" diz respeito aos alunos que apresentam altas habilidades, condutas típicas de síndromes/ quadros psicológicos, neurológicos ou psiquiátricos e portadores de deficiências físicas, sensoriais ou intelectuais decorrentes de fatores genéticos, inatos ou ambientais de caráter temporário ou permanente que resultam em necessidades muito diferenciadas da maioria das pessoas (Brasil, 2001).

IMPACTOS DO TDL NO DESENVOLVIMENTO PEDAGÓGICO DA CRIANÇA

Dado que as manifestações do TDL se referem aos comprometimentos no curso evolutivo da aquisição e desenvolvimento da linguagem oral e que essas atuam de modo funcional sobre a vida do indivíduo, sem que haja qualquer comprometimento biomédico primário conhecido, então não o temos contemplado dentro das Leis que garantem atenção educacional especial a essa população. Isso torna especialmente importante que se compreenda a dinâmica de interferência que os problemas linguísticos apresentam sobre o aprendizado, a ponto de sensibilizar as escolas para a compreensão dessa condição do desenvolvimento. Só essa consciência será capaz de garantir o direito fundamental a um aprendizado inclusivo, que preveja a adoção de práticas educacionais adaptadas para essa população tão numerosa.

O primeiro ponto dessa conscientização passa pelo reconhecimento de que, para alunos com déficits de linguagem, até mesmo, tarefas aparentemente simples podem ser desafiadoras e frustrantes.

O segundo ponto consiste em reconhecer que esses desafios podem ser diferentes no TDL e, por isso, requerem a identificação de diferentes perfis de desempenho. Esse é o ponto central para que se possa projetar qualquer apoio educacional eficiente.

É preciso reconhecer que a prática pedagógica requer o uso constante da língua. Ideias, conceitos e conhecimentos são transmitidos e construídos por meio da prática oral e/ou complementados por meio da escrita. Se concebemos o TDL como uma condição que se caracteriza por dificuldades no aprendizado das regras linguísticas que traz impactos sobre a compreensão e/ou expressão oral, conhecimento esse que ampara igualmente o aprendizado da leitura e da escrita, então se torna fácil imaginar porque essa condição interfere ativamente nas demandas acadêmicas realizadas por esses escolares.

Como já mencionado neste capítulo, a compreensão da condição linguística da criança é fundamental para antever como ela será capaz de aproveitar as condições de ensino-aprendizagem e expressar todo o saber adquirido. Reconhecer que cada indivíduo traz suas especificidades linguísticas é a chave para a idealização de apoios assertivos para esses escolares.

Crianças com TDL podem ter problemas com a linguagem expressiva, capazes de gerar atrasos para a aquisição das primeiras palavras e ocasionar restrição do vocabulário expressivo (com limitação de amplitude e profundidade) além de afetarem a lembrança de palavras (acesso lexical) ou mesmo produzir confusões semânticas (Messer & Dockrell, 2006; Kambanaros & Grohmann, 2015).

A expressão também pode manifestar dificuldades na organização das palavras em frases em consequência de atrasos ou de falhas no domínio das regras gramaticais. As manifestações, envolvendo o nível morfossintático, podem envolver também as dificuldades no uso de conectivos, de marcadores temporais e de referências pronominais que acabam por acarretar a preferência da criança pela utilização de enunciados mais curtos, com estruturas gramaticais simplificadas. A expressão realizada, por meio de sentenças mais longas, pode manifestar erros em razão do desrespeito à ordenação dos elementos ou mesmo da omissão de elementos gramaticais coesivos importantes (artigos, pronomes, preposições, conjunções). As falhas na utilização de constituintes morfológicos de concordância nominal e verbal de gênero e número também são muito frequentes no discurso de crianças com TDL, especialmente quando comparadas às falhas observadas nas produções de crianças com desenvolvimento linguístico Típico (Rice et al., 1999; Van Der Lely, 2005; Hsu & Bishop, 2014). Todas as características morfossintáticas mencionadas podem tornar a compreensão discursiva dessas crianças desafiadora para seus interlocutores (Karasinski & Weismer, 2010).

Por fim, as crianças com TDL podem apresentar inteligibilidade de fala comprometida em razão de erros na produção dos sons de fala. Os déficits em nível fonológico são caracterizados pela persistência de padrões de erro consistentes (típicos), presença de processos desviantes (atípicos) ou idiossincráticos durante a fala (Correia, 2020). Na maioria dos casos, as dificuldades fonológicas surgem em virtude de alterações no nível do processamento fonológico (capacidade para discriminar, categorizar e acessar as representações fonológicas dos sons da fala, bem como de memorizar e de manipular sequências de sons) (Shriberg & Kwiatkowski, 1994; Pi et al., 2020). O comprometimento no domínio fonológico pode interferir ainda na capacidade de aquisição de vocabulário novo e no desenvolvimento gramatical (Benway et al., 2021). Além disso, quando persistente, reflete-se em alterações no aprendizado da leitura e da escrita (Tambyraja et al., 2020).

No que concerne à aprendizagem da leitura e da escrita, estudos sugerem que mais da metade das crianças diagnosticadas com TDL revelam dificuldades na aquisição dessa competência, revelando a associação entre os transtornos da linguagem oral e as dificuldades em leitura e escrita, considerando que essas habilidades se demonstram como um *continuum* da linguagem oral.

Se as dificuldades expressivas podem ser extensas, por outro lado, as crianças com dificuldades receptivas podem apresentar muitas dificuldades também. Dentre essas, estão as dificuldades para compreender ordens e, consequentemente, para seguir instruções essenciais para organização e acompanhamento das aulas. Dificuldades para o entendimento das informações acadêmicas ou mesmo de retenção de conhecimento também são problemas comuns no TDL. As dificuldades geradas para o aprendizado de novas palavras e para abstração de conceitos são as principais limitações capazes de interferir na qualidade dessa compreensão e do aprendizado (Messer & Dockrell, 2006).

Todos os desafios receptivos e/ou expressivos mencionados podem trazer consequências, dificultando o engajamento nas aulas, gerando perda de atenção e comprometimento do desempenho escolar. Limitações funcionais na comunicação com os pares também podem ser reflexo dos déficits da linguagem interferindo na adaptação social e gerando impactos comportamentais capazes de atuar negativamente na adaptação dessas crianças ao ambiente escolar (Chow et al., 2020). Dentre os impactos sociais, estão especialmente as alterações envolvendo a pragmática. As competências pragmáticas, envolvendo crianças com TDL, podem ser consideradas imaturas, manifestadas pelas dificuldades em compreender e aplicar as regras de uso social da língua. Na conversação, podem ser observadas dificuldades para iniciar e manter os tópicos comunicativos, para solicitar e fornecer esclarecimentos, para respeitar as trocas de turnos comunicativos. Observam-se dificuldades para a compreensão do pensamento do interlocutor, para observar as pistas não verbais ou os contextos situacionais essenciais para que se integre a linguagem ao contexto. Como produto, podemos observar ainda as dificuldades para elaborar inferências inerentes ao discurso, a compreensão da linguagem figurativa e a construção de narrativas coerentes (Correia, 2020).

Estudos recentes introduzem a ideia de que o TDL pode ser visto como um espectro baseado na severidade e na funcionalidade que a criança apresenta em detrimento da definição de subtipos (Lancaster & Camarata, 2019). Por isso, ao se considerar essas dificuldades segundo o perfil de acometimento linguístico, podemos encontrar, mais seguramente, um caminho claro a partir de diretrizes que orientem a construção de apoios em sala de aula e em situações de avaliação acadêmica.

PRÁTICAS PEDAGÓGICAS BASEADAS EM EVIDÊNCIAS: COMO PODEMOS FAVORECER O APRENDIZADO DE CRIANÇAS COM PROBLEMAS NO DESENVOLVIMENTO LINGUÍSTICO?

Para favorecer o aprendizado de crianças com problemas no desenvolvimento linguístico, sugere-se que as práticas pedagógicas se baseiem em evidências científicas, promovendo o sucesso do gerenciamento da atenção, participação mais ativa e o gerenciamento comportamental de crianças com Transtornos no Desenvolvimento da Linguagem. Sugere-se como práticas (Chow et al., 2020):

- *Ensino explicito de regras e rotinas:* o conhecimento de rotinas beneficia a previsibilidade dos alunos e é crucial para as crianças com transtornos de linguagem. O uso de elementos pictográficos que simbolizem a rotina auxilia a criança no autogerenciamento. Além disso, explicitar regras, por meio de ordens simples, de modo claro e frequente, sempre retomadas e fixadas em registros escritos com apoio pictográficos, ajuda a comunicar, com clareza e de forma consistente, as expectativas do professor (Chow et al., 2020).

- *Acompanhamento e verificação individual do aprendizado do aluno:* dar atenção, validando, por meio de elogios, ou corrigindo o aluno, por meio de orientações objetivas e individuais quanto aos comportamentos que desejam aumentar na execução das atividades, podem ser formas eficientes de manter o engajamento e dar diretrizes seguras relacionadas à melhor forma de aprender. Além disso, os educadores que utilizam um bom modelo emocional de responsividade (sorriem, mantém o contato visual) ou de responsividade linguística (respondendo aos esforços de comunicação da criança, reformulando sua fala para atender essas crianças ou mesmo expandindo de maneira natural as respostas dadas por ela) auxiliam sobremaneira o escolar. Essas atitudes trabalham sobre a confiança comunicativa do escolar e favorecem a responsividade interativa no ambiente de sala de aula (Conroy et al., 2009; Cabell et al., 2015).

Para crianças com **dificuldades de linguagem receptiva** algumas adaptações no momento da instrução podem ser fundamentais.

1. *Cuidado com a velocidade de fala e pausas na apresentação do conteúdo oral:* suas dificuldades com a velocidade de processamento linguístico podem exigir maior tempo para processar as informações. Por essa razão, alunos com TDL podem beneficiar-se de instruções passadas por meio de uma velocidade de fala mais lenta (Montgomery, 2005). Além disso, contarem com tempo extra para realizar atividades que dependam de alta carga de compreensão é fundamental para que possam potencializar seu desempenho. Os alunos se beneficiam de pausas para processar parte das informações apresentadas. Pesquisadores demonstram que pequenas pausas de 3 a 10 segundos entre frases em uma instrução melhoram a qualidade de resposta, diminuindo respostas como "eu não sei" ou melhorando a participação na conversação (Wasik & Hindman, 2018).

   Assim, é importante certificar-se da compreensão das instruções antes das execuções. Esteja ciente da linguagem que você usa. Crianças com déficits de linguagem quando perguntados se compreenderam, frequentemente, responderão que sim, embora não tenham essa compreensão clara. Sempre que necessário repita as instruções, enfatizando as palavras-chave, e forneça o modelo apropriado concomitantemente à explicação oral.

2. *Simplificar o vocabulário usado em instruções orais ou na leitura:* outro aspecto que limita a compreensão dessas crianças é

a restrição do vocabulário que apresentam, característica que somada ao aumento da exigência de vocabulário acadêmico com a progressão escolar pode impedi-los de acessar as ideias e os conhecimentos comunicados. Por essa razão, o uso de palavras de alta frequência, ou seja, palavras comumente utilizadas é um fator essencial para a construção da compreensão oral ou leitora. Para novos conceitos acadêmicos, não se esqueça de explicar um conceito por vez, usando definições afáveis. Aplique o novo conceito em um contexto e, sempre que possível, use a *imageação*[1], pareando palavras e figuras. Evidências mostram que a simplificação textual a partir dos parâmetros de frequência de uso das palavras e da extensão de palavras em um texto escrito, controladas por meio de medições computadorizadas – *parâmetros de frequência de palavras de conteúdo, mínimo de palavras de conteúdo, proporção type/token e índice Flesch-Kincaid* – pode favorecer a compreensão leitora de escolares com e sem dificuldades de decodificação (Kida et al., 2018).

A simplificação do vocabulário foi capaz de aumentar o número de ideias recontadas do texto, favorecendo a seleção de ideias centrais e suas interconexões. Bons decodificadores conseguiram dirigir melhor sua atenção para processos de alta ordem, permitindo o processamento de níveis mais profundos de compreensão (processamento global do texto). Mesmo leitores com baixa decodificação tiveram a retenção de ideias favorecida, ou seja, permitiram o direcionamento da atenção para identificação local das ideias, sem que, no entanto, alcançassem observar a relação macro e superestrutural. Isto significa que, embora tivessem melhorado o processamento de ideias isoladas, não conseguiram atingir uma visão mais global do texto (Kida et al., 2018).

3. *Uso de enunciados com sentenças simples na oralidade:* a utilização de frases curtas e simples favorece a extração do significado e a compreensão de ordens e informações oralmente transmitidas. Teorias do Transtorno do Desenvolvimento da

---

1 Imagear é a capacidade de criar uma imagem ou representação mental sobre um objeto, situação ou pessoa.

Linguagem (DLD) propõem uma relação direta entre tarefas de memória e sintaxe. Falhas na memória de trabalho impõe maior dificuldade para compreensão oral, por essa razão, diminuir a quantidade de informação na sentença e aumentar o tempo de processamento pode ser fundamental para garantir a compreensão (Delage & Frauenfelder, 2020). Sempre que uma criança demonstrar dificuldades para entender frases ou sentenças reformule-as.

4. *Simplificação sintática dos textos para favorecer a compreensão leitora:* entre os parâmetros sintáticos capazes de afetar a compreensão estão a extensão das sentenças, o número de orações e a complexidade sintática: orações subordinadas adjetivas ou adverbiais, coordenadas sindéticas e orações em voz passiva são as que mais dificultam a compreensão. Essas características sintáticas aumentam a complexidade do texto e podem dificultar a compreensão de leitores iniciantes, em especial, dos que apresentam dificuldades ou alterações de linguagem, ou problemas no aprendizado da leitura (Siddharthan, 2002; Rebello, et al., 2014; Kida, et al., 2018). Simplificar o texto, por meio da divisão de sentenças complexas em simples, a supressão da voz passiva e das anáforas e a utilização exclusiva da ordenação sujeito-verbo-objeto mostraram-se capazes de favorecer a compreensão do texto, promovendo maior retenção das ideias (Rebello et al., 2014).

   Além disso, é fundamental incentivar as crianças a indicarem quando a compreensão se mostrar impactada. Solicitar a repetição das informações pelo interlocutor é fundamental.

Crianças com **dificuldades de linguagem expressivas** podem requerer outros olhares e cuidados.

1 *Promover o uso social da língua:* algumas crianças precisam de ajuda para aprender a adaptar sua fala a diferentes situações. Sessões de teatro, rodas de conversa, jogos de papéis e grupos de habilidades sociais ajudam a desenvolver essa habilidade. Envolver essas crianças em tarefas com outras pessoas, apoiando-as para que desenvolvam habilidades de negociação e de cooperação são indicadas e certamente auxiliarão na tomada de turnos e na conversação cotidiana.

2. *Criar estratégias que diminuam a demanda expressiva das tarefas orais e escritas:* as dificuldades no domínio de vocabulário, sintáticas e fonológicas, podem tornar desafiadoras as tarefas expressivas. Por essa razão, algumas estratégias capazes de amparar e reduzir a produtividade linguística, ou seja, a extensão da produção, são fundamentais.

   Dentre essas, destacamos:

   a) *Uso de alternativas:* quando se oferece para a criança a opção de resposta dentro da própria pergunta (Ex. "Você quer o lápis grande ou o lápis pequeno?").
   b) *Repetição ou resposta induzida:* quando se modela o comportamento ou resposta necessária e se pede à criança que repita, estratégia útil para ensinar sentenças funcionais e novos vocabulários. A longo prazo, essa modelagem promove mais independência em situações comunicativas similares.
   c) *Encerramento da frase:* quando o interlocutor oferece uma frase e, em seguida, solicita à criança que termine a frase (Ex. "Estou bebendo chá, você está bebendo ...").
   d) *Uso de perguntas-guia:*perguntas como "o quê", "quando", "quem", "por quê" são úteis para verificar o conhecimento de uma criança e auxiliam na criação da consciência do papel sintático das estruturas, favorecendo a estruturação frasal.

CONCLUSÃO

Sobre o manejo comunicativo é preciso ter consciência de que o melhor caminho é deixar a criança livre para falar quando desejar. Incentivar, mas não insistir para que ele tente se comunicar somente pela fala é fundamental. A tensão atrapalha ainda mais o planejamento linguístico e piora o produto de sua expressão. A espontaneidade torna a fala mais fácil.

O elogio às tentativas de fala e a validação de que sua mensagem foi compreendida e aceita também farão com que ele queira se expressar mais em outros momentos. Quando as tentativas de comunicação apresentarem erros, é importante continuar conversando e dividir o que está sendo compreendido de sua fala, pouco a pouco, dando espaço para que ele complemente progressivamente o que tem a dizer.

As dificuldades linguísticas podem exigir ainda adaptações avaliativas. Provas que contem com uma aplicação individual e que possam contar com a presença de um mediador pode ser fundamental. Muitas das estratégias anteriormente descritas para a redução da demanda de compreensão leitora e expressão escrita podem ser imprescindíveis. Auxílios de professores ledores e o uso de provas escritas com complementação oral também podem ser alternativas que respeitem as características linguísticas.

É preciso compreender que cada uma das estratégias propostas são adaptações para minimizar o impacto da linguagem sobre a aprendizagem. Constituem, portanto, um conjunto de medidas que geram respeito à condição cognitiva do escolar. Inteligente, ele necessita da redução das barreiras linguísticas que lhe são impostas para acessar e manifestar seu aprendizado. Não são "muletas" ou "facilitações", mas sim ações inclusivas que devem ser avaliadas sempre pela equipe escolar em conjunto à equipe terapêutica a fim de revê-las à medida que há adensamento curricular e linguístico, bem como podem se modificar diante das condições evolutivas da linguagem do escolar.

A extensa possibilidade de adaptações capazes de favorecer o desempenho e p desenvolvimento de crianças com TDL no contexto escolar mostra a importância de se reconhecer esse transtorno. É preciso dar visibilidade e proteção a essa população, a partir da inclusão desse grupo nas políticas públicas educacionais e, consequentemente, resguardar seu direito de acesso a metodologias capazes de proporcionar uma experiência educacional inclusiva.

Um exemplo de atuação que prevê algumas das adaptações linguísticas e curriculares mencionadas neste capítulo é a Metodologia CDRA – Classificação Digital para Reenquadramento de Aprendizagem (Ribeiro, 2021). Essa metodologia é uma plataforma brasileira que permite mapear, na sala de aula, os diferentes níveis de aprendizagem, permitindo identificar o melhor modelo para a adaptação de provas para alunos que apresentam desde dificuldades escolares, transtornos do neurodesenvolvimento e deficiências intelectuais. O instrumento CDRA busca o reenquadramento de aprendizagem. Sendo assim, o conteúdo programático não é deixado de lado, mas adaptado, respeitando a funcionalidade cognitiva do aprendiz, o que nos permite afirmar que a Metodologia CDRA atende diversos preceitos da Lei Brasileira de Inclusão da Pessoa com Deficiência, com destaque para o Art. 28:

> Incumbe ao poder público assegurar, criar, desenvolver, implementar, incentivar, acompanhar e avaliar: III - projeto pedagógico que institucionalize o atendimento educacional especializado, assim como os demais serviços e adaptações razoáveis, para atender às características dos estudantes com deficiência e garantir o seu pleno acesso ao currículo em condições de igualdade, promovendo a conquista e o exercício de sua autonomia (Brasil, 2015).

A Metodologia CDRA é pautada em três pilares: formação, mapeamento e intervenção. Formar professores para aplicar e praticar a metodologia; mapear as classes escolares em quatro níveis (Grupo I: Aprendizagem Regularizada; Grupo II: Tendência a Dificuldades Escolares; Grupo III: Tendência a Transtornos Funcionais e Grupo IV: Tendência a Déficits Intelectuais), intervenção com atividades e provas adaptadas para o atendimento do universo heterogêneo em sala de aula. Embora não contemple especificamente os TDL, muitas das modificações apontadas para crianças com tendência a transtornos funcionais convergem para as necessidades específicas dessas crianças. Seu provável benefício para essa população poderia ser de grande valia. Suas ferramentas avaliativas podem auxiliar na identificação das necessidades desses escolares e apontar possibilidades de apoios e de adaptações.

Dentro das técnicas padronizadas e personalizadas propostas pela Metodologia CDRA, destacam-se algumas que podem auxiliar as crianças com TDL: Técnica de Iluminação de Palavras-Chave; Desmembramento de Enunciados; Enunciados Objetivos e/ou Simplificados; Para Compreender Melhor; Imagem de Captura Atencional e Imagem de Resgate de Conteúdo. A contemplação dessas técnicas facilita o acesso lexical, o resgate da informação e a compreensão.

Entretanto, ainda que as estratégias previstas pela metodologia possam contemplar algumas das dificuldades no campo da linguagem de forma ampla e generalizada, é preciso reconhecer que a heterogeneidade dos quadros pode requerer outros níveis de modificações, que devem ser determinadas a partir do funcionamento singular do indivíduo.

Qualquer adaptação idealizada e proposta deve ser capaz de atender aos objetivos de reduzir as defasagens pedagógicas, o reenquadramento do escolar segundo sua funcionalidade cognitiva e a preservação do conteúdo programático apresentado, de forma adaptada e ajustada.

REFERÊNCIAS

Befi-Lopes, D. M. (2017). Avaliação da linguagem infantil. Em D. A. Lamônica, & D. B. Brito, *Tratado de Linguagem: perspectivas contemporâneas*. Ribeirão Preto-SP: Booktoy.

Benway, N., Garcia, K., Hitchcock, E., McAllister, T., Leece, M., Wang, Q., & Preston, J. (2 de 2021). Associations between speech perception, vocabulary, and phonological awareness skill in school-aged children with speech sound disorders. *J Speech Lang Hear Res.*, *64*(2), 452-463. Acesso em 1 de 6 de 2021, disponível em 10.1044/2020_JSLHR-20-00356

Bishop, D. V., Snowling, M. J., Thompson, P. A., Greenhalgh, T., & Consortium, A. t.-2. (2017). Phase 2 of CATALISE: a multinational and multidisciplinary Delphi consensus study of problems with language development: Terminology. *Journal of Child Psychology and Psychiatry, 58*(10), 1068–1080. doi:https://doi.org/10.1111/jcpp.12721

Bishop, D. V., Snowling, M. J., Thompson, P. A., Greenhalgh, T., & Consortium, C. (2016). CATALISE: A Multinational and Multidisciplinary Delphi Consensus Study. Identifying Language Impairments in Children. *PLOS ONE, 11*(7), e0158753. Acesso em 1 de 6 de 2021, disponível em https://doi.org/10.1371/journal.pone.0158753

Brasil. (2001). *Diretrizes nacionais para a educação especial na educação básica / Secretaria de Educação Especial - MEC*. Brasília: SEESP.

Brasil. (2015). *Lei N.º 13.146, de 6 de julho de 2015: Institui a Lei Brasileira de Inclusão da Pessoa com Deficiência (Estatuto da Pessoa com Deficiência)*. Brasília-DF: Presidência da República. Acesso em 29 de 5 de 20, disponível em http://www.planalto.gov.br/ccivil_03/_ato2015-2018/2015/lei/l13146.htm

Britto, A. T., & Britto, D. B. (2017). Teorias de aquisição da Linguagem: reflexões acerca de diferentes estudos. Em D. A. Lamônica, & D. B. Brito, *Tratado de Linguagem: perspectivas contemporâneas*. Ribeirão Preto-SP: Booktoy.

Cabell, S. Q., Justice, L. M., Mcginty, A. S., Decoster, J., & Forston, L. D. (2015). Teacher–child conversations in preschool classrooms: Contributions to children's vocabulary development. *Early Childhood Research Quarterly, 30*, 80–92. doi:https://doi.org/10.1016/j.ecresq.2014.09.004

Cáceres-Assenço, A. M., Giusti, E., Gândara, J. P., Puglisi, M. L., & Takiuchi, N. (2020). Por que devemos falar sobre transtorno do desenvolvimento da linguagem. *Audiology - Communication Research [online], 25*(e2342), 1-3. Acesso em 1 de 6 de 2021, disponível em https://doi.org/10.1590/2317-6431-2020-2342

Chow, J. C., Walters, S., & Hollo, A. (2020). Supporting Students With Co-Occurring Language and Behavioral Deficits in the Classroom. *TEACHING Exceptional Children, 52*(4), 222–230. Acesso em 1 de 6 de 2021, disponível em https://doi.org/10.1177/0040059919887760

Conroy, M. A., Sutherland, K. S., Snyder, A., Al-Hendawi, M., & Vo, A. (2009). Creating a positive classroom atmosphere: teachers' use of effective praise and feedback. *Beyond Behavior, 18*(2), 18-26.

Correia, A. R. (2020). *Linhas orientadoras para avaliação e diagnóstico precoce de perturbações do desenvolvimento da linguagem.* [Dissertação apresentada para cumprimento dos requisitos necessários à obtenção do grau de mestre em terapia da fala]. Porto: Escola Superior de Saúde do Instituto Politécnico do Porto.

Delage, H., & Frauenfelder, U. H. (2020). Relationship between working memory and complex syntax in children with developmental language disorder. *Journal of child language, 47*(3), 600–632. Acesso em 1 de 6 de 2021, disponível em https://doi.org/10.1017/S0305000919000722

Hage, S. R., & Pinheiro, L. A. (2017). Desenvolvimento típico de linguagem e a importância para a identificação de suas alterações na infância. In: D. A. Lamônica, & D. B. Brito, *Tratado de Linguagem: perspectivas contemporâneas.* Ribeirção Preto-SP: Booktoy.

Hsu, H. J., & Bishop, D. V. (2014). Sequence-specific procedural learning deficits in children with specific language impairment. *Developmental science, 17*(3), 352-365. Acesso em 1 de 6 de 2021, disponível em https://doi.org/10.1111/desc.12125

Kambanaros, M., & Grohmann, K. K. (2015). Grammatical class effects across impaired child and adult populations. *Frontiers in psychology, 6*, 1670.

Karasinski, C., & Weismer, S. E. (10 de 2010). Comprehension of inferences in discourse processing by adolescents with and without language impairment. *Journal of speech, language, and hearing research : JSLHR, 53*(5), 1268–1279. Acesso em 1 de 6 de 2021, disponível em https://pubmed.ncbi.nlm.nih.gov/20631230

Kida, A. S., Santos, G. L., Rebello, B. M., & Ávila, C. R. (2018). Facilitação da compreensão de leitura por escolares com déficits de decodificação pela simplificação do vocabulário e da legibilidade. In: *Anais do XXVI Congresso Brasileiro de Fonoaudiologia, 2018* (p. 10325). Curitiba: Sociedade Brasileira de Fonoaudiologia. Acesso em 2 de 6 de 2021, disponível em http://sbfa.org.br/portal/anais2018/trabalhos_select.php?id_artigo=10325&tt=SESSÃO DE PÔSTERES

Lancaster, H. S., & Camarata, S. (2019). Reconceptualizing developmental language disorder as a spectrum disorder: Issues and evidence. *International journal of language & communication disorders, 54*(1), 79-94.

McKean, C., Mensah, F. K., Eadie, P., Bavin. Edith L., B. L., Cini, E., & Reilly, S. (2015). Levers for language growth: Characteristics and predictors of language trajectories between 4 and 7 years. *PloS one, 10*(8), e0134251.

McKean, C., Reilly, S., Bavin, E. L., Bretherton, L., Cini, E., Conway, L., Cook, F., Fadie, P., Prior, M., Wake, M., Mensah, F. (2017). Language Outcomes at 7 Years: Early Predictors and Co-Occurring Difficulties. *Pediatrics*, 139(3).

Messer, D., & Dockrell, J. E. (2006). Children's naming and word-finding difficulties: descriptions and explanations. *Journal of speech, language, and hearing research : JSLHR, 49*(2), 309–324.

Montgomery, J. W. (2005). Effects of input rate and age on the real-time language processing of children with specific language impairment. *International journal of language & communication disorders, 40*(2), 171–188.

Mousinho, R., & Alves, L. M. (2017). Promoção e prevenção da linguagem na infância. In: D. A. Lamônica, & D. B. Brito, *Tratado de Linguagem: perspectivas contemporâneas*. Ribeirão Preto-SP: Booktoy.

PI, M., SO, G.-B., & HA, S. (2020). Phonological processing ability of children with speech sound disorders in early elementary school years. *Communication Sciences & Disorders, 25*(3), 696-709.

Rebello, B. M., Santos, G. L., Ávila, C. R., & Kida, A. d. (2014). Efeito da simplificação sintática sobre a compreensão de leitura de crianças do ensino fundamental. *Audiology - Communication Research [online], 24*(e1985). Acesso em 2 de 6 de 2021, disponível em https://doi.org/10.1590/2317-6431-2018-1985

Ribeiro, R. M. (2021). *A cada um o que é seu: Metodologia CDRA — referência em defasagens educacionais e adaptações*. São Paulo: Núcleo Aprende.

Rice, M. L., Wexler, K., & Redmond, S. M. (1999). Grammaticality judgements of an extended optional infinitive grammar: evidence from English-speaking children with specific language impairment. *Journal of speech, language, and hearing research : JSLHR, 42*(4), 943–961.

Sandri, M. A., Meneghetti, S. L., & Gomes, E. (2009). Perfil comunicativo de crianças entre 1 e 3 anos com desenvolvimento normal de linguagem. *Revista CEFAC [online], 11*(1), 34-41. Acesso em 1 de 6 de 2021, disponível em https://doi.org/10.1590/S1516-18462009000100006

Shriberg, L. D., & Kwiatkowski, J. (1994). Developmental phonological disorders. I: A clinical profile. *Journal of speech and hearing research, 37*(5), 1100–1126.

Siddharthan, A. (2002). Resolving attachment and clause boundary ambiguities for simplifying relative clause constructs. *Proceedings of the Student Workshop, 40th Meeting of the Association for Computational Linguistics (ACL'02)*, 60-65.

Tambyraja, S. R., Farquharson, K., & Justice, L. (2020). Reading risk in children with speech sound disorder: prevalence, persistence, and predictors. *Journal of speech, language, and hearing research : JSLHR, 63*(11), 3714–3726.

Van Der Lely, H. K. (2005). Domain-specific cognitive systems: insight from Grammatical-SLI. *Trends in cognitive sciences, 9*(2), 53-59.

Wasik, B. A., & Hindman, A. H. (2018). Why wait? The importance of wait time in developing young students' language and vocabulary skills. *The Reading Teacher, 72*(3), 369-378. Acesso em 2 de 6 de 2021, disponível em https://doi.org/10.1002/trtr.1730

TRANSTORNOS DO NEURODESENVOLVIMENTO: CONHECIMENTOS PARA ELABORAÇÃO DE ADAPTAÇÕES CURRICULARES

Andreia Santana Silva Moreira

Daniela Kimus Dias

Cristiane Pimenta Reis

Thaís Braga

RESUMO

O presente capítulo propõe caracterizar as manifestações clínicas dos transtornos pertencentes à classificação dos "Transtornos do Neurodesenvolvimento" proposta pelo Manual de Diagnóstico e Estatístico de Transtornos Mentais 5.ª edição (DSM-5), bem como seus critérios diagnósticos, de modo a facilitar, mediante conhecimento, a identificação de sinais precoces específicos. Destaca que o processo diagnóstico dos Transtornos do Neurodesenvolvimento deve ser pautado em uma avaliação interdisciplinar e ressalta a relevância da interlocução entre a saúde e a educação para o desenvolvimento de estratégias e de ações promotoras de inclusão em uma perspectiva colaborativa.

As legislações vigentes visam garantir o direito à aprendizagem, mas não abrangem todos os transtornos do neurodesenvolvimento, impactando em ações de políticas públicas voltadas a essas demandas. Um importante projeto de lei que contempla os transtornos de atenção, de leitura e de aprendizagem tramita na Câmara dos Deputados, com vistas a acolher as necessidades particulares impostas por esses transtornos. A Nota Técnica n.º 04 / 2014 / MEC / SECADI / DPEE ampara o atendimento a todos os alunos em suas necessidades, sem a obrigatoriedade de exigência de laudo, baseando a construção do Plano Educacional Individualizado no diagnóstico pedagógico.

Para o planejamento de metas que correspondam às demandas de desenvolvimento do indivíduo com Transtornos do Neurodesenvolvimento é imprescindível conhecer seu perfil de funcionamento em diversas dimensões. Esse conhecimento possibilita a elaboração de ações ajustadas, adaptadas e a aplicação de estratégias específicas e individualizadas, ampliando as chances de aprendizagem efetiva.

Palavras-chaves: Transtornos do Neurodesenvolvimento; Diagnóstico Interdisciplinar; Políticas Públicas; Adaptação Curricular.

INTRODUÇÃO

A complexidade e a variabilidade das manifestações presentes nos diferentes diagnósticos que envolvem os Transtornos do Neurodesenvolvimento podem representar um desafio para a adoção de práticas de inclusão e de adaptações curriculares. Assim, o ambiente educacional deve se traduzir como um importante elo de união entre os saberes das diferentes especialidades profissionais envolvidas na avaliação, diagnóstico e intervenção de indivíduos com esses transtornos. Compreender o perfil e o desenvolvimento do indivíduo possibilita desenvolver ações singulares, promotoras de autonomia e facilitadoras do processo de aprendizagem. A inserção da criança no ambiente educacional, a oferta de suporte que atenda às suas necessidades, a estimulação do aluno em suas capacidades e a adoção de atitudes que promovam aprendizagem são possibilitadas pelo conhecimento e por uma perspectiva colaborativa, uma nova concepção inclusiva que propõe aproximar o trabalho dos especialistas e do educador diante das demandas vivenciadas pelo aluno (Machado et al., 2021). A efetiva colaboração e troca entre os profissionais permite que as ações traçadas apresentem a ciência como embasamento para as práticas, favorecendo a segurança dos envolvidos e possibilitando intervenção particularizada e pertencente ao contexto curricular.

CARACTERIZAÇÃO DOS TRANSTORNOS DO NEURODESENVOLVIMENTO INFANTIL

Define-se como neurodesenvolvimento infantil o conjunto de competências por meio das quais a criança interage com o meio que a rodeia. Isso ocorre de acordo com a idade da criança e seu grau de maturação. Fazem parte dessas competências: motricidade, linguagem e comunicação, cognição, competências sensoriais, com destaque para visão e audição, comportamentos, afetos e emoções (Fusão & Vilanova, 2017).

O neurodesenvolvimento se inicia no período pré-natal, mas muitos eventos se prolongam por muitos anos após o nascimento. Fatores biológicos, especialmente genéticos e ambientais, interferem nesse desenvolvimento (Lent, 2008).

Os Transtornos do Neurodesenvolvimento são um grupo de condições que se iniciam desde cedo no período de desenvolvimento infantil, em geral antes da criança ingressar na escola, e são caracterizados por déficits persistentes que acarretam prejuízos no funcionamento pessoal, social, acadêmico ou profissional. Tais transtornos estão divididos em: Deficiência Intelectual (DI), Transtornos da Comunicação (TC), Transtorno do Espectro Autista (TEA), Transtorno do Déficit de Atenção e Hiperatividade (TDAH), Transtornos Específicos da Aprendizagem e Transtornos Motores (American Psychiatric Association, 2014).

Os critérios diagnósticos dos Transtornos do Neurodesenvolvimento destacam três importantes fatores: início situado na primeira ou segunda infância; comprometimento ou atraso no desenvolvimento das funções estritamente relacionadas à maturação biológica do Sistema Nervoso Central (SNC); e evolução contínua, sem remissões (Giffoni et al., 2017).

A Deficiência Intelectual (DI) se origina antes dos 18 anos de idade e é caracterizada por déficits no funcionamento intelectual e no comportamento adaptativo. Suas manifestações se referem a limitações cognitivas importantes, como solução de problemas, planejamento, juízo, raciocínio, pensamento abstrato, aprendizagem acadêmica e aprendizagem por experiência. Os déficits resultam em prejuízos no comportamento adaptativo, expressos por falhas nas habilidades conceituais, sociais e práticas, para atingir padrões de independência pessoal, responsabilidade social e demais aspectos da vida diária, como a comunicação, participação social, funcionamento acadêmico ou profissional (Giffoni et al., 2017). De acordo com os níveis de comprometimento e quantificação do Coeficiente de Inteligência (QI), a Deficiência Intelectual (DI) pode ser dividida em quatro graus de gravidade: leve, moderado, grave e profundo. Em crianças abaixo de cinco anos de idade, é utilizado o termo "Atraso Global do Desenvolvimento" e se caracteriza pela falha na aquisição de marcos nos domínios do desenvolvimento (American Psychiatric Association, 2014).

Os Transtornos da Comunicação (TC) incluem transtornos da linguagem, da fala, da comunicação social (pragmática) e da fluência (gagueira). Caracterizam-se por déficits no desenvolvimento e uso da linguagem, da fala e da comunicação social. Esses transtornos se iniciam muito cedo na infância e podem causar comprometimento funcional ao longo da vida (American Psychiatric Association, 2014).

O Transtorno do Espectro Autista (TEA) teve sua incidência reavaliada em março de 2020 pelo Centro de Controle e Prevenção de Doenças dos Estados Unidos da América, sendo a prevalência de 1:54 (Maenner et al., 2020). É um transtorno complexo, com diversas etiologias e três níveis de severidade, avaliados de acordo com a necessidade de apoio (leve, moderado e grave).

O TEA é apresentado como apresentado como um espectro em função da variedade dos sintomas, das manifestações clínicas e dos níveis de desenvolvimento e de funcionamento (American Psychiatric Association, 2014; Silva et al., 2017). Apesar de ser constituído como um quadro variado, algumas manifestações comuns o caracterizam como: déficits persistentes na comunicação e nas interações sociais, que se somam a padrões restritos e repetitivos de comportamento, interesses e atividades. As alterações do TEA podem estar presentes desde o início do desenvolvimento, podendo ser reconhecidos antes dos três anos de idade, ou se manifestarem como decorrentes de um quadro de regressão, em que a criança vem se desenvolvendo de forma adequada e começa a perder habilidades sociais e comunicativas já adquiridas anteriormente. Apresentações mais leves do quadro de TEA podem passar despercebidas por pais e por professores, sendo evidenciados mais tardiamente, de acordo com o aumento das demandas sociais (Marchezan et al., 2014). As manifestações do TEA podem resultar em significativos prejuízos e limitações no funcionamento diário (social, profissional e em outras áreas da vida) (Maenner et al., 2020; American Psychiatric Association, 2014). O diagnóstico de TEA pode se apresentar em associação ou não ao comprometimento intelectual e ao de linguagem, que influenciarão as manifestações clínicas (Silva et al., 2017) Não há marcadores biológicos específicos para o TEA. O diagnóstico é realizado com base em critérios clínicos e comportamentais, com destaque para a importância do suporte de avaliação interdisciplinar.

O Transtorno do Déficit de Atenção e Hiperatividade (TDAH) é o transtorno do neurodesenvolvimento mais comum em crianças e em adolescentes, acometendo cerca de 3 a 5% das crianças em todo o mundo. O TDAH pode ser dividido em três principais tipos: desatento, hiperativo e combinado. Esse transtorno se caracteriza por dificuldade no controle atencional, que pode ser acompanhada ou não por hiperatividade e impulsividade. Os sintomas do TDAH devem estar presentes em mais de um ambiente, como casa e escola; devem iniciar antes dos 12 anos de idade e causar prejuízos acadêmicos e/ou sociais. Esse transtorno costuma persistir até a vida adulta, gerando consequências que incluem instabilidade de relacionamento, dificuldade de organização, de seguir regras e de concluir tarefas, baixo rendimento acadêmico, prejuízos profissionais, entre outros. O quadro pode ocorrer em conjunto com alterações em diferentes funções que comprometam o desenvolvimento e o comportamento, como o Transtorno Opositivo Desafiador (TOD), ansiedade, depressão e abuso de substâncias (Fernandes et al.,2017).

Os Transtornos Específicos da Aprendizagem apresentam origem neurobiológica, que inclui uma interação de fatores genéticos, epigenéticos e ambientais que influenciam a capacidade do cérebro para processar informações com eficiência. A origem neurobiológica se constitui como base das anormalidades em nível cognitivo, as quais são associadas com as manifestações comportamentais (Ciasca & Lima, 2017). Esses transtornos se manifestam durante os primeiros anos de escolaridade formal e são caracterizados por comprometimentos persistentes nas habilidades acadêmicas específicas da leitura, da escrita e/ou da matemática. O desempenho individual nessas habilidades se apresenta abaixo da média para a idade. Além disso, para que se consiga um desempenho aceitável, é necessário que seja realizado um esforço extraordinário (American Psychiatric Association, 2014). Esse termo não deve ser usado como sinônimo de "dificuldade escolar", dada à ampla abrangência e à possibilidade de manifestar-se de forma secundária a uma diversidade de questões (Fusão & Vilanova, 2017)

A quinta edição do Manual Diagnóstico e Estatístico dos Transtornos Mentais (DSM-5) engloba os seguintes Transtornos Motores do Desenvolvimento: Transtorno do Desenvolvimento da Coordenação (TDC), Transtorno do Movimento Estereotipado e Transtorno de Tique, que engloba o Transtorno de Tourette. O TDC é caracterizado por déficits na aquisição e na execução da coordenação grosseira e fina, manifestando-se por lentidão ou imprecisão no desempenho, levando a prejuízo em atividades da vida diária. O diagnóstico do Transtorno do Movimento Estereotipado ocorre mediante comportamentos motores repetitivos e sem propósito (bater palmas, agitar as mãos, bater a cabeça, balançar o corpo ou a cabeça, machucar-se). Tais comportamentos interferem em atividades sociais e/ou acadêmicas. O Transtorno de Tique é caracterizado pela presença de tiques motores, que podem ser definidos como movimentos motores ou vocalizações repentinas, rápidas, recorrentes e não ritmadas. O Transtorno de Tourette é diagnosticado quando o indivíduo apresenta múltiplos tiques motores e vocais, com um curso de remissões e recorrências (American Psychiatric Association, 2014; Giffoni et al., 2017)

Todos esses Transtornos do Neurodesenvolvimento podem coexistir, não sendo incomum a combinação entre os diagnósticos. Pacientes com TEA podem ter DI e/ou TDAH; pacientes com Transtornos Específicos de Aprendizagem podem apresentar TDAH; entre outras combinações.

Atualmente, os Transtornos do Neurodesenvolvimento representam um desafio em várias áreas do saber, seja na Medicina, na Fonoaudiologia, na Psicologia ou na Pedagogia, uma vez que os quadros podem envolver alterações em funções cognitivas, comportamentais e de linguagem que impactam a aprendizagem e o funcionamento do indivíduo em múltiplas esferas. O tratamento e acompanhamento dessas crianças deve ser, portanto, multiprofissional e interdisciplinar. Cabe destacar o imprescindível papel da família e da escola como importantes pilares para o alcance à maior funcionalidade e qualidade de vida da criança e de sua família, com vistas ao pleno desenvolvimento do indivíduo.

DIAGNÓSTICO INTERDISCIPLINAR DOS TRANSTORNOS DO NEURODESENVOLVIMENTO

Na prática clínica atual, tem sido cada vez mais comum a constatação de crianças com sinais indicativos de Transtorno do

Neurodesenvolvimento. Em geral, as observações, queixas e dúvidas surgem da própria família, especialmente na faixa etária dos 2 anos. A família é capaz de identificar com clareza os déficits motores, os atrasos nos principais marcos do neurodesenvolvimento – marcha e linguagem oral – e alterações no comportamento. Em situações mais específicas, o pediatra que acompanha a criança também pode sinalizar a observação de indicadores de um possível transtorno e sugerir intervenções especializadas. Grande parte dos diagnósticos são realizados nas etapas pré-escolar e escolar, sendo a escola uma importante aliada na observação de sinais que podem contribuir para o diagnóstico de um Transtorno do Neurodesenvolvimento.

A literatura destaca o sistema educacional como um espaço valioso, estratégico e privilegiado na prevenção e na promoção da saúde das crianças e dos adolescentes, por se mostrar mais acessível à população do que os serviços de saúde, especialmente quando se trata de saúde mental. Um professor bem-informado e atento pode tanto atuar na promoção da saúde, quanto na prevenção do agravamento de Transtornos do Neurodesenvolvimento. A identificação de sinais precoces específicos é de extrema relevância para que os encaminhamentos adequados sejam feitos de forma eficaz, viabilizando o acesso às avaliações especializadas (Estanislau & Bressan, 2014). Possibilitam também a instauração de importantes intervenções, cujos resultados positivos são comprovados como mais significativos o quanto mais precocemente forem instituídos (Silva et al., 2017).

No Brasil, a intersetorialidade Saúde e Educação ainda não ocorre de modo favorável, resultando em uma contraposição, em que, por um lado, há observação de um número crescente de encaminhamentos precipitados para a rede de saúde e, por outro, encaminhamentos tardios para diagnóstico e intervenção. Devido a esse quadro, há que se defender a implementação de programas de avaliação e de detecção precoce, além de modelos de capacitação para educadores, a fim de os instrumentalizar de modo a atenderem às necessidades peculiares apresentadas pelos alunos no ambiente educacional (Ribeiro, 2021), possibilitando modificar o curso, muitas vezes, tortuoso desses quadros.

Os educadores têm como atribuição atuar no desenvolvimento de seus alunos. Para que esse desenvolvimento ocorra de forma adequada, é necessário um bom preparo, para que possam exercer uma escuta reflexiva, baseada na empatia, na afetividade e no respeito, transcendendo as questões de aprendizagem acadêmica e se estendendo à valorização da autoestima à motivação. A observação diária, de forma criteriosa, auxilia na identificação de questões emocionais e relativas à aprendizagem, cognição e alterações motoras e ampliam as possibilidades de uma avaliação especializada.

O processo diagnóstico dos Transtornos do Neurodesenvolvimento deve ser pautado em uma avaliação interdisciplinar, com envolvimento de profissionais de diferentes áreas de especialização, composta por médicos – neuropediatras e/ou psiquiatras da infância e da adolescência – psicólogos, fonoaudiólogos e psicopedagogos. Esse diagnóstico deve ser realizado com base no conjunto de observações acerca de atrasos para aquisição e desenvolvimento das habilidades de linguagem, coordenação motora, habilidades visuoespaciais e habilidades escolares. Exames complementares e avaliações das diferentes especialidades somam-se a esse diagnóstico, com objetivo de investigar as múltiplas áreas do desenvolvimento, oferecendo compreensão mais abrangente sobre as diferentes dimensões do indivíduo: físico, cognitivo-linguístico, afetivo-emocional e social. A avaliação interdisciplinar permite diferenciar diagnósticos, identificar quadros primários e secundários (quadros explicativos e coocorrências), possibilitando descrever um perfil de desenvolvimento (elencando dificuldades e potenciais), facilitando o raciocínio clínico, a conclusão diagnóstica e o planejamento das principais condutas terapêuticas caso a caso (Giffoni et al., 2017).

Nos dias atuais, com os avanços no campo das neurociências e da genética clínica, com a precisão das avaliações interdisciplinares/neuropsicológicas e dos exames complementares de eletrofisiologia e neuroimagem, é possível a identificação dos Transtornos do Neurodesenvolvimento de forma precoce e precisa, o que favorece as intervenções e as orientações terapêuticas mais adequadas, com vistas a um desenvolvimento pleno da criança.

O diálogo interdisciplinar tem a sua relevância destacada e deve permear não somente o momento diagnóstico, como também o momento interventivo, a fim de promover auxílio mútuo e uma visão mais complexa e precisa do avaliado, possibilitando clareza do quadro clínico. Avaliações realizadas de forma isolada podem oferecer dados parciais e insuficientes para a definição do quadro e impactar o diagnóstico e a adequação dos planos de intervenção, quer clínicos ou educacionais. É indispensável que os resultados avaliativos, diagnósticos e interventivos sejam compartilhados com a família e com a equipe pedagógica, a fim de que todos possam contribuir com suas expertises e orientar suas práticas para o desenvolvimento do indivíduo. A interlocução permite aos profissionais das diferentes especialidades atuantes e à família, a qualquer tempo, a comunicação e a avaliação acurada do progresso do indivíduo, predizendo estados subsequentes, deliberando sobre propostas adequadas, incluindo recomendações e estratégias compensatórias a serem adotadas, monitorando desempenho e elencando possíveis barreiras que possam comprometer a evolução do quadro clínico e educacional (Silva et al., 2017).

POLÍTICAS PÚBLICAS EDUCACIONAIS RELACIONADAS AOS TRANSTORNOS DO NEURODESENVOLVIMENTO

A Constituição da República Federativa do Brasil garante a todos os brasileiros o direito à Educação (Brasil, 1988) e recomenda a sua organização de modo a atender a todas as crianças, preferencialmente na rede regular de ensino. Alunos com Necessidades Educativas Especiais de qualquer natureza encontram amparo na Lei de Diretrizes e Bases da Educação Brasileira – LBD Nº 9394/96, que dispõe sobre a finalidade da educação visar ao pleno desenvolvimento dos educandos, ao preparo para o exercício da cidadania e à qualificação para o trabalho (Ribeiro, 2021). Porém, trata-se de um direito que não pode ser garantido, de fato, apenas com a elaboração de leis, requerendo ações concretas e específicas que sejam capazes de garantir que este direito alcance a prática da sala de aula. Flexibilizar, adequar e adaptar o currículo devem ser ações necessárias para a garantia desses direitos, a partir do respeito às características e perfis individuais e peculiares de aprendizagem dos educandos. As leis garantem o direito à aprendizagem, o que por si só não é suficiente para garantir o êxito da aprendizagem desses indivíduos e o atendimento às demandas da diversidade. Ações educacionais propositivas e regidas pelo princípio da equidade contribuem para a viabilidade das políticas públicas da inclusão e tornam o conhecimento acessível e ampliado em oportunidades educacionais (Ribeiro, 2021).

No que se refere à inclusão de crianças com Transtornos do Neurodesenvolvimento, a constatação é de existência de legislação específica para apenas parte dos transtornos, englobando indivíduos com Deficiências (física, sensorial ou motora), Altas Habilidades e

Transtorno do Espectro Autista. Porém, isso não ocorre com os demais transtornos, como o de linguagem, os de aprendizagem e da atenção. A ausência de leis que dão suporte ao atendimento educacional dessas crianças encontra justificativa nos dados históricos a respeito do desconhecimento sobre os Transtornos de Aprendizagem decorrentes de disfunção do Sistema Nervoso Central. Esse desconhecimento resultava em atendimentos pouco ajustados/insuficientes às necessidades dos escolares, relegando-os a classes especiais de ensino e impactando o processo de aprendizagem, elevando os índices de evasão escolar precoce (Rodrigues & Orsi, 2017).

Avanços em relação ao desenvolvimento de legislações foram ocorrendo nacionalmente, como a publicação do Estatuto da Criança e do Adolescente (Brasil, 1990) e mundialmente com a Declaração de Salamanca (Organização das Nações Unidas para a Educação, a Ciência e a Cultura [UNESCO], 1994), que reafirmam o compromisso com a "educação para todos". Os documentos enfatizam a necessidade e a urgência de promover a educação para Pessoas com Necessidades Educacionais Especiais no sistema regular de ensino, considerando as características, habilidades e necessidades únicas de aprendizagem individual, levando em consideração sua vasta diversidade. A declaração descreve que o termo Necessidades Educativas Especiais se refere a indivíduos com deficiência ou dificuldades de aprendizagem (Rodrigues & Orsi, 2017)

Um avanço foi alcançado recentemente, em 2019, com a aprovação em todas as comissões na Câmara dos Deputados, do Projeto de Lei 7081/10 (Brasil, 2010). Esse PL, que tramita no Legislativo, dispõe sobre o acompanhamento integral para educandos com Dislexia, Transtorno do Déficit de Atenção/Hiperatividade ou outro Transtorno de Aprendizagem. Prevê que o poder público desenvolva e mantenha programa de acompanhamento integral para educandos com esses diagnósticos, compreendendo a identificação precoce do transtorno, o encaminhamento do educando para diagnóstico, apoio na rede de ensino, bem como apoio terapêutico especializado na rede de saúde. Preconiza ainda que as escolas de educação básica das redes pública e privada garantam o cuidado e a proteção a esse grupo, visando ao seu pleno desenvolvimento. A confirmação diagnóstica desses estudantes determina o acesso a recursos didáticos e a abordagens pedagógicas adequadas ao desenvolvimento da sua aprendizagem. As ações a serem implementadas incluem a participação dos professores em programas de formação de conhecimento científico específico, beneficiando-se de orientação sobre apoio educacional, com sugestões de recursos pedagógicos e adaptações curriculares que se fizerem necessárias para melhor atenderem a esses alunos.

Esse documento, se regulamentado, demonstrará o reconhecimento legal desses quadros e possibilitará ações de políticas públicas voltadas especificamente aos transtornos que envolvem a linguagem, a aprendizagem e a atenção.

Ainda que as legislações não contemplem todos os transtornos presentes no cotidiano escolar, a Nota Técnica n.º 04 / 2014 / MEC / SECADI / DPEE (Brasil, 2014) dispõe sobre a obrigatoriedade de atendimento a todos os alunos em suas necessidades, a fim de diminuir as barreiras ao aprendizado. Para tal, torna-se necessário um diagnóstico pedagógico, o qual será a base para a construção do Plano Educacional Individualizado. Com objetivo de ampliar o olhar individual e fornecer melhor atendimento às especificidades desse grupo de escolares, a interlocução entre a saúde e a educação permanece destacada como extremamente necessária, complementar e benéfica.

ORIENTAÇÕES EDUCACIONAIS E ADAPTAÇÕES CURRICULARES

Os Transtornos do Neurodesenvolvimento implicam alterações em diferentes funções cognitivas que podem manifestar comprometimentos na linguagem, na aprendizagem e no comportamento. Variáveis neurobiológicas, socioculturais e psicoemocionais podem definir diferentes condições de desenvolvimento do indivíduo e podem manifestar alterações em domínios distintos (Ciasca & Lima, 2017). É importante considerar não somente os déficits, mas as potencialidades apresentadas pelo indivíduo, de forma a favorecer o planejamento individualizado de estratégias que contemplem as necessidades e ampliem possibilidades de desenvolvimento.

Diante da presença de um Transtorno do Neurodesenvolvimento, torna-se necessário conhecer o perfil do indivíduo em diversas dimensões do seu funcionamento, com objetivo de auxiliar o planejamento de metas clínicas e pedagógicas que correspondam às demandas de desenvolvimento. Para isto, devem ser elencados questionamentos acerca dos aspectos cognitivos alterados, das habilidades escolares que se apresentam em defasagem, das habilidades e das potencialidades do indivíduo, dos aspectos emocionais, da existência de fatores protetivos ou de risco para o desenvolvimento, incluindo fatores socioemocionais, culturais, afetivos, que se mostram fundamentais para o funcionamento executivo (Lima, 2017; Ribeiro, 2021).

Os manuais internacionais utilizados como referência pelos profissionais de saúde para o diagnóstico dos transtornos - Classificação Internacional de Doenças (CID-10) e DSM-5, incluem, nesses quadros, alteração nas funções linguísticas, coordenação motora, habilidades visuoespaciais e habilidades escolares, além de manifestações caracterizadas por déficits que acarretam prejuízos no funcionamento pessoal, social, acadêmico ou profissional (Giffoni et al., 2017).

Indivíduos que apresentam diagnóstico de algum Transtorno do Neurodesenvolvimento, embora de constituição e de manifestações heterogêneas, compartilham angústias e desafios decorrentes de dificuldades escolares e de relacionamento interpessoal, com impactos emocionais e comportamentais variados (Silva et al., 2017).

Zelazo ((2006)) afirma que os Transtornos do Neurodesenvolvimento estão diretamente associados a prejuízos nas Funções Executivas (FE) e dificuldades de controle consciente de ações, de pensamentos e de emoções. As FE se referem a um conjunto de processos cognitivos que, de forma integrada e interdependente, permitem ao indivíduo direcionar comportamentos e metas, avaliar a eficiência e a adequação dos comportamentos, bem como priorizar ou abandonar estratégias, viabilizando a resolução de problemas e a autorregulação (Ribeiro, 2021; Orsi & Rodrigues, 2017). Estudos comprovam que estratégias direcionadas às FE podem favorecer o indivíduo em tarefas escolares e de leitura, por serem consideradas funções cognitivas essenciais ao processo de ensino-aprendizagem (Lima et al., 2017; Orsi & Rodrigues, 2017).

O controle inibitório, a memória operacional e a flexibilidade mental são três componentes das funções executivas que atuam como base para o desenvolvimento de funções executivas mais complexas que possibilitarão a solução de problemas, o planejamento e o raciocínio abstrato. O equilíbrio e o desenvolvimento dessas funções representam prontidão para um bom desempenho escolar, sendo a autorregulação considerada como um mecanismo central que envolve monitoramento, regulação e controle dos estados emocional, motivacional e cognitivo do indivíduo (Ribeiro, 2021). As tarefas novas e desafiadoras presentes no ambiente educacional demandam aos escolares a criação de estratégias para solucionar problemas, priorizar e iniciar comportamentos, inibir respostas e atitudes impulsivas, manter informações relevantes para finalizar tarefas, resistir a distrações, selecionar estímulos relevantes e monitorar o seu desempenho, pensamento e ações (Orsi & Rodrigues, 2017).

Com vistas à inclusão dos indivíduos com Necessidades Educacionais, envolvendo os Transtornos do Neurodesenvolvimento, a adequação e a adaptação das atividades deverão ter como propósito, em macro magnitude, promover o vínculo com a aprendizagem, bem como o estímulo e o equilíbrio do funcionamento executivo dos diferentes perfis existentes em uma sala de aula. Priorizar a regulação do funcionamento executivo dos alunos a partir da adoção de estratégias que envolvam memória, cognição e metacognição representa desenvolver habilidades e ampliar as chances de aprendizagem efetiva e sucesso acadêmico (Orsi & Rodrigues, 2017). Tais estratégias auxiliam no armazenamento, na recuperação e na integração de conceitos prévios e novos; na compreensão e expressão por diferentes meios (contextualização, repetição, treino, análise); e na coordenação do processo de aprendizagem pela organização, planejamento e avaliação, proporcionando a inserção dos alunos no fluxo de aprendizagem de acordo com suas especificidades (Ribeiro, 2021).

Reitera-se que a adoção de estratégias de adaptação ou adequação curricular deve ocorrer de forma específica e individualizada, contemplando as características do quadro, as necessidades do indivíduo ao longo do seu desenvolvimento, com enfoque nos diferentes níveis de prejuízo em relação às habilidades escolares. Sendo assim, é necessário que os educadores mantenham a percepção acerca da heterogeneidade em relação às manifestações, às formas e ao ritmo de aprendizagem dos seus escolares, de modo a adaptar as estratégias de ensino, revê-las quando necessário e reduzir o suporte de forma gradativa, considerando os processos de evolução e autonomia adquiridos (Orsi & Rodrigues, 2017; Ribeiro & Braga, 2021).

A Metodologia CDRA (Classificação Digital e Reenquadramento da Aprendizagem), referência em defasagens educacionais e adaptações curriculares, voltada à área da Neurociência, pode ser descrita como uma ação educacional propositiva e regida pelo princípio da equidade de oportunidades, que tem como ponto de partida a diversidade (Ribeiro & Braga, 2021). Propõe um instrumento padronizado e organizado que permite aos educadores, por meio dos seus pilares (a formação, o mapeamento e a intervenção), o reconhecimento do seu grupo heterogêneo de forma prática. Para além disso, possibilita a atuação apropriada sobre esse grupo, partindo da organização e classificação de acordo com o "funcionamento cerebral" e os diferentes níveis de aprendizagem. Dentre os grupos propostos por seu mapeamento, destacamos os Grupos III e IV, descritos respectivamente como "Tendência a Transtornos Funcionais" e "Tendência a Déficits Intelectuais", os quais englobam os Transtornos do Neurodesenvolvimento: TDAH - Transtorno do Déficit de Atenção e Hiperatividade; a Dislexia; o TEA - Transtorno do Espectro Autista e a DI – Deficiência Intelectual (Ribeiro, 2021).

A descrição das características do referido grupo III, "Tendência a Transtornos Funcionais" envolve uma disfunção do Sistema Nervoso Central (SNC) e de falhas no processamento das informações, cujas manifestações incluem dificuldades específicas de expressão, de compreensão, de leitura e de escrita. O grupo IV, "Tendência a Déficits Intelectuais" se refere a limitações no funcionamento intelectual e no comportamento adaptativo, que envolvem a aprendizagem, o raciocínio, a resolução de problemas, as áreas conceituais, sociais e práticas (Ribeiro, 2021); Ribeiro & Braga, 2021).

A proposta da Metodologia CDRA consiste na adaptação e na adequação de atividades, utilizando-se dos conteúdos escolares, e considera a intervenção sob a ótica da integração entre as emoções e as funções executivas. As estratégias propostas apresentam embasamento científico e seus objetivos são descritos de acordo com as habilidades e funções executivas, as quais deseja desenvolver. Dentre essas, merecem destaque: a linguagem, a memória operacional, o controle de instruções, a organização, a atenção, a percepção visual, a flexibilidade mental e o automonitoramento. As técnicas "Padronizadas" e "Personalizadas" são propostas de modo que a ação educativa atenda às maneiras peculiares de aprendizagem dos alunos (Ribeiro, 2021).

A proposição de técnicas de adaptação e de adequação embasadas cientificamente auxiliam os alunos na compreensão e na expressão por diferentes meios, com impactos motivacionais e relacionais com a aprendizagem, com respeito às individualidades, alcançando maior equidade nos processos educacionais.

CONCLUSÕES

Não há dúvidas de que é preciso conhecer as características peculiares que envolvem os Transtornos do Neurodesenvolvimento, bem como os padrões individualizados do funcionamento cerebral e as habilidades envolvidas nos processos de aprendizagem do indivíduo, de modo a intervir e atuar de forma assertiva sobre eles, em contexto educacional, por meio de estratégias e práticas ajustadas às necessidades e à diversidade.

O progresso do indivíduo e seu sucesso acadêmico dependem de múltiplos fatores. Desenvolver habilidades variadas torna-se necessário para o preparo desses indivíduos para o atendimento das demandas sociais, educacionais e de vida, e esse desenvolvimento perpassa por ações clínicas e educacionais orientadas pelo conhecimento científico e por práticas baseadas no respeito, na empatia e no olhar singular que torna cada sujeito único em sua existência.

REFERÊNCIAS

American Psychiatric Association. (2014). *DSM-5: manual diagnóstico e estatístico de transtornos mentais.* (A. V. Cordioli, C. T. da Silva, I. C. Passos, C. Kielin, & M. T. Barcellos, Trads.) Porto Alegre: Artmed.

Brasil. (5 de outubro de 1988). *Constituição da República Federativa do Brasil.* Brasília, DF, Brasil: Presidência da República. Acesso em 21 de 5 de 2021, disponível em Senado Federal: http://www.planalto.gov.br/ccivil_03/constituicao/constituicao.htm

Brasil. (13 de julho de 1990). *Lei Federal n. 8069, de 13 de julho de 1990: Dispõe sobre o Estatuto da Criança e do Adolescente e dá outras providências.* Brasília, DF, Brasil: Presidência da República. Acesso em 21 de maio de 2021, disponível em http://www.planalto.gov.br/ccivil_03/leis/l8069.htm

Brasil. Câmara dos Deputados. (2010). *Projeto de Lei nº 7.081, de 07 de abril de 2010: Dispõe sobre o diagnóstico e o tratamento da dislexia e do Transtorno do Deficit de Atenção com Hiperatividade na educação básica.* Brasília: Câmara dos Deputados. Acesso em 21 de 5 de 2021, disponível em https://www.camara.leg.br/proposicoesWeb/fichadetramitacao?idProposicao=472404

Brasil. Ministério da Educação. (2014). *NOTA TÉCNICA nº 04 / 2014 / MEC / SECADI / DPEE, de 23 de janeiro de 2014: orientação quanto a documentos comprobatórios de alunos com deficiência, transtornos globais do desenvolvimento e altas habilidades/superdotação no Censo Escolar.* Brasília: DPEE/SECADI/MEC. Acesso em 21 de 5 de 2021, disponível em MINISTÉRIO DA EDUCAÇÃO: http://portal.mec.gov.br/index.php?option=com_docman&view=download&alias=-15898-nott04-secadi-dpee-23012014&category_slug=julho-2014-pdf&Itemid=30192

Ciasca, S. M., & Lima, R. F. (2017). O que são transtornos de aprendizagem (TA)? In: R. F. Lima, & F. C. Silva, *Abordagem interdisciplinar nos transtornos do neu-*

rodesenvolvimento: guia de orientação aos pais e educadores. Ribeirão Preto: BookToy.

Estanislau, G. M., & Bressan, R. A. (2014). *Saúde mental na escola: o que os educadores devem saber.* Porto Alegre: Artmed.

Fernandes, M. C., Toledo, M. M., & Simão, A. N. (2017). O que é transtorno de déficit de atenção e hiperatividade (TDAH)? In: R. F. Lima, & F. C. Silva, *Abordagem interdisciplinar nos transtornos do neurodesenvolvimento: guia de orientação aos pais e educadores*. Ribeirão Preto: BookToy.

Fusão, E. F., & Vilanova, L. C. (2017). Transtornos do neurodesenvolvimento. In: M. M. Rodrigues, & L. C. Vilanova, *Tratado de neurologia infantil* (pp. 371-416). Rio de Janeiro: Editora Atheneu.

Giffoni, S. D., Lima, R. F., Oliveira, C. C., Rodrigues, S. D., Fornasari, R. C., & Zezza, F. L. (2017). Diagnóstico interdisciplinar dos transtornos do neurodesenvolvimento. In: R. F. Lima, & F. C. Silva, *Abordagem interdisciplinar nos transtornos do neurodesenvolvimento: guia de orientação aos pais e educadores*. Ribeirão Preto: BookToy.

Lent, R. (2008). *Neurociência da mente e do comportamento*. Rio de Janeiro: Guanabara Koogan.

Lima, R. F., Fornasari, R. C., & Rodrigues, S. D. (2017). Intervenção terapêutica nos transtornos de aprendizagem. In R. F. Lima, & F. C. Silva, *Abordagem interdisciplinar nos transtornos do neurodesenvolvimento: guia de orientação aos pais e educadores*. Ribeirão Preto: BookToy.

Machado, A. C., Bello, S., & Capellini, S. (2021). A tutoria educacional como prática baseada em evidência para o autismo. In: A. Soares, & R. Mousinho, *Tenho um aluno autista: e agora?* Belo Horizonte: Artesã.

Maenner, M. J., Shaw, K. A., Baio, J., Washington, A., Patrick, M., DiRienzo, M., Christensen, D. L.,Wiggins, L. D., Pettygrove, S., Andrews, J. G., Lopez, M., Hudson, A., Baroud,T., Schwenk, Y., White, T.,, Rosenberg, C. B., Lee, L., Harrington, R. A., Huston, M., Hewitt, A. Esler, A., Hall-Lande, J., Poynter, J. N., Hallas-Muchow, M., Constantino, J. N., Fitzgerald, R. T., Zahorodny, W., Shenouda, J., Daniels, J. L., Warren, Z., Vehorn, A., Salinas, A., Durkin, M. S., M Dietz, P. M. Prevalence of Autism Spectrum Disorder Among Children Aged 8 Years — Autism and Developmental Disabilities Monitoring Network, 11 Sites, United States, 2016. MMWR Surveill Summ 2020, 69(SS-4), 1–12. doi:http://dx.doi.org/10.15585/mmwr.ss6904a1.

Marchezan, J., Gonçalves, M. M., & Riesgo, R. (2014). Autismo. In: S. D. Rodrigues, C. A. Azoni, & S. M. Ciasca, *Transtornos do desenvolvimento: da identificação precoce às estratégias de intervenção* (pp. 147-160). Ribeirão Preto: BookToy.

Organização das Nações Unidas para a Educação, a Ciência e a Cultura [UNESCO]. (1994). *Declaração de Salamanca: sobre princípios, políticas e práticas na área das necessidades educativas especias*. Acesso em 21 de maio de 2021, disponível em Ministério da Educação: http://portal.mec.gov.br/seesp/arquivos/pdf/salamanca.pdf

Orsi, R. C., & Rodrigues, S. D. (2017). Orientação educacional: abordagem psicopedagógica. In: R. F. Lima, & F. C. Silva, *Abordagem interdisciplinar nos transtornos do neurodesenvolvimento: guia de orientação aos pais e educadores*. Ribeirão Preto: BookToy.

Ribeiro, R. M. (2021). *A cada um o que é seu: Metodologia CDRA — referência em defasagens educacionais e adaptações*. São Paulo: Núcleo Aprende.

Ribeiro, R. M., & Braga, T. (2021). *Adaptação curricular, inclusão ou exclusão?: visão da metodologia CDRA como ferramenta de concretização de uma educação para todos*. São Paulo: Núcleo Aprende. Acesso em 21 de 5 de 2021, disponível em http://rosanamendesribeiro.com.br/livros/Adaptacao-curricular-inclusao-ou-exclusao.pdf

Rodrigues, S. D., & Orsi, R. C. (2017). Políticas públicas educacionais para indivíduos com transtornos do neurodesenvolvimento. In: R. F. Lima, & F. C. Silva, *Abordagem interdisciplinar nos transtornos do neurodesenvolvimento: guia de orientação aos pais e educadores*. Ribeirão Preto: BookToy.

Silva, F. C., Bastos, T. M., Toledo, M. M., Giffoni, S. D., & Zezza, F. L. (2017). O que são transtornos do espectro autista (TEA)? . In: R. F. Lima, & F. C. Silva, *Abordagem interdisciplinar nos transtornos do neurodesenvolvimento: guia de orientação aos pais e educadores*. . Ribeirão Preto: BookToy.

Silva, F. C., Oliveira, C. C., & Lima, R. F. (2017). Experiência de intervenção psicossocial nos transtornos do neurodesenvolvimento. In: R. F. Lima, & F. C. Silva, *Abordagem interdisciplinar nos transtornos do neurodesenvolvimento: guia de orientação aos pais e educadores*. Ribeirão Preto: BookToy.

Silva, F. C., Toledo, M. M., & Giffoni, S. D. (2017). Intervenção terapêutica nos transtornos do espectro autista (TEA). . In: R. F. Lima, & F. C. Silva, *Abordagem interdisciplinar nos transtornos do neurodesenvolvimento: guia de orientação aos pais e educadores*. Ribeirão Preto: BookToy.

Soares, Â. M., & Mousinho, R. (2021). *Tenho um aluno autista: e agora?* Belo Horizonte: Artesã Editora.

Zelazo, P. D. (2006). The dimensional dhange card sort (DCCS): a method of assessing executive function in children. *Nat Protoc, 1*(1), 297-301. doi:10.1038/nprot.2006.46

O GESTOR COMO FORMADOR DOCENTE: POSSIBILIDADES E DESAFIOS DA INCLUSÃO ESCOLAR NO ENSINO FUNDAMENTAL

Camila Maia Pontes

Letícia Panczel

Luciane Maia Insuela Garcia

Ângela Mathylde Soares

RESUMO

O objetivo deste artigo é discutir as possibilidades e os desafios da inclusão escolar no ensino fundamental, sob a perspectiva do gestor como formador docente. O conceito de Educação Inclusiva, proposto pela legislação brasileira, embora já muito divulgado, ainda se mantém em um patamar teórico e pouco acessível para a grande maioria dos educadores brasileiros. É urgente, considerando a prática embasada cientificamente, o uso e a aplicação de técnicas especializadas que atendam, de maneira verdadeiramente inclusiva, os estudantes no ambiente educacional.

Palavras-Chave: Inclusão Escolar; Educação Inclusiva; Educadores.

INTRODUÇÃO

Há algumas décadas, a inclusão escolar vem sendo defendida e difundida no Brasil. No entanto, a partir das novas diretrizes e leis vigentes no país, a educação inclusiva vem ganhando mais força. Nos últimos anos, as atenções têm se voltado para as especificidades do trabalho pedagógico diante de um maior número de estudantes com necessidades educacionais especiais que tem ingressado nas escolas regulares.

Diante das novas necessidades e exigências, cabe aos docentes e aos profissionais especializados, a tarefa de elaborar as adaptações curriculares, de acordo com as necessidades de cada estudante. Este deve ser um trabalho em equipe, visando ao desenvolvimento singular das potencialidades de cada um.

Não se trata de igualdade, e sim de equidade. É preciso lidar com os estudantes, considerando as suas singularidades, dando a cada um, de forma individual, as condições apropriadas às suas necessidades e às suas possibilidades.

> Todos, sem exceções, podem aprender, mas ninguém aprende exatamente, da mesma forma, no mesmo ritmo e com os mesmos interesses. Flexibilizar ou adaptar o quê (conteúdo), o quando (temporalidade, sequenciação de assuntos), o como (metodologia didática) e os procedimentos adotados na avaliação, é da maior importância para que os aprendizes que apresentam dificuldades desfrutem da igualdade de oportunidades de apropriação do saber, do saber fazer e do saber ser e conviver. (Carvalho, 2010, p.110 como citado em Cenci & Daminani, 2013)

Nessa perspectiva, os docentes precisam se apropriar da mediação da aprendizagem de todos os alunos independentemente de quais sejam as suas dificuldades.

Segundo Bordin, Bressan, Estanislau e Vieira (2014), os educadores têm a tarefa de atuar no desenvolvimento de seus alunos, não apenas acadêmico, mas também como indivíduos saudáveis.

A ORGANIZAÇÃO DOS SISTEMAS DE ENSINO PARA O ATENDIMENTO AO ALUNO COM NECESSIDADES EDUCACIONAIS ESPECIAIS (NEE)

A Educação Especial, apresentada como uma modalidade escolar, deve ser organizada de modo a aproximar o aluno tanto dos pressupostos quanto de uma prática pedagógica e educacional que esteja adequada às suas necessidades, atendendo às diretrizes de alguns dispositivos legais-políticos-filosóficos, conforme Diretrizes Nacionais para a Educação Especial na Educação Básica (Ministério da Educação [MEC], 2001). Destacamos outras diretrizes legais norteadoras para o atendimento aos alunos que apresentam NEE:

- Constituição Federal, artigos 208 e 227 tratam sobre a inclusão desses alunos nas redes regulares de ensino (pública ou privada) desde o ingresso até sua formação acadêmica;
- Lei nº10.172/01 que aprova o Plano Nacional de Educação, no qual são estabelecidos vinte e sete objetivos e metas para educação de alunos com NEE, de forma bastante resumida. Essas metas tratam sobre o desenvolvimento de programas educacionais em todos os municípios, integrando a educação às áreas da saúde e de assistência social, de modo que a oferta seja ampliada e o aluno atendido desde a educação infantil até a qualificação profissional. Outro aspecto abordado refere-se ao atendimento excepcional de alunos em classes ou em escolas especiais, assim como o atendimento preferencial na rede regular de ensino e, por fim, a formação continuada dos professores também foi pauta desse documento.
- Lei nº 853/89 evidencia o apoio às pessoas com deficiências e a necessidade da promoção de sua integração social, bem como assegura o exercício de seus direitos individuais e sociais.
- Lei nº 8.069/90 – Estatuto da Criança e do Adolescente que, dentre outras deliberações, estabelece, em seu Artigo 2º, o direito ao atendimento especializado e de forma contundente. Protege a criança e o adolescente de qualquer forma de descriminação, negligência, violência ou opressão.
- Lei nº 9.394/96 que estabelece as diretrizes e bases da educação nacional, em seu artigo 4º, assegura o atendimento educacional especializado preferencialmente na rede regular de ensino. O artigo 59 trata especificamente das questões referentes ao sistema de ensino e as mudanças que devem ser feitas para assegurar não só o ingresso, como a permanência e a finalização de seu processo educacional ao aluno com NEE, dentre os fatores, destacam-se: organização específica de currículos, métodos, técnicas e recursos educativos adequados ao atendimento às necessidades individuais, formação especializada dos professores para o trabalho especializado e para a integração dos educandos em classes comuns.

Declaração Mundial de Educação para Todos e Declaração de Salamanca. O Brasil, ao concordar com a Declaração Mundial de Educação para Todos, firmada em Jomtien, na Tailândia, em

1990, e com os postulados produzidos na Conferência Mundial sobre Necessidades Educacionais Especiais: Acesso e Qualidade, em Salamanca, na Espanha, em 1994, compromete-se em construir um sistema educacional inclusivo.

Destacamos abaixo alguns trechos da Declaração Mundial de Educação para Todos que vão ao encontro da discussão que colocamos aqui:

> "todas as crianças, de ambos os sexos, têm direito fundamental à educação e que a ela deva ser dada a oportunidade de obter e manter o nível aceitável de conhecimento."
>
> "os sistemas educativos devem ser projetados e os programas aplicados de modo que tenham em vista toda gama dessas diferentes características e necessidades."
>
> "que todas as crianças, sempre que possível, possam aprender juntas, independentemente de suas dificuldades e diferenças..."
>
> "assegurar que, num contexto de mudança sistemática, os programas de formação do professorado, tanto inicial como contínua, estejam voltados para atender às necessidades educacionais especiais nas escolas..."
>
> "Os programas de formação inicial deverão incutir em todos os professores da educação básica uma orientação positiva sobre a deficiência que permita entender o que se pode conseguir nas escolas com serviços locais de apoio. Os conhecimentos e as aptidões requeridos são basicamente os mesmos de uma boa pedagogia, isto é, a capacidade de avaliar as necessidades especiais, de adaptar o conteúdo do programa de estudos, de recorrer à ajuda da tecnologia, de individualizar os procedimentos pedagógicos para atender um maior número de aptidões..."
>
> "uma pedagogia centralizada na criança, respeitando tanto a dignidade como as diferenças de todos os alunos".

Todos esses dispositivos legais e políticos-filosóficos objetivam oferecer norteadores para que a escola possa assegurar a igualdade e a equidade de oportunidades e valorização da diversidade no processo educativo.

A FORMAÇÃO DOCENTE: INICIATIVAS ANTIGAS E DESAFIOS ATUAIS

Um novo olhar vem sendo dado para a educação. O paradigma da inclusão escolar que defende que a escola é para todos defende que nem os espaços devem ser diferenciados, independente das diferentes características que os estudantes possam apresentar.

Nessa perspectiva, as escolas precisam apresentar propostas que trabalhem as dificuldades, com recursos e estratégias de ensino, mas são necessários o conhecimento e o aperfeiçoamento da equipe pedagógica.

O sucesso da inclusão escolar depende, principalmente, do trabalho pedagógico do professor que precisa ter um olhar atento às necessidades de cada um de seus estudantes. Para isso, faz-se necessário o investimento na formação do professor. O professor é, efetivamente, o responsável por promover a aprendizagem.

Segundo Cró (1998), a formação não coincide com uma postura passiva por parte do professor, mas pressupõe uma intervenção ativa nas atividades de formação, condição necessária à mudança das suas atitudes e das suas representações sobre o ato educativo. A formação contínua deve preconizar e permitir uma mudança das práticas dos professores e dos educadores, gerando, assim, uma mudança de prática na educação e na intervenção educativa.

Espera-se algumas competências dos professores que, na maioria das vezes, só são aperfeiçoadas nas formações continuadas. O professor, geralmente, não está preparado para lidar com as situações que envolvem a inclusão.

Toda a formação dos professores, seja inicial e contínua, precisa ser revista e repensada com urgência. É necessário formar de maneira a ajudar os professores a pensarem a sala de aula de forma heterogênea e a adotarem formas de trabalho que considerem todos os grupos de alunos, incluindo os que têm dificuldades.

Segundo Bordin et al. (2014), a falta de informações confiáveis e de orientação especializada vem causando insegurança, que, por sua vez, é um fator relevante para a distorção do olhar do professor.

A FORMAÇÃO DOS PROFESSORES BASEADA NA METODOLOGIA CDRA

A metodologia CDRA (Classificação Digital para Reenquadramento de Aprendizagem) é uma grande aliada dos professores, mas ainda precisa ser amplamente divulgada. Esse instrumento é centrado no aluno, fundamentado em suas habilidades, não em suas deficiências, permitindo, assim, que o educador conheça de forma prática o grupo heterogêneo, classificando-o em quatro grupos diferentes de aprendizagem.

Grupo I – Aprendizagem Regularizada; Grupo II – Tendência e Dificuldades Escolares; Grupo III – Tendência a Transtornos Funcionais e Grupo IV – Tendência a Déficits Intelectuais. (Ribeiro, 2020)

Entre os principais objetivos da metodologia CDRA, estão o de resgatar o professor em seu valioso papel de rastreador e interventor e o de fornecer condições para a atuação do professor com alunos de inclusão.

Os três pilares da Metodologia CDRA são: Formação, Mapeamento e Intervenção, ou seja, o primeiro deles está voltado a "formar e motivar professores para aplicar a teoria na prática; abordar temas necessários para que o professor atue no universo educacional atual." (Ribeiro, 2020)

Nesse sentido, o professor exerce um importante papel de gestor da sua sala de aula, reconhecendo, monitorando, avaliando e intervindo diante da sua sala heterogênea.

CONCLUSÃO

Fica claro até aqui que há uma urgente necessidade de adaptar todo o sistema de ensino.

É necessária uma formação inicial e continuada dos professores para lidar com as individualidades dos seus estudantes.

> A ação da educação especial passa a abranger não apenas as pessoas com deficiências ou limitações como também aquelas que apresentam outras condições que dificultam de forma significativa a aprendizagem. A assistência educacional, que era exclusivamente voltada as pessoas com necessidades especiais, foi ampliada, passando a ser destinada a todas as pessoas com necessidades educacionais especiais. Esse movimento reflete os princípios da educação inclusiva, em que todos os indivíduos (com deficiência ou não) são considerados seres com potencial de aprendizagem, cabendo à escola utilizar-se de seus saberes para desenvolver um processo educativo baseado na interação e na diversidade. (Freire; Estanislau; Benczik, 2014)

A escassez de práticas embasadas cientificamente, do uso e da aplicação de técnicas especializadas que atendam de maneira verdadeiramente inclusiva os estudantes no ambiente educacional é prejudicial ao processo de desenvolvimento escolar dos estudantes brasileiros.

No entanto, é preciso a ampla divulgação de práticas embasadas cientificamente, como a Metodologia CDRA, por exemplo. Mais educadores precisam ter conhecimento acerca das possibilidades reais para trabalhar as diferentes particularidades dentro de seus variados grupos de estudantes. É preciso dar a cada um o que é seu.

Por fim, parafraseando o filósofo Aristóteles, não há nada mais desigual do que tratar igualmente os que são diferentes.

REFERÊNCIAS

Brasil (2001). Ministério da Educação. *Diretrizes Nacionais para a educação especial na educação básica* / Secretaria de Educação Especial – MEC; SEESP.

Brasil (1988). *Constituição da República Federativa do Brasil*. Brasília.

Brasil (2018). Ministério da Educação. *Base Nacional Comum Curricular*. Brasília.

Brasil (1994). *Declaração de Salamanca e Linha de Ação sobre Necessidades Educativas Especiais*. Brasília: Coordenadoria Nacional para Integração da Pessoa Portadora de Deficiência.

Brasil (2001). *Lei Federal nº. 10.172/01*. Plano Nacional de Educação. Diário Oficial da República Federativa do Brasil. Brasília. Disponível em: https://www.planalto.gov.br/ccivil_03/leis/leis_2001/l10172.htm. Acesso em 15/05/2021.

Brasil (1996). *Lei Federal Nº. 9394 de 20 de dezembro*. Diretrizes e Bases da Educação Nacional. Diário Oficial da República Federativa do Brasil. Brasília, 1996. Disponível em: http://www.in.gov.br/mp._leis/leis_texto.asp. Acesso em 15/05/2021.

Brasil (1989). *Lei Federal Nº. 7853 de 24 de outubro de 1989*. Diário Oficial da República Federativa do Brasil. Brasília, 1989. Disponível em: http://www.in.gov.br/mp._leis/leis_texto.asp. Acesso em 15/05/2021.

Brasil (1990). *Lei nº. 8.069 de 13 de julho de 1990*. Estatuto da Criança e do Adolescente – ECA. Rio de Janeiro: Expressão e Cultura.

CAST (2008). Universal design for learning guidelines version 1.0. Wakefield, MA: Author.

Cenci, A., & Daminani, M. F. (2013). Adaptação curricular e o papel dos conceitos científicos no desenvolvimento de pessoas com necessidades educacionais especiais. *Revista Educação Especial*, v. 26 | n. 47 | p. 713-726, set./dez. 2013. Disponível em: https://periodicos.ufsm.br/educacaoespecial/article/view/7675. Acesso em: 12 de abril de 2021.

Cró, M. L. (2009). Adaptações Curriculares Para Alunos Com Necessidades Educacionais Especiais (NEE): Formação No Ensino Superior. *Reflexão e Ação*, Santa Cruz do Sul, v. 17, n. 1, p. 140-163, jun. ISSN 1982-9949. Disponível em: <https://online.unisc.br/seer/index.php/reflex/article/view/862>. Acesso em: 03 maio 2021. doi: https://doi.org/10.17058/rea.v17i1.862.

Feurstein, R., Feurstein, R. S., Falik, L. H. *Além da inteligência: aprendizagem mediada e a capacidade de mudança do cérebro*. Tradução de Aline Kaehler. Petrópolis, RJ: Vozes, 2014.

Freire, T., Estanislau, G. M., & Benczik, E. (2014). Aspectos jurídicos no contexto escolar. In: G. M. Estanislau, & R. A. Bressan. *Saúde Mental na Escola: O que os educadores devem saber.* Porto Alegre: Artmed. pp 263-277.

Leite, L. P., Silva, A. M., Mennocchi, L. M., Capellini, V. L. M. F. (2011). A adequação curricular como facilitadora da educação inclusiva. *Psicol. educ.*, São Paulo, n. 32, p. 89-111, jun. Disponível em <http://pepsic.bvsalud.org/scielo.php?script=sci_arttext&pid=S1414-69752011000100006&lng=pt&nrm=iso>. Acesso em 05 maio 2021.

Neves, A. J., Antonelli, C. S., Silva, M. G. C., Capellini, V. L. M. F.. (2014). Escolarização formal e dimensões curriculares para alunos com autismo: o estado da arte da produção acadêmica brasileira. *Educ. rev.*, Belo Horizonte, v. 30, n. 2, p. 43-70, June. Available from <http://www.scielo.br/scielo.php?script=sci_arttext&pid=S0102-46982014000200003&lng=en&nrm=iso>. Acesso em 20 de abril de 2021. https://doi.org/10.1590/S0102-46982014000200003.

Ribeiro, R. M. (2020). *A cada um o que é seu: Metodologia CDRA - Referência em Defasagens Educacionais e Adaptações Curriculares.* São Paulo: Núcleo Aprende.

Sebastian-Heredero, E. (2020). Diretrizes para o Desenho Universal para a Aprendizagem (DUA). *Rev. bras. educ. espec.*, Bauru, v. 26, n. 4, p. 733-768, Oct. Disponível em: <http://www.scielo.br/scielo.php?script=sci_arttext&pid=S1413-65382020000400733&lng=en&nrm=iso>. Acesso em 15 de maio de 2021. Epub Dec 18, 2020. https://doi.org/10.1590/1980-54702020v26e0155.

Universal Design for Learning Guidelines. Disponível em: https://udlguidelines.cast.org/. Acesso em 02/05/2021.

Vieira, M. A., Estanislau, G. M., Bressan, R. A., Bordin, I. A. (2014). Saúde Mental na Escola. In: G. M. Estanislau, & R. A. Bressan. *Saúde Mental na Escola: O que os educadores devem saber.* Porto Alegre: Artmed. pp 13-23.

ADAPTAÇÃO CURRICULAR NO CONTEXTO DA EDUCAÇÃO INFANTIL BILINGUE

Gustavo Malta Rojas

Gabriela Alves Lima

Rosana Mendes Ribeiro

Ângela Mathylde Soares

RESUMO

O presente capítulo propõe uma análise sobe a adaptação curricular em uma escola bilíngue e de educação Infantil. Apresenta uma breve caracterização do ensino bilíngue dentro da realidade de São Paulo, define o que se entende por adaptação curricular e quer levar à reflexão da necessidade e da importância da adaptação curricular dentro desse contexto específico que é o Bilinguismo na Educação Infantil. Para isso, apresenta importantes definições contidas nos documentos educacionais brasileiros a respeito de Currículo, objetivos e metas dos anos iniciais da educação básica brasileira, dentro deles a Base Nacional Comum Curricular (BNCC) e as Diretrizes Curriculares Nacionais. Além de documentos como a Declaração de Salamanca que versam sobre a inclusão.

Por fim, traz uma luz sobre a adaptação curricular e como ela está inserida nesse contexto. Para isso, é usado como apoio o trabalho elaborado pela metodologia CDRA – Classificação digital para reenquadramento de aprendizagem.

Palavras-chaves: Bilinguismo; Adaptação Curricular; Educação Infantil.

O QUE É ADAPTAÇÃO CURRICULAR?

Quando falamos de ensino bilíngue (português-inglês), a primeira coisa que precisamos ter em mente é que é um fenômeno relativamente recente, ainda que haja registros de ensino de Inglês para crianças a partir dos anos 80, o inglês passou a ser, em São Paulo, a segunda língua de escolas principalmente a partir dos anos 90. Só em 1996, a Lei de Diretrizes e Bases determinou a implementação de uma língua estrangeira a partir do fundamental.

Ainda que essa introdução de outras línguas no currículo regular tenha acontecido em meados da década de 90, só anos mais tarde veríamos a explosão de escolas bilíngues e internacionais na cidade (e país).

Muitas escolas tradicionais também passaram, nos últimos anos, a implementar programas e certificados internacionais, buscando manter uma parte dessa fatia do mercado.

As famílias que buscam escolas com o Ensino Bilíngue têm perfis heterogêneos: estrangeiros que vêm para o país, outros que, por motivos de trabalho, passarão um tempo no Brasil e depois continuarão viajando, famílias tradicionais e famílias que encontram no bilinguismo dar aos filhos uma oportunidade que não tiveram, são alguns exemplos. Os perfis econômicos variam menos devido aos valores que essas escolas geralmente cobram.

Entre as razões para esse rápido crescimento do bilinguismo, Chediak (2019) aponta a "internacionalização e mundialização", ou seja, em um mundo cada vez mais interconectado, em que o inglês parece abrir portas e mostra-se como um dos principais códigos de comunicação, é natural que seja uma das principais escolhas para o ensino bilíngue.

Ainda que muitas famílias possam procurar as escolas bilíngues com objetivos específicos, visando à aprendizagem da língua, é importante ter em mente que os programas das escolas bilíngues seguem o currículo do MEC e o bilinguismo é oferecido como um complemento desse currículo ou um diferencial da escola. Mesmo que escolas internacionais possam seguir currículo e calendário diferentes, ainda devem atender as especificidades da BNCC.

Nesse sentido, haverá um trabalho guiado por um único currículo para determinado ano escolar, mas é o olhar pedagógico dos professores e da gestão escolar que trará a concretização de tal programa de ensino.

Outra característica crucial para a inserção da criança em uma escola bilíngue é o período de adaptação. Ao olhar para a educação infantil, esse momento em qualquer escola é importante. Nas escolas bilíngues, em que há uma imersão total nessa idade (que serão as escolas consideradas neste texto), esse tempo se prolonga ainda mais. Primeiramente, para que ela se adapte ao ambiente escolar e, em seguida, para que ela se sinta confortável ouvindo outra língua e, com muita acolhida e suporte, comece a se expressar da maneira mais efetiva, incorporando organicamente o papel social do Inglês na comunicação com o outro. Nesse sentido, é importante que a criança consiga construir, nesse início, uma relação saudável com o Idioma. A segunda língua (L2) não pode ser imposta e cobrada como um conteúdo qualquer, e sim como parte da construção de um conhecimento maior e uma forma de se comunicar no mundo.

Na Educação Infantil, a rotina construída exerce um papel significativo na compreensão da L2. Nesses casos, o Inglês aparece em todos os momentos: no parque, no lanche, na entrada e na saída dos alunos, na comunicação com as professoras, enfim, em todos os momentos da sua rotina na escola. Como veremos mais a frente, o Currículo da Educação Infantil é baseado em campos de experiência, e esse currículo já será trabalhado em inglês desde o primeiro momento da criança na escola. Dentro de sala de aula, os conhecimentos serão sistematizados de acordo com o planejamento do ano/série da criança, trazendo vocabulários e reflexões que, de outra forma, talvez não aparecessem na rotina (como falar sobre animais da fazenda ou sobre o Sistema Solar). Para que a imersão faça sentido e a criança não precise de tradução o tempo todo, vários recursos são usados, entre eles, de maneira mais forte, recursos visuais. Além disso, o próprio processo de demonstrar o que está sendo feito à medida que explica ou modelar as atividades antes das crianças realizarem ajudam no processo de interiorização do inglês de maneira suave. Assim, se o educador fala "*make a circle*" e o grupo faz uma roda, é possível fazer essa associação sem recorrer à língua materna.

Dentro disso tudo, é essencial pensarmos sempre também em processos de adaptação e de inclusão. Cada criança entra na escola com seus conhecimentos, suas histórias e seu histórico familiar.

Alguns, muito estimulados. Outros nem tanto. Cada um entenderá e receberá as informações de uma forma particular. Por isso, é importante dispor de diferentes instrumentos de avaliação que instrumentalizem professores e toda equipe pedagógica para verificar, acompanhar e implementar mudanças que favoreçam o desenvolvimento do aluno de maneira integral, considerando aspectos pedagógicos, sociais e emocionais.

Para falar de adaptação curricular, precisamos ter em mente um conceito já bem debatido, mas ainda não tão implementado: a inclusão. Nada melhor que a definição encontrada no Marco de Ação da Conferência Mundial sobre Necessidades Especiais (Salamanca, 1994) para definir um ponto de partida:

> todas as escolas devem acolher a todas as crianças, independentemente de suas condições pessoais, culturais ou sociais; crianças deficientes e superdotados/altas habilidades, crianças de rua, minorias étnicas, linguísticas ou culturais, de zonas desfavorecidas ou marginalizadas, o qual traça um desafio importante para os sistemas escolares. As escolas inclusivas representam um marco favorável para garantir a igualdade de oportunidades e a completa participação, contribuem para uma educação mais personalizada, fomentam a solidariedade entre todos os alunos e melhoram a relação custo-benefício de todo o sistema educacional.

Já nos documentos do MEC (Brasil, 2006; 2013), vemos que a política para educação especial abrange:

> o âmbito social, do reconhecimento das crianças, jovens e adultos especiais como cidadãos e de seu direito de estarem integrados na sociedade o mais plenamente possível; e o âmbito educacional, tanto nos aspectos administrativos (adequação do espaço escolar, de seus equipamentos e materiais pedagógicos), quanto na qualificação dos professores e demais profissionais envolvidos. O ambiente escolar como um todo deve ser sensibilizado para uma perfeita integração. Propõe-se uma escola integradora, inclusiva, aberta à diversidade dos alunos, no que a participação da comunidade é fator essencial.

Em outras palavras, adaptação curricular é preparar a escola para acolher todos os alunos que nela entram, entregando para cada um aquilo que necessitam para seu melhor desenvolvimento escolar e humano. Como Carvalho (2008, p. 105) diz, são modificação espontâneas ou estratégias intencionais que os professores realizam para atender às necessidades dos alunos, principalmente dos que apresentam dificuldades na aprendizagem. Adaptação não é "facilitar a vida do aluno". É ajudá-lo a aprender o conteúdo e a superar suas dificuldades.

A adaptação curricular exige que o professor saia do automatismo do cotidiano da sala de aula, já que precisará entender como cada estudante aprende, ainda mais os com necessidades especiais: quais as melhores estratégias a serem usadas em cada caso? Como apresentar cada conteúdo de forma que aquele aluno consiga realmente aprender? Como interagir e se relacionar com cada um deles para que a aprendizagem seja realmente afetiva e efetiva? Unido a essas estratégias, ele também precisa conhecer os objetivos principais dos conteúdos e entender como fará para transformar os exercícios e as aulas de sempre em atividades diferenciadas, adaptadas a cada um.

Pode ser um trabalho exigente, mas não deve ser solitário. Para que a adaptação seja realmente efetiva, é necessário a participação de outras pessoas nessa construção. Além da equipe Escolar (outros professores, coordenação, direção), profissionais externos (psicólogos, fonoaudiólogos, médicos, terapeutas) e a família devem estar envolvidas nesse plano. Ribeiro (2020, p.65) aponta que, nesse momento, "um leque de especialidades entra em cena para um diagnóstico que exige experiência, conhecimento, embasamento e principalmente troca e complementação de informações". Cada um trazendo suas contribuições para que o processo de adaptação funcione. Além disso, é preciso sempre revisar o percurso, as estratégias e o próprio conteúdo ensinado.

Um ponto a mais na reflexão sobre adaptação curricular é pensar além do que está definido no artigo 5 da RESOLUÇÃO CNE/CEB N° 2, de 11 de fevereiro de 2001 que aponta como foco do processo de inclusão/adaptação os educandos que:

> durante o processo educacional, apresentarem: I - dificuldades acentuadas de aprendizagem ou limitações no processo de desenvolvimento que dificultem o acompanhamento das atividades curriculares, (...); II - dificuldades de comunicação e sinalização diferenciadas dos demais alunos, demandando a utilização de linguagens e códigos aplicáveis; III - altas habilidades/superdotação, grande facilidade de aprendizagem que os leve a dominar rapidamente conceitos, procedimentos e atitudes.

Todos os alunos podem se beneficiar de um processo de inclusão e/ou adaptação curricular. Nesse sentido, Ribeiro (2015, p.5) aponta que conceituar dificuldade escolar também é uma prática pouco difundida entre os educadores. Muitas vezes a culpa recai sobre "questões socioeconômico-culturais do alunado que, evidentemente, em países com carências tão grandes e continentais como o Brasil, fazem todo o sentido".

Mais uma vez, demonstra-se que a adaptação curricular atende tanto aos alunos com disfunções, transtornos ou déficits quanto aos que apresentam uma dificuldade escolar que pode estar simplesmente relacionada ao método de ensino ou a outras questões exteriores como as citadas anteriormente (sociais, econômicas, emocionais etc.).

ADAPTAÇÃO CURRICULAR NA EDUCAÇÃO INFANTIL. FAZ SENTIDO?

Se já entendemos que a adaptação curricular pode ser aproveitada por todos os alunos, resta pensar se faria sentido ser aplicada desde a Educação Infantil, em que diz o senso comum não há um currículo pedagógico tão profundo, extenso e complexo como nos outros segmentos.

Assim, é definida a criança nas Diretrizes Curriculares Nacionais da Educação Infantil (2009), art 4º:

> sujeito histórico e de direitos, que, nas interações, relações e práticas cotidianas que vivencia, constrói sua identidade pessoal e coletiva, brinca, imagina, fantasia, deseja, aprende, observa, experimenta, narra, questiona e constrói sentidos sobre a natureza e a sociedade, produzindo cultura.

E no artigo 8º fala que a

> proposta pedagógica das instituições de Educação Infantil deve ter como objetivo garantir à criança acesso a processos de apropriação, renovação e articulação de conhecimentos e aprendizagens de diferentes linguagens, assim como o direito à proteção, à saúde, à liberdade, à confiança, ao respeito, à dignidade, à brincadeira, à convivência e à interação com outras crianças.

Por fim, no artigo 9º, traz que as práticas pedagógicas da educação infantil devem, entre outras coisas, promover o conhecimento de si e do mundo, favorecer a imersão da criança em diferentes linguagens, incentivar a curiosidade, exploração, questionamento etc.

Somente com base nesses três trechos da DCNEI, já é possível entender o quanto faz sentido pensarmos em adaptação curricular na educação infantil.

O currículo da educação infantil está baseado, segundo a BNCC, em cinco campos de experiência, correlatas com a disposição das DCNEI, sendo eles: **O eu, o outro e o nós**; **Corpo, gestos e movimen-**

tos; Traços, sons, cores e formas; Escuta, fala, pensamento e imaginação; Espaços, tempos, quantidades, relações e transformações. Cada campo engloba diferentes objetivos de aprendizagem e pode e deve ser adaptado para tirar de cada criança seu potencial máximo.

Usaremos um exemplo do campo "o eu, o outro e o nós" para pensarmos sobre isso. Um dos objetivos desse campo é: "Comunicar-se com os colegas e os adultos, buscando compreendê-los e fazendo-se compreender".

Levando em consideração tudo o que foi levantado, é função do professor junto à equipe (escola e família) observar e cuidar de que essa comunicação aconteça. Ela, provavelmente, não será igual para todas as crianças. Cada uma terá maneiras diferentes de se comunicar e de se relacionar consigo mesmo e com os outros. Essa diferença poderá se dar por uma simples questão do desenvolvimento típico da criança. Aquelas mais estimuladas tendem a desenvolver a linguagem de uma maneira mais rápida do que outras crianças pouco estimuladas, por exemplo. Além das questões normais do desenvolvimento infantil, podemos já estar diante de outros problemas que poderão indicar algum tipo de necessidade especial mais para frente. Diante de cada situação dessa, o professor terá que usar diferentes estratégias para favorecer que a comunicação aconteça e que cada criança consiga se fazer entender.

Criadora da metodologia de Classificação Digital para Reenquadramento de Aprendizagem, Ribeiro (2015, p. 45) aponta que o processo de adaptação curricular traz a possibilidade de intervenção sob a visão da diversidade escolar, tornando-a uma diferença motivadora e necessária, além de fazer um resgate motivacional do estudante.

Para isso, em sua metodologia, traz a importância de que o ensino tenha como base uma metodologia centrada na criança, nas suas habilidades, nas suas potencialidades e não em suas deficiências.

O risco que corremos ao pensar em "adaptações curriculares" sem olharmos para a criança em si, é adaptar mais do mesmo. Mudar a pergunta sem mudar a forma de perguntar. Transformar as atividades em outras atividades semelhantes, sem mudar a intencionalidade por atrás dela. Mudar a prática sem transformar a vida daquele aluno que está precisando de atenção especial. Especial não por ser melhor ou ser diferente, mas na própria concepção da palavra, *aquilo que não é geral, que diz respeito a uma coisa ou a uma pessoa; individual, particular.*

Adaptar sem mudar o foco, o entendimento ou o olhar é continuar promovendo um sistema em que o estudante é visto como mais um, como um problema, como alguém que precisa simplesmente tirar uma nota e ser aprovado.

COMO ADAPTAR O CURRÍCULO BILINGUE NA EDUCAÇÃO INFANTIL?

Já vimos que não só faz sentindo, como se faz necessário adaptar o currículo da Educação Infantil de acordo com as necessidades das crianças. Mas como essa adaptação ocorreria?

Dentre tantas possibilidades, teremos como pano de fundo a metodologia CDRA que "surge para atender a esta demanda, essencialmente prática, de como adaptar e adequar atividades diárias e provas escolares para atender alunos com necessidades educacionais especiais" e que, para além desses casos específicos, traz para toda a comunidade escolar um novo olhar e novas possibilidades de atuação.

Dos cinco objetivos colocados na metodologia (Ribeiro 2020, p. 76), vamos usar três como guias:

1. Resgatar o professor em seu valioso papel de rastreador e interventor
2. Reduzir, significativamente, o excesso de encaminhamentos de alunos para a rede de saúde.
3. Tornar minoria e fornecer condições para a atuação do professor com alunos de inclusão.

Isso para reafirmar que o foco no infantil não é tanto o conteúdo, pois, como vimos, o currículo do infantil está voltado a campos do conhecimento, mas "viabilizar um novo modelo de formação e de atuação para os profissionais da educação em relação ao grupo heterogêneo que eles possuem em mãos" (Ribeiro, 2020, p. 76). O foco recai sobre a formação dos professores para que eles possam intervir de maneira assertiva, já pensando nos anos que virão e que trarão desafios diferentes aos enfrentados na educação infantil.

Se o professor entende sua missão em identificar e atuar com essa diversidade, seus alunos terão enormes chances de receberem uma intervenção ainda mais precoce quando pensamos em ambiente escolar.

Para pensar em adaptação curricular na educação infantil, essa formação deve levar profundamente em consideração as funções executivas (que já são uma das bases teóricas de toda a metodologia CDRA). Citando Marques, Amaral e Pantano (2020), Ribeiro (2020, p. 107) explicita que funções executivas são o conjunto de habilidades que, de forma integrada, permitem ao indivíduo direcionar comportamentos e metas, avaliar a eficiência e a adequação dos comportamentos, bem como priorizar ou abandonar estratégias, viabilizando a resolução de problemas e a autorregulação. As principais são: Controle inibitório, que está ligada à capacidade atencional e de foco; Memória operacional, ligada ao armazenamento e à utilização de informações aprendidas e; Flexibilidade Mental, ligada à habilidade de mudança e de adaptação de respostas diante de estímulos do ambiente.

Perfeito para pensar adaptação na educação infantil. Que estratégias usar para estimular melhor essas funções? Como sair das atividades prontas do currículo e fazer com que elas alcancem uma criança que apresenta um alto grau de frustração diante de um desafio? Como ajudar a criança a se autorregular e buscar novas estratégias para resolver aquele problema? Problema esse que pode ser extremamente simples, como encaixar uma forma geométrica em seu respectivo lugar, mas que exige da criança habilidades específicas, como as já descritas anteriormente.

É na educação infantil que podemos começar a trabalhar com as crianças concentração, atenção, foco, memória e flexibilidade mental. Tudo de acordo com sua idade e suas capacidades.

É ali também que esse professor, bem formado, conseguirá fazer uma intervenção precoce, após usar as técnicas de observação e de intervenção, e perceber que, mesmo diante de diferentes estratégias, a criança ainda apresenta dificuldades e pode ser beneficiada por um olhar mais amplo de outros profissionais. Deixando claro que o objetivo nunca é simplesmente "laudar", identificar um transtorno ou deficiência e rotular a criança como geralmente ouvimos e vemos por aí, mas realmente entender seu funcionamento e, em equipe, descobrir como atuar de maneira a fazer com que os alunos avancem o máximo possível dentro de suas condições, gerando, em cada um deles, sentimentos de pertença, motivação, curiosidade e fazendo-os seguir de uma maneira positiva dentro do "fluxo da aprendizagem de acordo com suas especificidades" (Ribeiro, 2020, p. 184).

CONCLUSÃO

Ao pensar na Educação Infantil, precisamos entender que essa é uma fase de extrema importância na formação do indivíduo.

Por meio de um currículo lúdico, voltado aos campos de experiências, repleto de brincadeiras e tempos de aprendizagem, os educadores da educação infantil começam um longo caminho de formação do indivíduo.

Ainda que, em nenhum momento, deixamos a importância da família na formação da criança de lado, a realidade das escolas bilíngues (e das regulares cada vez mais) é nos depararmos com mais e mais crianças passando de 8 a 10 horas na escola. Só em 2019, segundo dados do INEP, mais de 56% das crianças matriculadas na educação infantil foram em tempo integral.

Esse dado traz o peso e a força que a educação infantil tem atualmente. É imprescindível que os educadores que atuam nesse segmento recebam o mesmo grau de importância e de seriedade em suas formações do que os de outros segmentos.

E, tendo essa formação, percebam a importância que uma intervenção precoce pode ter no desenvolvimento integral de cada criança.

O ideal e, segundo a metodologia CDRA, possível é perceber que cada criança tem uma necessidade, seja especial e mais permanente, seja mais imediata e momentânea.

Cabe ao educador, com o apoio da escola, a compreensão e parceria da família, fazer com que a adaptação sirva para todos os alunos que estiverem sob seus cuidados, fazendo do processo de desenvolvimento um caminho mais suave, profundo e encantador para cada um dos envolvidos.

REFERÊNCIAS

Brasil (2001). CNE. CEB. *Resolução n. 2, de 11 de setembro de 2001*, que institui as Diretrizes Nacionais para a Educação Especial na Educação Básica. Brasília.

Brasil (2006). *Direito à educação: subsídios para a gestão dos sistemas educacionais*: orientações gerais e marcos legais / Organização: Ricardo Lovatto Blattes. – 2. ed. – Brasília: MEC, SEESP.

Brasil (2013). *Diretrizes Curriculares Nacionais Gerais da Educação Básica* / Ministério da Educação. Secretaria de Educação Básica. Diretoria de Currículos e Educação Integral. Brasília: MEC, SEB, DICEI.

Carvalho, R. E. (2008). *Escola Inclusiva: a reorganização do trabalho pedagógico.* Porto Alegre: Mediação.

Chediak, S. (2019). *Biletramento na Educação Bilíngue Eletiva: aquisição do português e inglês em contexto escolar.* 1ª edição. Curitiba: Appris.

Declaração De Salamanca (1994): *Sobre Princípios, Políticas e Práticas na Área das Necessidades Educativas Especiais,* Salamanca-Espanha

Diretrizes Curriculares Nacionais Para a Educação Infantil. *Resolução CNE/CEB 5/2009.* Diário Oficial da União, Brasília, 18 de Dezembro de 2009b, Seção 1, P. 18

INEP (2020). *Matrículas no tempo integral aumentam no ensino médio.* Disponível em: <http://inep.gov.br/artigo/-/asset_publisher/B4AQV9zFY7Bv/content/matriculas-no-tempo-integral-aumentam-no-ensino-medio/21206>. Acesso em 30/03/2021.

Ribeiro, R. M. (2020). *A Cada um o que é seu: metodologia CDRA: referência em defasagens educacionais e adequações/adaptações curriculares.* 1ª ed. – São Paulo: Núcleo Aprende.

Ribeiro, R. M. (2015). *Classificação para Reenquadramento de Aprendizagem.* São Paulo: Editora Desafio.

O HUMOR ALIADO ÀS ADAPTAÇÕES CURRICULARES E SUAS IMPLICAÇÕES NO PROCESSO DE ENSINO E APRENDIZAGEM NO CONTEXTO DA EDUCAÇÃO INCLUSIVA

Diogo Almeida

Rosana Mendes Ribeiro

Priscila Silveira Martins

RESUMO

Embora haja relativo consenso sobre o potencial facilitador do humor na aprendizagem, seu uso sistemático e intencional no contexto educacional está longe de ser uma realidade. Para avançarmos na direção de uma educação inclusiva e de qualidade para todos, estratégias pedagógicas que envolvam o humor têm enorme potencial. No entanto, para que seja eficaz, é necessário que o humor seja submetido ao rigor da metodologia científica. Ao longo das últimas décadas, diferentes autores vêm contribuindo para formação de uma sólida base teórica acerca do tema. De fato, o humor é um fenômeno complexo, intrigante e transversal, que perpassa diferentes áreas do conhecimento. Compreender o humor e como ele opera é um passo fundamental para transformá-lo em ferramenta eficaz de aprendizagem e de inclusão. Este trabalho, que nasce do encontro entre um humorista (que foi professor), uma fonoaudióloga educacional e uma neuropediatra, pretende discutir o humor e o seu papel na adaptação curricular a partir de uma perspectiva abrangente e multidisciplinar, articulando aspectos teóricos e práticos. Partindo de um referencial teórico consistente, o texto analisa ainda, à luz das evidências científicas atuais, os potenciais impactos da introdução do humor no cotidiano escolar para além do aprendizado – como na saúde mental de professores e de alunos, nos vínculos e no ambiente escolar. Ao final, teoria e prática convergem na demonstração de um modelo de intervenção educacional que associa a Metodologia CDRA – referência em adaptação curricular e defasagem pedagógica - ao humor.

Palavras-chave: Humor; Ensino; Aprendizagem; Ludicidade; Adaptações Curriculares.

INTRODUÇÃO

O humor é um fenômeno universal e onipresente, que permeia nossa interação com o mundo. Apesar de sua aparente simplicidade e leveza, o humor é de natureza múltipla e complexa, que alcança diferentes áreas do conhecimento, como as Ciências Sociais (Sociologia, Filosofia e Psicologia, entre outros), a Linguística, a Neurociência e até a Tecnologia da Informação. Apesar de ter desafiado mentes ilustres no passado - como as de Aristóteles, Freud e Darwin, entre outros – o estudo mais aprofundado e sistemático do humor só teve início nas últimas décadas (Martin & Kuiper, 2016). Os efeitos pedagógicos do humor também têm sido intensamente pesquisados, contribuindo para a formação de uma base teórica sólida e abrangente sobre o tema (Banas,2011).

Este artigo pretende demonstrar que a prática docente, aliada ao humor e às adaptações curriculares, poderá criar um ambiente efetivamente inclusivo. Para isso, o assunto é apresentado de forma abrangente e bastante completa, contemplando e articulando aspectos teóricos e práticos. Este texto começa pela revelação de sua origem: um encontro multidisciplinar tão rico quanto inusitado, do qual surgiu a ideia de estudar e misturar humor e educação. Posteriormente, as bases teóricas do humor são apresentadas, desde seus aspectos conceituais e históricos até os mecanismos cerebrais envolvidos. A partir desse ponto, as evidências científicas mais recentes em relação à aplicação pedagógica do humor são discutidas. Finalmente, a metodologia CDRA é, então, apresentada de forma resumida, seguida de um exemplo de sua aplicação prática.

A partir dos autores pesquisados e a partir dos conceitos e das práticas sobre processos de inclusão, de humor e de adaptações curriculares, tornou-se possível defender a tese de que estratégias de adaptação curricular aliadas ao riso são fortes indicadores de uma didática prepositiva do professor em sala de aula.

COMO TUDO COMEÇOU

A HISTÓRIA DO PROFESSOR QUE VIROU HUMORISTA E SEU ENCONTRO COM A METODOLOGIA CDRA[1] E A NEUROLOGIA

Filho de mãe professora, Diogo Almeida nasceu em 14 de julho de 1983 na cidade de Caçapava, Vale do Paraíba paulista. Graduou-se em Rádio e TV, tirou MTB em Jornalismo, posteriormente, com formação adicional em Gestão de Pessoas e uma pós-graduação em Administração. Trabalhou como professor por sete anos, atuado também como coordenador pedagógico de docentes.

A trajetória humorística de Diogo começou em 2012 como uma atividade paralela, mas foi a partir de 2017 que a fusão de seus talentos como professor e artista revelaram toda sua força. Todo seu conteúdo cômico passou a se concentrar no cotidiano escolar, resultando em textos e em roteiros ágeis, irônicos e hilários. Em pouco tempo, surgia o show "Vida de Professor", um sucesso absoluto de público, tanto em teatros Brasil a fora quanto no *YouTube*.

A resposta da classe docente foi imediata, inundando de mensagens as redes sociais de Diogo, aos poucos transformada em rede de troca/apoio com os educadores, rendendo a ele o apelido de "Influenciador dos professores". Almeida possui ainda dois livros publicados, "Um Anjo de Mochila Azul" [2] e "Elvis: O som da inclusão"[3], ambos trazendo temas relevantes relacionados ao ambiente escolar. Todo o lucro deste último projeto é revertido para a formação de professores na educação inclusiva. Segundo Diogo, a identificação com a profissão que abraçou por sete anos levou-o a querer estimular debates e criar projetos que usam o humor como ferramenta para uma transformação ambiciosa na educação.

---

1 Referência em defasagens pedagógicas e adaptações curriculares

2 ALMEIDA, Diogo. Um anjo de mochila azul. São Paulo: Novo Século, 2020. 256 p. ISBN 9788542817225

3 ALMEIDA, Diogo. Elvis: o som da inclusão. Porto Alegre: Vienense, 2021. 256 p. ISBN 978-65-9941096-9-0

Almeida abriu recentemente suas plataformas digitais para amplificar o trabalho da Dra. Rosana Mendes Ribeiro, fonoaudióloga educacional de formação, mãe de uma jovem com Deficiência Intelectual, autora do livro "A cada um o que é seu"[4] e criadora do método CDRA (Classificação Digital para Reenquadramento de Aprendizagem), metodologia que orienta o trabalho inclusivo com alunos com diferentes problemas de aprendizado. Ao lado dela, Almeida amplificou a discussão sobre o assunto, abordado ao fim de cada evento de lançamento do seu segundo livro[3].

> O trabalho dela é ao mesmo tempo simples e revolucionário. Com o método, é possível classificar o grau de aprendizagem em quatro grandes grupos e adaptar o ensino para que os alunos com dificuldades possam evoluir. O resultado tem sido surpreendente e comovente para professores, pais e alunos.

Diogo e Rosana recebem agora a contribuição de Priscila Martins, neuropediatra, que sempre trabalhou pela inclusão efetiva de seus pacientes, tornando-se cada vez mais convicta da importância de aproximar o professor das neurociências. Ao se deparar com a Metodologia CDRA – na qual hoje é licenciada –, viu-se profundamente impactada pelo potencial transformador dessa ferramenta, desejando contribuir para sua multiplicação. Agora, os três se unem neste novo projeto, que objetiva impactar práticas pedagógicas e a didática do professor, demonstrando os efeitos positivos do humor aliado às adaptações curriculares baseadas no funcionamento cerebral de nossas crianças.

COMÉDIA E APRENDIZAGEM: O ASSUNTO É SÉRIO!

Para introduzir este tema, dois *cases* de sucesso, bastante interessantes, envolvendo humor e aprendizagem, serão brevemente relatados e discutidos.

O primeiro teve início na década de 1980, na Califórnia, com uma ideia tão criativa quanto inusitada: a criação de um curso de direção defensiva, no qual todo conteúdo era apresentado em forma de piadas[5]. Tradicionalmente, estes cursos – destinados a infratores de

---

4 RIBEIRO, Rosana Mendes. A cada um o que é seu: metodologia CDRA: referência em defasagens educacionais e adequações/adaptações curriculares. São Paulo: Núcleo Aprende, 2020. 218 p. ISBN 978-65-00-02214-8

5 Traffic School by Improv. Disponível em: https://en.wikipedia.org/w/index.php?title=Traffic_School_by_Improv&oldid=1016355757.

trânsito e de caráter punitivo – eram tão monótonos quanto ineficazes. Diante da inédita possibilidade de escolha, um número crescente de motoristas passou a optar pela versão cômica do curso. Ao final, contrariando todas as expectativas, experiências de diversão e de aprendizado eram relatadas (Batuman, 2009). Esse modelo, um absoluto sucesso, foi replicado e aprimorado ao longo dos anos e hoje conta com uma versão on-line e o apoio dos órgãos oficiais de trânsito[6].

Agora vamos ao segundo caso. Em artigo recente, a jovem escritora e comediante Allison Reese (2022) fala de seu mais novo projeto: a criação de um treinamento corporativo, visando evitar o assédio no ambiente de trabalho. Ela conta como o humor é essencial para aumentar a empatia e quebrar resistências, facilitando a escuta da mensagem, de preferência de forma empática e humana (Strick et al., 2012). Pitadas de comédia, adicionadas de forma planejada e cuidadosa, ajudam a quebrar resistências e dissipar tensões que envolvem assuntos complexos e sensíveis. Além disso, essa estratégia tende a aumentar a atenção e retenção dos conteúdos abordados (Stoyanova, 2015). Assim, também no mundo corporativo, o humor vem sendo cada vez mais valorizado, e profissionais como Reese conquistam cada vez mais espaço em treinamentos e em formações de lideranças nas empresas.

Embora, à primeira vista, segurança no trânsito e ética no trabalho pareçam tópicos não relacionados, os casos relatados têm em comum um importante aspecto: ambos se referem a situações de baixa probabilidade de aprendizado, revertidas em aprendizados concretos por meio do humor. A intenção aqui não é narrar efeitos milagrosos, mas sim apontar como, nos dois casos, o humor foi capaz de "virar o jogo". É importante sublinhar ainda que não se trata de acrescentar humor de forma indiscriminada. O humor, para ser eficaz, precisa ser usado de forma sábia, estratégica e responsável.

Assim, ao fazer referência a situações de baixa probabilidade de aprendizagem e a problemas complexos relacionados à saúde mental de professores e estudantes, esses casos corroboram e ilustram o presente trabalho, que traz os problemas de aprendizagem e a inclusão como temas centrais.

---

6 Accidental Laffs: Defensive Driving by Impov uses Humor to Educate Arizona Drivers with Online Traffic School. Phoenix, fev. 2010. Disponível em: https://www.prweb.com/releases/2010/02/prweb3632354.htm.

HUMOR: BASES TEÓRICAS

O QUE É HUMOR?

O humor faz parte de uma categoria de conceitos – assim como a liberdade - que são fáceis de entender e difíceis de explicar. Afinal, mesmo cientes das enormes diferenças entre um desenho animado e um texto irônico, por exemplo, identificamos um traço comum entre eles, que é a sensação que ambos são capazes de provocar. Ao longo do tempo, diversas correntes teóricas surgiram buscando definir esse fenômeno, como a Teoria da Superioridade, da Tensão-Relaxamento e da Incongruência, entre outras (Figueredo, 2012; Watson, 2015). Todas elas parecem incompletas, admitindo-se hoje a coexistência de elementos de diferentes teorias em um mesmo material humorístico (Figueredo, 2012).

No sentido empregado neste texto, considera-se humor "[...] quaisquer eventos ou formulações discursivas, intencionadas ou inadvertidas, que provoquem experiências cognitivas culturalmente partilhadas capazes de suscitar o riso e providenciar divertimento" (Jerônimo, 2015). Tem como sinônimo o termo "comicidade", enquanto "comédia" se refere originalmente a um gênero dramático, sendo uma das muitas formas de manifestação do humor. "Senso de humor" denota a forma peculiar como um indivíduo percebe, processa e expressa o humor (Warren et al., 2018), enquanto o "riso" consiste na sua expressão ou manifestação comportamental (Jerônimo, 2015). Apesar das diferenças conceituais, se entendidos no sentido mais abrangente, esses termos podem ser usados de forma intercambiável.

O HUMOR E SEUS "SUPERPODERES"

Para além do propósito de divertir, o humor pode ter diversas outras funções, com potenciais impactos tanto no nível individual - na saúde física e mental, por exemplo - quanto coletivo. No que se refere aos efeitos na sociedade, o humor tende a fortalecer vínculos e melhorar a qualidade das relações interpessoais (Dezecache & Dunbar. 2012). O humor é também uma poderosa arma de comunicação, com surpreendente capacidade de alcance e persuasão – já explorados há muitos anos pela publicidade, por exemplo (Eisend, 2011). Desde que bem colocadas, piadas podem quebrar resistências e tensões, alertando ou trazendo leveza a temas sensíveis ou controversos.

No que se refere à saúde dos indivíduos, o humor parece favorecer o equilíbrio físico e emocional, reduzindo o estresse e a sensação de isolamento. Há evidências que apontam ainda outros efeitos interessantes, como aumento da criatividade, da motivação e da persistência (Cheng & Wang, 2015). O humor é também um fator de proteção contra ansiedade e depressão (Menéndez-Aller et al., 2019), tendo diversas aplicações na psicologia e psiquiatria (Rudnick et al., 2014). Há indícios ainda de impactos na saúde física, com potenciais efeitos anti-hipertensivos, imunológicos e analgésicos. Com base nesses achados, intervenções que envolvem humor têm sido usadas em pacientes oncológicos e com dor crônica, por exemplo (Savage et al., 2017; Wal & Kok, 2019).

Por óbvio, como qualquer ferramenta, se em mãos erradas, o humor pode servir a propósitos pouco nobres, nutrindo a intolerância, o preconceito e o ódio (Janes & Olson, 2015). Porém, felizmente, mesmo nesses casos, o humor pode também representar uma forma não violenta de resistência (Marsh & Sliwa, 2022). Por tudo isso, o humor é considerado hoje um potente instrumento de transformação social, e seu papel no mundo atual se mostra cada vez mais relevante.

PROCESSAMENTO CEREBRAL DO HUMOR

Apesar das diferentes teorias existentes, na perspectiva da neurociência, o humor é entendido e estudado a partir da teoria da incongruência (Samson et al., 2009; Chan et al., 2013). Por incongruência, entende-se a presença de estímulo, associação ou configuração que contraria a expectativa ou lógica vigente (Figueredo, 2012). Segundo esse paradigma, o humor resulta da reação do cérebro à presença simultânea de elementos discrepantes, podendo ser uma associação inédita, exagerada ou bizarra, por exemplo (Watson, 2015).

De acordo com esse modelo, esse processo se inicia com a <u>detecção</u> pelo cérebro, do estímulo incongruente, resultando em algum nível de ambiguidade ou conflito a ser resolvido (Neely et al., 2012). Visando à reconciliação desses elementos, há o recrutamento dos recursos cerebrais necessários (perceptivos, atencionais, linguísticos etc.) para a <u>interpretação</u> e <u>resolução da incongruência</u> (Chan et al., 2013; Vrticka et al., 2013). Ao completar essa tarefa, o cérebro é recompensado, e a tensão prévia é substituída por uma sensação positiva, de prazer - que é típica de uma vivência de humor. Esta é a fase de apreciação do humor (Neely et al., 2012).

Nesse modelo, o processamento do humor inclui 2 aspectos distintos: o cognitivo - detecção, interpretação e resolução da incongruência - e o emocional – a apreciação (Shibata et al.,2014). Além desses, uma experiência de humor pode ainda se traduzir – ou não – em termos comportamentais, levando ao riso ou à gargalhada, por exemplo. Todos esses aspectos podem variar amplamente em termos quantitativos e qualitativos.

Do ponto de vista neurobiológico, estudos, utilizando recursos de ressonância funcional, por exemplo, indicam que, apesar das múltiplas fontes de variação do humor, seu processamento leva ao envolvimento de uma ampla rede cerebral, que inclui regiões cerebrais responsáveis pelo processamento linguístico, atencional, executivo e emocional, entre outras. Dentre essas áreas, destacam-se as regiões temporais médias, as áreas frontais e as junções temporo-occipto-parietais (Vrticka et al., 2013). Na fase de apreciação, há ativação das estruturas límbicas e das estruturas que formam o circuito de recompensa, com especial destaque ao papel das amigdalas cerebrais. A experiência prazerosa e positiva dessa fase decorre da liberação de uma enorme quantidade de dopamina nesse circuito (Mobbs et al., 2003).

HUMOR, APRENDIZAGEM E INCLUSÃO

COMO O HUMOR AFETA A MEMÓRIA E APRENDIZAGEM

O funcionamento dos sistemas de memória nos possibilita armazenar informações por períodos variáveis, para que sejam posteriormente resgatadas. Essa habilidade depende de múltiplos e complexos processos, sendo a aquisição da informação ou o aprendizado a etapa inicial. Esses processos representam gasto energético e têm capacidade limitada, sendo crucial a seleção dos estímulos a serem processados e armazenados (Lent, 2010).

Informações ou estímulos contendo humor têm maior probabilidade de serem percebidos, armazenados e resgatados em nosso cérebro. Por associação, as informações que acompanham o estímulo cômico também recebem o mesmo tratamento. Assim, ao associarmos uma informação que pretendemos que seja retida com um estímulo cômico, podemos favorecer sua percepção e sua retenção. Esse efeito - denominado *humor effect* – já foi comprovado em diferentes contextos, por exemplo, desenhos animados (Schmidt & Williams, 2001), histórias (Stoyanova, 2016) e na publicidade (Eisend, 2011; Warren et al., 2018).

No entanto, a aplicação pedagógica dessa estratégia requer cuidados e ajustes, por exemplo, na calibragem (nível de complexidade) e no alinhamento (relação com o conteúdo) do conteúdo humorístico. Caso contrário, ao invés de facilitador, o humor pode funcionar como um distrator ou representar sobrecarga cognitiva (Jordan et al., 2019). Além disso, espera-se que esses efeitos, medidos e comprovados em grupos de pesquisas, apresentem variações entre os indivíduos em função de variáveis como temperamento, senso de humor e preferências pessoais, entre outros (Machlev & Karlin, 2016).

Em síntese, o humor tem potencial de aumentar a atenção a um estímulo, favorecendo também seu armazenamento e possivelmente sua evocação pelos sistemas de memória (Strick et al., 2010). Esses efeitos estão intrinsecamente relacionados à forma com que o humor é processado no cérebro, cabendo resgatar aqui os pontos principais: 1) a experiência de humor, em termos cerebrais, é constituída por 2 componentes distintos – o cognitivo e o emocional. 2) o estímulo contendo humor é considerado prioritário pelo cérebro em termos de processamento, passando na frente de outros estímulos. Assim, é razoável inferir que o humor é reverenciado pelo cérebro, que parece tratá-lo como um visitante ilustre ou uma celebridade. Uma experiência de humor é interpretada como algo saliente e relevante do ponto de vista cognitivo, emocional e social.

PEDAGOGIA E HUMOR: PANORAMA CIENTÍFICO ATUAL

As camadas de complexidade que envolvem o humor, em todo o seu espectro, trazem enormes desafios para o olhar objetivo e sistemático da ciência. As inúmeras variáveis envolvidas, tanto aquelas relacionadas ao humor (tipos, formas e conteúdo do humor, entre outras) quanto às características individuais (gênero, idade, grupo social, preferências individuais etc.) e ao conteúdo a ser ensinado – desafiam os pesquisadores (Chan, 2016). Diversas estratégias de compensação vêm sendo usadas com o objetivo de driblar esses obstáculos - como análises separadas por tipo de humor e criação de questionários e escalas (Martin & Kuiper, 2016), entre outras.

Os impactos pedagógicos do humor vêm sendo mensurados em diferentes disciplinas e contextos, como no ensino de línguas (Andrade & Rauen, 2017), na matemática (Tap et al., 2019), e até por meio de memes na internet (Lima & Porto, 2022). Uma revisão da literatura dos últimos 40 anos de pesquisas sobre humor e educação concluiu que, a despeito das limitações citadas, o uso do humor (positivo, não agressivo) apresenta clara correlação com um melhor ambiente de aprendizado, além de maior persistência e motivação para o aprendizado (Cheng & Wang, 2015) além de melhores avaliações dos instrutores (Banas et al., 2011). A conclusão de outra publicação, muito citada, foi mais longe ao afirmar que, além de melhorar atmosfera da sala de aula (Meirovich, 2012) e favorecer a retenção do conteúdo, o uso do humor (se adequado e relacionado ao tópico) trouxe também novas perspectivas sobre o assunto estudado, levando a novos *insights* (Garner, 2006). Em outra pesquisa, observou-se que o humor se associou não apenas à retenção do conteúdo, mas também à sua compreensão (Ferstl et al., 2017).

A literatura oferece também algumas recomendações em relação ao uso de humor no contexto escolar (Banas et al., 2011; Garner, 2006). Dentre elas, há consenso em torno da importância do humor positivo - não agressivo e/ou não depreciativo (Perchtold, 2019; Ziv, 1988). Além disso, é enfatizada a necessidade de que seja adequado à idade ou ao nível de desenvolvimento, além de relevante e vinculado ao conteúdo que se pretende favorecer (Wanzer et al., 2006; Ziv, 1988).

Muito embora, na perspectiva inclusiva, as adaptações curriculares não se limitem ao âmbito da educação especial, algumas especificidades desta população demandam cuidados adicionais. Dados sobre o humor em grupos específicos - como o Transtorno do Desenvolvimento Intelectual (TDI) e o Transtorno do Espectro Autista (TEA) - são ainda mais escassos. Um dos poucos trabalhos encontrados demonstrou, por exemplo, capacidade de compreensão do humor – principalmente se associado a gestos - em crianças com déficit cognitivo leve a moderado (Degabriele & Walsh, 2010). De fato, apesar de ser um caminho promissor, pesquisas mais robustas são necessárias para que esse recurso seja usado de forma mais eficaz na prática educacional inclusiva.

A METODOLOGIA CDRA: ADAPTAÇÃO CURRICULAR COM HUMOR E RESPEITO À NEUROCIÊNCIA

Adaptações curriculares – entendidas como ajustes necessários para tornar o currículo apropriado para todos os alunos – constituem uma importante ferramenta de inclusão (Brasil, 1998). A maioria das adaptações curriculares são de pequeno porte (ou não significativas) e estão no campo de atuação do professor, podendo envolver mudanças em metodologias, objetivos, conteúdos e/ou critérios de avaliação.

A adaptação de provas e de atividades escolares são os principais focos da metodologia CDRA, referência em defasagens pedagógicas e adaptações curriculares. Pautada pela ciência e pelo respeito ao trabalho do professor, essa abordagem oferece uma valiosa ferramenta para a prática inclusiva (RIBEIRO, 2020). Tendo como pilares os processos de formação, mapeamento e intervenção, a Metodologia CDRA possibilita a melhor compreensão das necessidades de cada aluno, dando ainda acesso a diversos recursos a serem usados com total autonomia pelo professor. O mapeamento permite a classificação do(s) aluno(s) em 4 grupos (aprendizagem regularizada; tendência a dificuldades escolares; tendência a transtornos funcionais e tendência a déficits intelectuais), cada um representando um padrão de funcionamento em termos de aprendizagem. Para cada grupo, são previstos objetivos e estratégias específicas, que servem como pontos de partida para o trabalho inicial, podendo ser continuamente aprimorado e individualizado. Embora quadros como a dislexia e o autismo sirvam como referências nos diferentes grupos, o mapeamento não tem papel diagnóstico, mas sim o de indicar a situação atual do aluno, possibilitando o início imediato da intervenção.

O foco da metodologia na adaptação de provas traz interessantes vantagens, como impacto quase imediato, a possibilidade de avaliações mais justas e fidedignas e a redução da ansiedade e da frustração relacionadas às situações de prova. Além disso, essa estratégia aproveita - e otimiza - a função didática inerente aos testes (Butler, 2010). Efeitos positivos em termos de motivação e autoeficácia atribuídos ao humor também são observados com a metodologia CDRA, sugerindo provável sinergismo na associação dessas duas abordagens (Lujan & Dicarlo, 2016). A seguir, um exemplo comentado de uma questão adaptada usando a Metodologia CDRA aliada ao humor.

CONCLUSÃO

Por tudo que foi discutido neste texto, é possível afirmar que o humor é um fenômeno tão intrigante e relevante quanto complexo. A despeito dos desafios impostos, seu uso representa um universo de possibilidades.

Este trabalho começa narrando suas próprias origens para depois apresentar os aspectos teóricos mais relevantes acerca do tema de forma abrangente e cientificamente embasada. Dentro das limitações temáticas, o texto aborda a união de diferentes áreas de estudo por meio de seus autores, além do humor inserido no contexto das estratégias de adaptação curricular e suas reações — tais como a alegria, a felicidade e o prazer — para sustentar que, quando há espaço para essas reações na escola, a aprendizagem efetiva-se com maior facilidade. Assim, o uso do humor aliado às adaptações curriculares aparece como uma estratégia promissora para promover o aprendizado e a saúde mental, ajudando na construção de ambientes escolares mais saudáveis – aspecto essencial na construção de um ensino inclusivo e de qualidade.

REFERÊNCIAS

AccidentalLaffs (2010): Defensive Driving by Improv uses Humor to Educate Arizona Drivers with Online Traffic School. Phoenix, 23 fev. 2010. Disponível em: https://www.prweb.com/releases/2010/02/prweb3632354.htm. Acesso em: 24 ago. 2022.

Almeida, D. (2021). *Elvis: o som da inclusão.* 1. ed. Porto Alegre: Vienense. 256 p. ISBN 978-65-9941096-9-0.

Almeida, D. (2020). *Um anjo de mochila azul.* 1. ed. São Paulo: Novo Século. 256 p. ISBN 9788542817225.

Andrade, L. M., & Rauen, F. J. (2017). O humor no ensino de línguas. *Letras de Hoje*, v. 52, n. 3, p. 351–360.

Banas, J. A., Dunbar, N., Rodriguez, D., & Liu, S. J. (2011). A review of humor in educational settings: Four decades of research. *Communication Education*, v. 60, n. 1, p. 115-144.

Batuman, E. (2009). Safe Laughs: The odd rise of comedy traffic school. *The New Yorker*. New York, Aug. Disponível em: https://www.newyorker.com/magazine/2009/08/31/safe-laughs. Acesso em: 17 maio 2023.

Brasil (1998). Secretaria de Educação Fundamental. *Parâmetros curriculares nacionais*: Adaptações Curriculares / Secretaria de Educação Fundamental. Secretaria de Educação Especial. – Brasília: MEC /SEF/SEESP. 62 p

Butler, A. C. (2010). Repeated testing produces superior transfer of learning relative to repeated studying. *Journal of Experimental Psychology: Learning, Memory, and Cognition*, v. 36, n. 5, p. 1118.

Chadwick, D. D., & Platt, T. (2018). Investigating humor in social interaction in people with intellectual disabilities: A systematic review of the literature. *Frontiers in Psychology*, v. 9, p. 1745.

Chan, Y.C., Chou, T.L., Chen, H.C., Yeh, Y.C., Lavallee, J.P., Liang, K.C., & Chang, K.E. (2013). Towards a neural circuit model of verbal humor processing: An fMRI study of the neural substrates of incongruity detection and resolution. *Neuroimage*, v. 66, pp.169-176.

Chan, Y.C. (2016). Neural correlates of sex/gender differences in humor processing for different joke types. *Frontiers in psychology*, v. 7, p. 536.

Cheng, D., & Wang, L. (2015). Examining the energizing effects of humor: The influence of humor on persistence behavior. *Journal of Business and Psychology*, v. 30, p. 759-772.

Degabriele, J., & Walsh, I. P. (2010). Humour appreciation and comprehension in children with intellectual disability. *Journal of Intellectual Disability Research*, v. 54, n. 6, p. 525-537.

Dezecache, G., & Dunbar, R.I.M. (2012). Sharing the joke: The size of natural laughter groups. *Evolution and Human Behavior*, v. 33, n. 6, p. 775-779.

Eisend, Martin. (2011). How humor in advertising works: A meta-analytic test of alternative models. *Marketing letters*, v. 22, p. 115-132.

Ferstl, E. C., Israel, L., & Putzar, L. (2017). Humor facilitates text comprehension: Evidence from eye movements. *Discourse Processes*, v. 54, n. 4, p. 259-284.

Figueredo, N. (2012). Porque rimos: um estudo do funcionamento do humor na publicidade. *Comunicação & Sociedade*, v. 33, n. 57, p. 171-198.

Garner, R. L. (2006). Humor in Pedagogy: How Ha-Ha can lead to Aha! *College Teaching*, v. 54, n. 1, p.177–180.

Improv Traffic School Review (2021): Traffic School by Improv. *In:*WIKIPEDIA: a enciclopedia livre. [São Francisco, CA: Fundação Wikimedia], 2021. Disponível em: https://www.defensivedriving.org/best-defensive-driving-course/improv-traffic-school-review/. Acesso em: 23 ago. 2022.

Janes, L.., & Olson, J. (2015). Humor as an abrasive or a lubricant in social situations: Martineau revisited. Humor- *International Journal of Humor Research*, v. 28, n. 2, p. 271-88.

Jerônimo, N. A. (2015). *Humor na sociedade contemporânea.* Orientador: Prof. Doutor José Carlos Venâncio. 2015. 268 p. Tese (Doutorado em Sociologia) - Faculdade de Ciências Sociais e Humanas da Universidade da Beira Interior, Covilhã.

Jordan, J., Wagner, J., Manthey, D. E., Wolff, M., Santen, S., & Cico, S. J. (2019). Optimizing lectures from a cognitive load perspective. *AEM education and training*, v. *4 n.* 3, p. 306-312.

Lent, R. (2010). Pessoas com História: As Bases Neurais da Memória e da Aprendizagem. *In*: R. Lent. *Cem Bilhões de Neurônios: Conceitos Fundamentais de Neurociência*. 2a. ed. São Paulo: Atheneu. cap. 18, p. 643-677. ISBN 978-85-388-0102-3.

Lima, C. S., & Porto, C. M. (2022). Memes de Internet: Comicidade Humor e Aprendizagem. *Seminário de Pesquisa do Programa de Pós-Graduação em Educação - SEPED*, n. 1. Disponível em: https://eventos.set.edu.br/seped/article/view/14890. Acesso em: 25 maio. 2023.

Lujan, H. L., & Dicarlo, S. E. (2016). Humor promotes learning! *Advances in physiology education*, v. 40, n. 4, p. 433-434.

Machlev, M., & Karlin, N. J. (2016). Understanding the Relationship Between Different Types of Instructional Humor and Student Learning. *SAGE Open*, v. 6, n. 3.

Marsh, D., & Sliwa, M. (2022). Making a Difference Through Atmospheres: The Orange Alternative, laughter and the possibilities of affective resistance. *Organization Studies*, v.43, n. 4, p. 477–496.

Martin, R., & Kuiper, N. A. (2016). Three decades investigating humor and laughter: An interview with Professor Rod Martin. *Europe's journal of psychology*, v. 12, n. 3, p. 498.

Meirovich, G. (2012). Creating a favorable emotional climate in the classroom. *The International Journal of Management Education*, v. 10, n. 3, p. 169-177.

Menéndez-Aller, A., Postigo, A., Montes-Álvarez, P., González-Primo, F. J., & García-Cueto, E. (2019). Humor as a protective factor against anxiety and depression. *International journal of clinical and health psychology*, v. 20, n. 1, p. 38-45.

Mobbs, D., Greicius, M. D., Abdel-Azim, E., Menon, V., & Reiss, A. L. (2003). Humor modulates the mesolimbic reward centers. *Neuron*, v. 40, n. 5, p. 1041-1048.

Neely, M. N., Walter, E., Black, J. M., & Reiss, A. L. (2012). Neural correlates of humor detection and appreciation in children. *Journal of Neuroscience*, v. 32, n. 5, p. 1784-1790.

Reese, A. (2022). Humor Me: How Comedy Helps Learning. *In: The Second City Works*. Chicago, March 10. Disponível em: https://www.secondcityworks.com/post/how-comedy-helps-learning. Acesso em: 20 maio 2023.

Ribeiro, R. M. (2020). *A cada um o que é seu: metodologia CDRA: referência em defasagens educacionais e adequações/adaptações curriculares*. 1. ed. São Paulo: Núcleo Aprende. 218 p. ISBN 978-65-00-02214-8.

Rudnick, A., Kohn, P. M., Edwards, K. R., Podnar, D., Caird, S., & Martin, R. (2014). Humour-related interventions for people with mental illness: A randomized controlled pilot study. *Community mental health journal*, v. 50, p. 737-742.

Sambrani, T., Mani, S., Almeida, M., & Jakubovski, E. (2014). The effect of humour on learning in an educational setting. *International Journal of Education and Psychological Research*, v. 3, n. 3, p. 52-55.

Samson, A. C., Hempelmann, C. F., Huber, O., & Zysset, S. (2009). Neural substrates of incongruity-resolution and nonsense humor. *Neuropsychologia*, v. 47, n. 4, p. 1023-1033.

Schmidt, S. R., & Williams, A. R. (2001). Memory for humorous cartoons. *Memory & Cognition*, v. 29, n. 2, p. 305-311.

Savage, B. M., Lujan, H. L., Thipparthi, R. R., & Dicarlo, S. E. (2017). Humor, laughter, learning, and health! A brief review. *Advances In Physiology Education*, 41, 3, p. 341-347.

Shibata, M., Terasawa, Y., & Umeda, S. (2014). Integration of cognitive and affective networks in humor comprehension. *Neuropsychologia*, v. 65, p. 137-145.

Sorinsen, M. J. (2008). Humor as a Serious Strategy of Nonviolent Resistance to Oppression. *Peace and Change*, v.33, n.2, p.167-190.

Strick, M., Holland, R. W., Van Baaren, R., & Van Knippenberg, A. (2010). Humor in the eye tracker: Attention capture and distraction from context cues. *Journal of General Psychology*, v. 137, n.1, p. 37–48.

Stoyanova, S. (2016). A series of experiments on humour perception and memorization – a case of humour associations and remembering humorous stories. *The European Journal of Humour Research*, v. 4, n. 2, p. 57–69.

Tap, W. D., Mtetwa, D. K., & Vere, J. C. (2019). Using humour for generating and maintaining interest in mathematics among secondary school students in South Sudan re-settled communities. *African Journal of Research in Mathematics, Science and Technology Education*, v. 23, n. 2, p. 244-253.

Vrticka, P., Black, J. M., & Reiss, A. L. The neural basis of humour processing. *Nature Reviews Neuroscience*, v. 14, n. 12, p. 860-868.

Wal, C. N., & Kok, R. N. (2019). Laughter-inducing therapies: Systematic review and meta-analysis. *Social Science & Medicine*, v. 232, p. 473-488.

Wanzer, M., Frymier, A., Wojtaszczyk, A., & Smith, T. (2006). Appropriate and Inappropriate Uses of Humor by Teachers. *Communication Education - COMMUN EDUC*. 55. p. 178-196.

Warren, C., Barsky, A., & Mcgraw, A. P. (2018). Humor, comedy, and consumer behavior. *Journal of Consumer Research*, v. 45, n. 3, p. 529-552.

Watson, C. (2015). A Sociologist Walks into a Bar (and Other Academic Challenges): Towards a Methodology of Humour. *Sociology*, v. 49, n. 3, p. 407–421.

Ziv, A. (1998). Teaching and learning with humor: Experiment and replication. *Journal of Experimental Education*, v. 57, n. 1, p. 5-15.

ADAPTAÇÃO CURRICULAR NOS TRANSTORNOS ESPECÍFICOS DE APRENDIZAGEM: O QUE E COMO FAZER?

Simone Aparecida Capellini

Miryan Cristina Buzetti

Thaís Contiero Chiaramonte

INTRODUÇÃO

O Manual Diagnóstico e Estatístico de Transtornos Mentais – DSM-V (American Psychological Association [APA], 2014) traz que os transtornos específicos de aprendizagem podem ser divididos em 3 especificidades: com prejuízo na leitura, com prejuízo na expressão escrita e com prejuízo na matemática.

Segundo esse manual, para a investigação de um Transtorno Específico de Aprendizagem, é necessário que o escolar apresente dificuldades no momento de sua aprendizagem e habilidades acadêmicas por, pelo menos, 6 meses, mesmo havendo intervenções diretas tentando sanar essas dificuldades; as dificuldades devem estar abaixo da idade cronológica esperada pelo escolar; terem se iniciado durante a vida escolar e ser descartado comorbidades como deficiência intelectual, problemas de acuidade visual ou perda auditiva, bem como outros transtornos mentais ou neurológicos, falta de conhecimento da língua falada ou falta de instrução educacional adequada.

Neste capítulo, iremos abordar as definições dos Transtornos Específicos de Aprendizagem segundo o DSM-V, quais as dificuldades apresentadas pelos escolares e como realizar adaptações curriculares nos Transtornos Específicos de Aprendizagem.

TRANSTORNOS ESPECÍFICOS DE APRENDIZAGEM

A definição encontrada no DSM-V (APA, 2014) sobre o Transtorno Específico de Aprendizagem é que este é um transtorno do neurodesenvolvimento, de origem biológica que é a base do comprometimento em nível cognitivo de áreas associadas a manifestações comportamentais. Ou seja, é um transtorno causado por fatores genéticos, epigenéticos e ambientais que influenciam na forma como o cérebro percebe e/ou processa as informações recebidas.

O Manual Diagnóstico (APA, 2014) também caracteriza o Transtorno Específico de Aprendizagem como dificuldades persistentes em habilidades acadêmicas básicas desde os anos iniciais de alfabetização, ou seja, dificuldade no aprendizado da leitura, da escrita e do cálculo matemático que não são sanadas mesmo com intervenção direcionada àquela dificuldade.

Como a aprendizagem das habilidades acadêmicas necessitam de ensino explícito, os Transtornos Específicos de Aprendizagem não podem decorrer da consequência a partir da falta de oportunidade de aprendizagem ou de educação escolar inadequada. Dessa forma, é ressaltada a importância da intervenção nas habilidades em que há dificuldade como parte do critério diagnóstico, uma vez que essa intervenção visa descartar a falta de acesso ao ensino explícito da leitura, da escrita e do cálculo matemático.

Outra característica a ser observada é a aprendizagem de determinada habilidade acadêmica, mas sempre apresentando desempenho inferior ao esperado para a média de idade e de escolaridade. Além disso, não se pode deixar de notar sobre aquele escolar que permanece com desempenho em nível mediano ou médio-baixo mesmo com alta demanda de apoio e de esforço. Também podem passar despercebidos aqueles escolares em que as dificuldades na aprendizagem não se manifestaram plenamente no início dos anos escolares, ou seja, as dificuldades se manifestam nos anos escolares mais tardios, pois, nesse período, há um aumento das demandas de aprendizagem em que o escolar não consegue mais acompanhar por ir além de sua capacidade individual, que é limitada (APA, 2014).

CRITÉRIOS DIAGNÓSTICOS PARA OS TRANSTORNOS ESPECÍFICOS DE APRENDIZAGEM SEGUNDO O DSM-V

O início da investigação sobre um Transtorno Específico de Aprendizagem se dá quando o escolar apresenta dificuldades em sua aprendizagem e em suas habilidades acadêmicas por, pelo menos, 6 meses apesar de já terem sido realizadas intervenções diretas tentando sanar tais dificuldades; as dificuldades devem estar abaixo da idade cronológica esperada pelo escolar; terem se iniciado nos anos escolares; ser descartado comorbidades como deficiência intelectual, problemas de acuidade visual ou perda auditiva, bem como outros transtornos mentais ou neurológicos, falta de conhecimento da língua falada ou falta de instrução educacional adequada.

O prejuízo deve ocorrer em pelo menos duas habilidades acadêmicas listadas a seguir: leitura imprecisa ou lenta; dificuldade na compreensão do que é lido; dificuldade para escrever utilizando corretamente as regras ortográficas; dificuldade em compreender e utilizar o senso numérico ou realizar cálculos; dificuldade em raciocínio.

Dessa forma, o escolar com Transtorno Específico de Aprendizagem deve apresentar leitura de palavras de forma incorreta, lenta ou hesitante, adivinhação de palavras, dificuldade de soletração; leitura precisa sem compreender o que foi lido, sem conseguir realizar as inferências que devem ser levadas ao texto; adicionar, omitir ou substituir letras no momento da escrita; muitos erros gramaticais e de pontuação durante a escrita de frases, desorganização nos parágrafos do texto escrito, não oferecendo clareza ao leitor; não compreende a ideia de numerais e suas relações, não consegue realizar operações simples sem a ajuda de apoio concreto (contar nos dedos ou fazer bolinhas), confundem-se no meio da operação matemática, podendo trocar as operações (realizar adição para subtração) e/ou não consegue utilizar dos conceitos para solucionar problemas quantitativos.

Nas especificações, há a separação em três tipos de Transtornos Específicos de Aprendizagem:

- Com prejuízo na leitura;
- Com prejuízo na expressão escrita;
- Com prejuízo na matemática.

O *Transtorno Específico de Aprendizagem com Prejuízo na Leitura* apresenta comprometimento na precisão de leitura de palavras, na velocidade e/ou fluência de leitura e na compreensão daquilo que foi lido. Nessa subdivisão, há um adendo sobre o termo "Dislexia", em que o DSM-V (2013) o traz como:

> um termo alternativo usado em referência a um padrão de dificuldades de aprendizagem caracterizado por problemas no reconhecimento preciso ou

> fluente de palavras, problemas de decodificação e dificuldades de ortografia. Se o termo dislexia for usado para especificar esse padrão particular de dificuldades, é importante também especificar quaisquer dificuldades adicionais que estejam presentes, tais como dificuldades na compreensão da leitura ou no raciocínio matemático.

O *Transtorno Específico de Aprendizagem com Prejuízo na Expressão Escrita* apresenta comprometimento na precisão da ortografia, na precisão da gramática e da pontuação e na clareza ou na organização da expressão escrita.

O *Transtorno Específico com Prejuízo na Matemática* apresenta comprometimento no conhecimento de senso numérico, na memorização de fatos aritméticos, na precisão ou na fluência de cálculo e na precisão do raciocínio matemático. Nessa subdivisão, também há um adendo sobre o termo "Discalculia", em que o DSM-V (2013) o traz como:

> um termo alternativo usado em referência a um padrão de dificuldades caracterizado por problemas no processamento de informações numéricas, aprendizagem de fatos aritméticos e realização de cálculos precisos ou fluentes. Se o termo discalculia for usado para especificar esse padrão particular de dificuldades matemáticas, é importante também especificar quaisquer dificuldades adicionais que estejam presentes, tais como dificuldades no raciocínio matemático ou na precisão na leitura de palavras.

Assim sendo, como história pregressa da queixa de aprendizagem, pode ser que o escolar com Transtorno Específico de Aprendizagem apresente atrasos no desenvolvimento de atenção, da linguagem ou das habilidades motoras ainda no momento da educação infantil. Esses déficits podem persistir nos demais anos escolares, criando uma manifestação conjunta com o Transtorno Específico de Aprendizagem. Esses escolares também podem apresentar destreza em habilidades de desenho, de designs e de outras habilidades visuoespaciais, mas apresentar também leitura lentificada, trabalhosa e imprecisa, assim como déficits na compreensão da leitura e na expressão escrita.

A PRÁTICA DOCENTE E O ALUNO COM TRANSTORNO ESPECÍFICO DA APRENDIZAGEM

Como as informações são processadas, como o currículo é trabalhado em sala de aula e como os materiais são apresentados são considerações importantes no trabalho com os alunos com Transtorno

Específico de Aprendizagem. De acordo com Reid (2005), alguns fatores são relevantes para o sucesso da aprendizagem, como:

- Processamento da informação;
- Desenvolvimento curricular;
- Estilos de aprendizagem;
- Estratégias de aprendizagem;
- Estilos de ensino;
- Estrutura da sala de aula;
- Contexto escolar.

Diante desses fatores, o conhecimento do professor sobre os Transtornos Específicos da Aprendizagem contribui para oferecer ao aluno um ensino mais adequado. Para garantir o sucesso do trabalho pedagógico, é fundamental planejar e ensinar de maneira intencional. Os professores que ensinam de uma maneira estruturada asseguram que o ensino seja sistemático e cumulativo (Fletcher, 2007).

Figura 1 - Direções do trabalho pedagógico

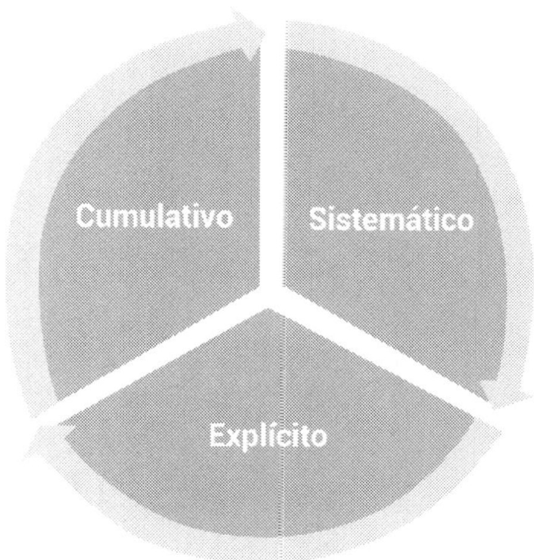

Os professores que utilizam uma abordagem de ensino estruturada interagem continuamente com os alunos, conseguindo realizar um monitoramento da aprendizagem, favorecendo o acesso ao currículo de forma clara e acessível. Tais práticas de ensino estruturada incentivam os professores a se envolverem em todo o processo de ensino e facilitam o encaminhamento adequado para o diagnóstico e identificação precoce do Transtorno Específico da Aprendizagem. Dessa maneira, quando pensamos em adaptação curricular para o estudante com Transtorno Específico da Aprendizagem, o primeiro passo é pensar em realizar uma boa avaliação. Snowling et al. (2003) apontam três grandes razões para realizar uma boa avaliação inicial:

- Diagnóstico: para identificar a origem da dificuldade, fazendo um mapeamento das facilidades e dificuldades do aluno.
- Planejamento e intervenção: a avaliação auxilia na instrução especializada e sistemática de acordo com a necessidade do aluno.
- Documentação: a avaliação é um documento que registra o histórico acadêmico do aluno, podendo ser anexado ao laudo multiprofissional.

É fundamental, após analisar a avaliação inicial, fazer o monitoramento do progresso, pois é ele que irá garantir a escolha e bons resultados com as estratégias de intervenção propostas. Com o monitoramento do progresso, o professor poderá identificar o nível em que o aluno está e a resposta do aluno à intervenção, o professor poderá também fazer um *checklist*, por exemplo, das habilidades ou do conteúdo do currículo e a situação de aprendizagem do aluno em relação a essa habilidade, dessa maneira, o professor poderá elencar as habilidades apresentadas na Base Nacional Comum Curricular (2017) e criar uma legenda como:

Quadro 1 - ***Checklist para avaliação das habilidades segundo a BNCC***

Habilidade	Não trabalhado	Trabalhado, mas não aprendido	Aprendido com mediação	Aprendido
Número da habilidade de acordo com a BNCC				

A avaliação baseada no currículo promove o planejamento instrucional, auxiliando o professor a estabelecer metas e orientando nas adaptações necessárias ao longo do processo de ensino-aprendizagem. Nas séries iniciais do Ensino Fundamental, o professor deverá ter uma atenção maior para questões relacionadas com:

- Reconhecimento de palavras;
- Fluência da leitura;
- Compreensão leitora;
- Expressão escrita;
- Cálculos matemáticos;
- Resolução de problemas (Fletcher, 2009).

Diferentes estudos como Snowling et al. (2003), Fuchs et al. (2008) e Scliar-Cabral (2012) reforçam a importância desse trabalho mais atento às habilidades preditoras da aprendizagem da leitura, da escrita e da matemática. Nesse sentido, seguindo as contribuições desses autores é importante que o professor saiba que:

- **Consciência fonêmica:** se refere a capacidade de ouvir, identificar e manipular sons (fonemas) em palavras faladas, compreendendo, então, que os sons da língua falada se juntam para poder formar palavras diferentes.
- **Consciência fônica:** a compreensão de que existe uma relação entre os fonemas (os sons da fala) e os grafemas (as letras e grafias que representam esses sons na escrita)
- **Vocabulário:** é importante ter um amplo vocabulário para um acesso rápido às informações armazenadas sobre os significados e pronúncia de palavras necessárias em diferentes situações para a comunicação.
- **Fluência de leitura:** é a capacidade de ler o texto com precisão e rapidez, facilitando, assim, a compreensão textual, leitores que são fluentes conseguem reconhecer a palavra e compreender ao mesmo tempo.
- **Compreensão de leitura:** é a atribuição a um sentido para o texto, conseguindo entender a mensagem e comunicar-se com outras pessoas sobre o que foi lido.

- **Subitização:** a subitização é a tradução da palavra *subitizing* em inglês e significa de súbito. Está relacionada à capacidade de identificar e de discriminar de súbito conjuntos de até três ou quatro elementos com precisão e sem recursos para contagem, além de permitir a determinação do valor e/ou a constatação da igualdade ou da diferença. De acordo com Sarama e Clements (2009), a subitização de números pequenos apoia o desenvolvimento da capacidade de contagem, constituindo uma base para a aprendizagem de número.

Alunos com Transtorno Específico de Aprendizagem precisam de orientação frequente nos estudos, desde a organização do material escolar até a organização da rotina e da demanda de trabalho, isso inclui trabalhar com uma variedade de habilidades e de estratégias para auxiliar o aluno a desenvolver a metacognição. Para que a aprendizagem, então, seja bem sucedida, Fonseca (2021) aponta a necessidade de quatro componentes, sendo eles:

- Dois sujeitos – um que domina o conhecimento (professor) e o outro inexperiente (aluno).
- Um currículo – as habilidades e conteúdos que serão trabalhados pelos sujeitos.
- Um lugar – um espaço concreto ou virtual para a aprendizagem (sala de aula, laboratório, pátio).

A missão da escola é, portanto, otimizar o desenvolvimento cognitivo dos alunos, para isso, é fundamental conhecer sobre o processo de aprendizagem e o aprender a aprender (Reide, 2005). Para atingir tal missão, é importante que o professor possibilite ao aluno:

Figura 2 - *Habilidades para a aprendizagem*

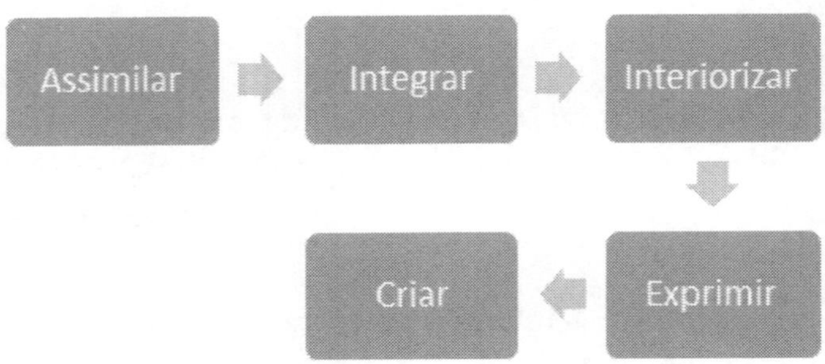

Nota: Fonseca (2021).

O primeiro passo para que o professor consiga ter sucesso no trabalho com o aluno é aumentar o tempo dedicado à tarefa, complementando com atividades nas habilidades que o aluno apresenta dificuldade. Estabelecer a rotina juntamente ao aluno também irá favorecer a organização e aprendizagem, assim como possibilitar atividades realizadas em duplas ou em pequenos grupos, possibilitando a troca de conhecimento e o modelo. As estratégias de autorregulação irão contribuir para que o próprio estudante monitore seu progresso e objetivos.

O foco do professor, de acordo com Fletcher (2007), deve estar no conjunto de competências que são esperadas do estudante na leitura, por exemplo, ao fazer o planejamento da intervenção, o professor deverá levar em consideração o reconhecimento de palavras, a fluência e a compreensão, conhecendo esse processo de aprendizagem, o monitoramento fica mais claro. Nesse sentido, as evidências científicas poderão contribuir diretamente para o bom resultado em sala de aula.

PRÁTICAS PEDAGÓGICAS QUE FAVORECEM O TRABALHO COM O ALUNO COM TRANSTORNO ESPECÍFICO DA APRENDIZAGEM

Algumas práticas, então, favorecem o trabalho docente e o bom desempenho do aluno com Transtorno Específico da Aprendizagem:

- Instrução explícita, sistemática, cumulativa e dirigida;
- Aplicar os fundamentos multissensoriais e multimodais de aprendizagem;
- Adaptar a instrução para acomodar as diferenças individuais em diferentes aspectos como cognitivo, linguístico, comportamental;
- Identificar, pronunciar, classificar e comparar os fonemas;
- Conhecer e aplicar as regras de ortografia.

Snowling et al. (2003) e Fletcher (2007) sintetizam que, no ensino da leitura e da escrita, o professor precisa enfocar então:

Figura 3 - *Sistematização do ensino leitura e escrita*

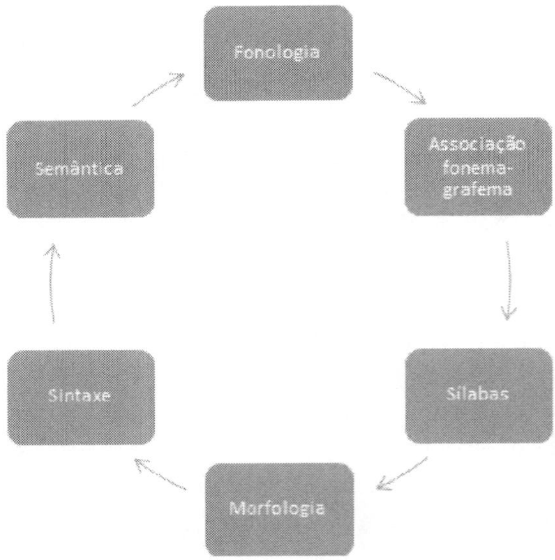

Para alunos com Transtorno Específico da Aprendizagem com prejuízo na leitura, algumas situações do cotidiano da sala de aula poderão se tornar desagradável, como a leitura em voz alta ou em público, instruções longas e com vocabulário que o aluno não conhece, por isso, pequenos ajustes na prática docente irão contribuir para um melhor acolhimento e desenvolvimento do aluno, como:

- Explore o uso de mapas conceituais e anotações durante o estudo;
- Ofereça instruções breves e simples;
- Forneça a atividade passo a passo;
- Explore recursos de rotina, agendas e organizadores de demanda de atividade;
- Possibilite tempo adicional para conclusão da tarefa, quando necessário;
- Faça revisão do conteúdo com frequência;
- Forneça retorno sobre o desempenho do aluno na atividade;
- Explore os sentidos.
- Na leitura em voz alta, prefira leitura em coral do que individual.

Nas séries iniciais, uma boa estratégia para trabalhar a escrita é quando o professor é escriba, ou seja, ele escreve na lousa, atuando como um exemplo ou modelo no processo de aprendizagem. Para Wrag (2002), essa prática possibilita trabalhar com toda a turma, modelando, explorando e discutindo sobre a estrutura textual e as possíveis decisões na escrita, tornando explícita as relações, regras e orientações.

Reid (2005) aponta que, para o trabalho com interpretação de texto, o professor poderá oferecer um guia, um roteiro de perguntas para auxiliar o aluno no caminho da compreensão, como exemplo:

> Para quem o autor está escrevendo?
> Qual o tema principal do texto?
> Quais os personagens?
> Qual a mensagem que o texto tenta passar?
> O que você aprendeu sobre o assunto?

Esse é apenas uma sugestão, podendo o professor adicionar ou modificar as questões ao longo do ano letivo e do desenvolvimento do aluno.

Quando o professor acompanha o desenvolvimento do aluno, é possível fazer interferências pontuais, evitando futuras dificuldades de aprendizagem. Algumas estratégias pedagógicas poderão facilitar o trabalho docente em relação ao ensino da Matemática, como:

1. Ensino do número e das operações baseados na progressão do desenvolvimento:
   - Forneça oportunidade para as crianças praticarem o reconhecimento do número total de objetos em pequenas coleções;
   - Promova a contagem exata de um para um como meio de identificar o número total de itens em um conjunto;
   - Incentive a resolver problemas básicos.
2. Ensino da geometria, das unidades de medidas, dos padrões e da análise de dados, usando uma progressão no grau de dificuldade:
   - Auxilie o aluno a reconhecer, nomear e comparar formas;
   - Incentive a procurar e identificar padrões;

- Trabalhe a compreensão da criança sobre as unidades de medida.
- Incentive as crianças a perceberem a matemática no seu cotidiano:

3. Incentive os alunos a criarem hipóteses e a usarem métodos informais para representar conceitos matemáticos;
    - Auxilie o aluno a vincular vocabulário, símbolos e procedimentos matemáticos formais ao conhecimento e experiências pessoais;
    - Incentive os alunos a explicarem oralmente ou por escrito suas hipóteses e raciocínio de solução de problema.
4. Ofereça oportunidades de aprendizagem diariamente:
    - Planeje instruções diárias, visando aos conceitos e às habilidades matemáticas específicas;
    - Crie um ambiente rico que estimule o aluno a aprender matemática frequentemente;
    - Use jogos para ensinar conceitos e habilidades matemáticas (Jacob, 2008; Sarama & Clements, 2009).

Outro fator decisivo para o trabalho com o aluno com Transtorno Específico da Aprendizagem é a instrução multissensorial, incorporando combinação auditiva, visual e tátil-cinestésica.

Figura 4 - *A importância dos sentidos na aprendizagem*

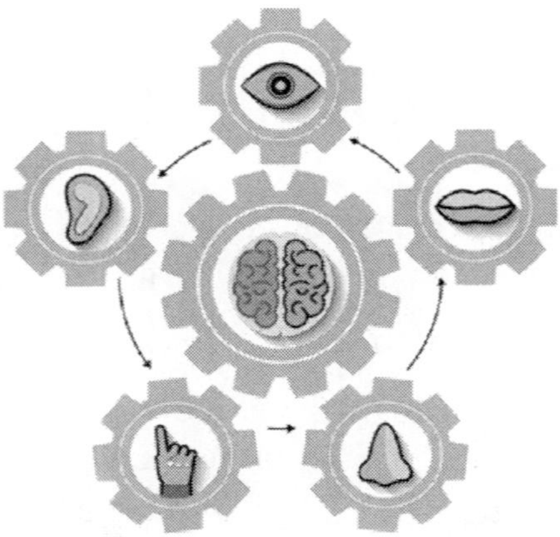

Nota: Programa utilizado Freepik,

A linguagem envolve funcionamento intersensorial, dessa forma, o objetivo da instrução multissensorial é promover a integração entre o auditivo, visual e cinestésico-motor. Professores que têm amplo conhecimento sobre o processo da aprendizagem conseguem selecionar e refletir melhor sobre o que ensinar, como ensinar, quando ensinar e para quem ensinar; aumentando, assim, a chance de sucesso dos alunos.

Intervenções multissensoriais incluem instrução sintética e analítica (Birsh & Carreker, 2018). Instrução sintética apresenta as partes da linguagem e, em seguida, ensina como as partes funcionam juntas. Já a instrução analítica apresenta o todo e ensina como isso pode ser dividido em partes menores.

Estratégias podem ser utilizadas pelos professores para explorar os sentidos na aprendizagem da leitura e da escrita, por exemplo, a caixa de areia para traçar as letras, o uso de massinha de modelar para cobri uma base, a qual tem o traço da letra ou, até mesmo, o guache para pintar o traço de uma letra. Brincadeiras como desenhar a letra no ar ou nas costas da própria criança para que ela tente adivinhar, cobrir a boca e pronunciar um fonema para que a criança descubra qual é, adaptar materiais como grãos (arroz, feijão), macarrão, barbante, pedras, carvão para que as crianças façam o traçado da letra, enfim, adaptar as estratégias e recursos à necessidade da criança e ao currículo a ser trabalhado.

CONCLUSÃO

As adaptações curriculares para alunos com Transtorno Específico da Aprendizagem são fundamentais para garantir a qualidade do ensino-aprendizagem desse aluno. Tais adaptações poderão ser realizadas em vários sentidos:

- Materiais;
- Método;
- Estratégias de ensino;
- Tempo;
- Ambiente da sala de aula;
- Demanda de atividades;

- Avaliação;
- Maneiras de realizar a tarefa;
- Rotina;
- Nível de ajuda.

Dessa maneira, a adaptação engloba acomodações e modificações. Sendo as acomodações ações que possibilitam melhor acesso ao currículo, podendo ser ações como ampliar o tempo para conclusão de uma atividade, alterar o local da atividade para favorecer a atenção, oferecer um suporte como um tutor ou leitor para os textos, fornecer recursos para organizar as tarefas como gráficos, guias, mapas conceituais. A modificação altera a maneira em que o aluno está aprendendo, por exemplo, alterar a atividade que o aluno irá realizar para praticar o conteúdo (a classe escreve um parágrafo sobre o tema e o aluno com transtorno faz um desenho sobre a mesma temática), observa-se que o conteúdo e o conceito trabalhado é o mesmo, o que muda é a maneira que o aluno irá dar a resposta.

Oferecer oportunidades de ensino mais significativa também contribui para um bom desempenho, atividades de resolução de problemas, atividades de grupo, experiências e contextualização enriquecem a aprendizagem, além, é claro, de explorar ao máximo todos os sentidos.

O ensino multissensorial enriquece as experiências dos alunos para trabalhar com diversos sentidos em sala de aula, o professor poderá criar estações de aprendizagens (ou os cantinhos, específico para leitura, recorte, jogos, pintura, entre outras possibilidades), no momento da leitura de uma história, o professor também poderá explorar vários materiais como audiolivros, livros sensoriais, entre outras opções.

Além disso, o uso de recursos simples como a régua para orientar a linha em que o aluno está lendo poderá contribuir para o sucesso da atividade, assim como recursos para destacar ou sublinhar as palavras ou frases de interesse como canetas e marcadores, o uso de recursos visuais para apoiar a compreensão como *post-it* e similares.

Para o ensino da Matemática, seguimos as mesmas recomendações e ainda podemos:

- Reduzir o número de operações ou situações problemas;
- Usar caixa de texto, molduras ou janelas para separar um exercício do outro;

- Usar caderno quadriculado no auxílio da organização das operações;
- Explorar recursos concretos como linhas, dados, blocos, material dourado, peças de encaixe;
- Possibilitar o uso de calculadora em situações de ensino;
- Oferecer a atividade organizada em etapas, procedimentos, apresentando sempre um exemplo de como ele deverá fazer.

Algumas estratégias já utilizadas pelos professores poderão favorecer a aprendizagem da leitura, da escrita e da matemática, como recursos mnemônicos, acrósticos, músicas, *checklists*, entre outros. Para selecionar o recurso mais adequado para o aluno, é importante realizar uma avaliação, após analisar o resultado da avaliação, oferecer uma proposta de trabalho de maneira a monitorar e a oferecer constantemente *feedback* sobre o desempenho do aluno, a proposta de intervenção deverá ser sistemática, explícita e dirigida. Com essas ações, teremos uma melhor qualidade de ensino, consequentemente, a redução do número de alunos com dificuldade de aprendizagem e a melhora da aprendizagem para os alunos com Transtornos Específicos da Aprendizagem.

REFERÊNCIAS

American Psychiatric Association [APA] (2014). *DSM-5: Manual diagnóstico e estatístico de transtornos mentais*. Artmed Editora.

Birsh, J., & Carreker, S. (2018). *Multisensory teaching of basic language skills*. Paul Brookes.

Brasil, Ministério da Educação (MEC/SEED) (2017). *Base Nacional Comum Curricular.* Terceira versão - Versão Final. Brasília. Disponível em http://portal.mec.gov.br/index.php?option=com_docman&view=download&alias=79601-anexo-texto-bncc-reexportado-pdf-2&category_slug=dezembro-2017- pdf&Itemid=30192. Acesso em: 20 de Abril de 2021.

Fonseca, V. (2021). *A educabilidade cognitiva e neuropsicopedagógica: Novos paradigmas da educação*. Rio de Janeiro: Wak editora.

Fletcher, J. M., Lyon, G. R., Fuchs, L. S., & Barnes, M. A. (2007). *Learning disabilities: From identification to intervention*. New York, NY: Guilford Press.

Fletcher J. M. (2009). Dyslexia: The evolution of a scientific concept. *Journal of the International Neuropsychological Society : JINS*, *15*(4), 501–508. https://doi.org/10.1017/S1355617709090900.

Jacob, N. (2008). The ABC of cardinal and ordinal number representations. *Trends in cognitive sciences*. V.12, n.2, p, 41-43.

Reid, G. (2019). *Dyslexia and Inclusion: Classroom Approaches for Assessment, Teaching and Learning*. 10.4324/9781351043106.

Sarama, J.; Clements, D. (2009). *Early Childhood Mathematics Education Research: Learning Trajectories for Young Children*. 10.4324/9780203883785.

Snowling , M. J., Gallagher , A., & Frith, U. (2003). Family risk of dyslexia is continuous: Individual differences in the precursors of reading skill . *Child Development* , 74 , 358 – 373.

Wray, D. (2002). Metacognition and literacy. In Reid, G. & Wearmouth, J. (Eds) *Dyslexia and Literacy: Theory and Practice*. Chichester: Wiley.

CONDUTAS NEUROPEDIÁTRICAS DIANTE DAS ADAPTAÇÕES CURRICULARES

Ângela Mathylde Soares

Priscila Silveira Martins

Rosana Mendes Ribeiro

RESUMO

Este estudo parte de uma pesquisa bibliográfica sobre um documento - o laudo neurológico - para os denominados Transtornos de Aprendizagem, que, do ponto de vista legal, consiste em um registro emitido por um médico. Este laudo, na ampla maioria dos casos, descreve as alterações observadas no paciente e a conclusão -geralmente sob a ótica dos transtornos e das deficiências descritos conforme os principais instrumentos classificatórios: a Classificação Internacional de Doenças, da Organização Mundial da Saúde (CID) e o Manual Diagnóstico e Estatístico de Transtornos Mentais, da Associação Americana de Psiquiatria (DSM), que atribuem um código para cada diagnóstico. Atualmente, não é incomum que esse documento se proponha a determinar condutas a serem realizadas pela escola, tais como: flexibilize o tempo de avaliação, sente o aluno a frente da sala, mantenha o aluno em avaliações orais, entre outras.

Infelizmente, apesar de uma legislação que nos deixa claro não haver necessidade desse documento para processos inclusivos, na prática, muitas escolas solicitam o documento e o colocam como condição *sine qua non* para prever adaptações e flexibilizações curriculares e, se não bastasse, tornam as "condutas" citadas no mesmo documento o único recurso possível para afirmar que atenderam as necessidades específicas do aluno "laudado".

O limite entre contribuir e invadir pode ser bastante tênue quando se trabalha de forma multidisciplinar, e jogar luz sobre essa dinâmica, com foco no aluno, é o passo inicial para construir pontes, tão necessárias, entre os diferentes saberes. Discorrer sobre esse diálogo truncado entre saúde e educação, sobre polêmicas não incomuns que surgem quando médicos avançam sobre o terreno da pedagogia e vice-versa, o quão raras são as visitas dos profissionais da saúde à escola e o quanto o trabalho articulado com respeito aos limites de cada área - nem sempre fácil - seria o ideal, foi a pretensão deste estudo.

Palavras-chave: Saúde; Educação; Adaptação Curricular.

INTRODUÇÃO

> O laudo neurológico pode contribuir para aprimorar as estratégias pedagógicas, mas defini-las é papel do educador (Brasil/Ministério da Educação [MEC], 2014).

Nos últimos anos, assistimos a um aumento significativo da demanda de questões relacionadas à aprendizagem para os profissionais de saúde (Araújo, 2002). Em levantamento recente realizado no Brasil, os professores foram responsáveis por cerca de 10% dos encaminhamentos de crianças e de adolescentes aos serviços de saúde mental (Ceballos et al., 2018). Na grande maioria dos casos, os encaminhamentos são motivados por problemas comportamentais e atencionais, havendo predominância no encaminhamento de meninos (Corso & Meggiato, 2019).

Paralelamente, observamos que os problemas educacionais no Brasil ficam cada vez mais nítidos e profundos, evidenciados tanto em pesquisas nacionais quanto internacionais (Carnoy et al., 2015; OECD, 2019).

É bastante provável que esses dois fenômenos se retroalimentem, uma vez que, diante dos baixos rendimentos escolares, os professores, receosos, recorram com mais frequência aos encaminhamentos. Por outro lado, a demanda adicional gerada para saúde – que não pode ser atendida de forma célere, principalmente no contexto da saúde pública – atrase o início da provisão do suporte pedagógico necessário, agravando o problema.

É razoável pensar que a situação educacional atual seja a herança, entre outros fatores, de políticas educacionais equivocadas, incluindo métodos pedagógicos inconsistentes em termos de eficácia (Haase et al., 2015), a reorganização dos ciclos de aprendizagem, o desrespeito ao sistema de escrita alfabético e o regime de progressão continuada (Ribeiro et al., 2020). Além disso, a inclusão obrigatória/preferencial de alunos com necessidades especiais em classes regulares, embora admirável em seu propósito, ocorreu sem o devido preparo dos professores e das escolas, adicionando mais uma camada de complexidade a uma situação que já era problemática.

É inegável, no entanto, que as áreas de saúde – particularmente as neurociências, que vêm demonstrando avanços sem precedentes nas últimas décadas – têm muito a contribuir para a construção de uma educação de qualidade. A melhor compreensão dos mecanismos envolvidos na aquisição – tanto típica quanto atípica - da linguagem oral e escrita, por exemplo, tem trazido *insights* valiosos para o campo da educação (Kuhl, 2011). Diversos profissionais da área da saúde vêm se dedicando à pesquisa e à assistência de crianças com queixas de aprendizagem, dando espaço à possibilidade de uma rica troca de saberes.

O efeito disruptivo da pandemia na educação tende a deixar esse cenário ainda mais desolador e, diante desse enorme desafio, a necessidade de um trabalho conjunto e realmente colaborativo parece ainda mais crucial (Fonseca et al., 2020).

AVALIAÇÃO CLÍNICA

Aprendizagem pode ser definida como o processo de aquisição de novas informações que vão ser retidas na memória, capazes de mudar o comportamento e o pensamento (Lent, 2010). A exemplo do que ocorre com a aquisição da linguagem escrita, o aprendizado implica em uma modificação no Sistema Nervoso Central (SNC), que pode ser funcional ou estrutural (Dehaene et al., 2010). Uma interessante pesquisa realizada com motoristas em Londres mostra, de forma bastante elegante, a correlação entre o aprendizado de novos trajetos (informações visuoespaciais) com modificações no hipocampo – importante estrutura envolvida na memória (Maguire et al., 2006).

Apesar da clara premissa de que o aprendizado, bem como seus transtornos, tem base cerebral, ainda não dispomos de marcadores biológicos ou exames complementares capazes de identificar a natureza do problema. Assim, a semiologia neurológica reafirma seu papel crucial na investigação das queixas escolares (Rotta, 2016).

A avaliação de uma criança com queixa escolar deve começar por uma anamnese detalhada seguida do exame físico. A queixa principal não necessariamente guarda proporcionalidade com a gravidade ou remete diretamente ao problema central. Queixas gerais (como falta de atenção ou de motivação, por exemplo) podem ser a expressão de problemas específicos (como dificuldade de leitura) e vice-versa. Problemas na aprendizagem podem aparecer também como alterações comportamentais, como recusa/oposição, agitação ou ansiedade. Isso reflete, acima de tudo, a natureza multifacetada e interdependente das habilidades envolvidas no aprendizado. Entender, depurar e contextualizar essa queixa é o primeiro passo para uma avaliação clínica adequada. É fundamental que as percepções da própria criança sobre suas dificuldades também sejam ouvidas em algum momento.

Além do detalhamento da queixa principal e da sua evolução (história da doença atual), dados relativos à gestação e ao parto, assim como do desenvolvimento neuropsicomotor (muito importante) e da saúde geral (como hábitos de sono, alimentação, alergias ou outras condições crônicas associadas) são fundamentais. A história educacional (incluindo idade de ingresso na educação infantil ou pré-escola, mudanças de escola, reprovações, conhecimento de outras línguas/idiomas, hábitos de leitura etc.) é de extrema relevância, assim como o aspecto socioeconômico e a história familiar (grau de escolarização dos pais, ocorrência de quadro semelhante em parentes próximos etc.). Em função da mudança na percepção desses transtornos ao longo dos anos, na ausência de um diagnóstico específico em familiares próximos, informações indiretas – como atrasos na fala, mudanças frequentes de escola, reprovações sucessivas, entre outros – devem ser valorizadas.

Durante a anamnese, é possível também observar de forma qualitativa alguns aspectos comportamentais da criança (movimentação excessiva, dificuldade de foco, sociabilidade, oralidade etc.). Apesar dessa impressão obtida durante a consulta ser apenas uma amostra desses aspectos – como atencional, por exemplo – a observação desse comportamento espontâneo, enquanto a criança não se percebe diretamente avaliada, pode ser útil. Em função da complexidade e da natureza dinâmica das habilidades cognitivo-comportamentais como a atenção e o controle inibitório, por exemplo – que podem variar amplamente de acordo com o contexto – conclusões precipitadas ou superficiais devem ser sempre evitadas. A avaliação da atenção, por exemplo, não é válida em situações de alta motivação (como videogames, por exemplo), pois a motivação em geral "liga" a atenção.

O exame físico (geral e neurológico) deve ser o mais completo possível e se encontra normal na maioria dos casos. Habilidades motoras finas podem estar alteradas em uma parcela desses pacientes, particularmente aqueles que apresentam Transtorno do Desenvolvimento da Coordenação (TDC) associado (Okuda et al., 2011).

Nesse ponto, por mais que haja convergência em relação aos dados relatados, a natureza multidisciplinar do aprendizado implica na necessidade de avaliações complementares, como a neuropsicológica/psicológica, fonoaudiológica, psicopedagógica etc. Além disso, a solicitação de exames complementares pode ser indicada em alguns casos para o diagnóstico diferencial (como audiometria, avaliação oftalmológica ou mesmo um eletroencefalograma, visando ao diagnóstico diferencial com epilepsia do tipo ausência infantil – que pode se apresentar com queixas escolares). Isso significa que é altamente improvável que o diagnóstico seja estabelecido na primeira consulta.

Porém, mesmo sem um diagnóstico definitivo, é esperado, diante da demanda apresentada (pela criança, pais e escola), que esse profissional seja capaz de elaborar um laudo (médico - "cultura do laudo") que auxilie ou chancele/garanta acesso do aluno às adaptações que parecem necessárias. E um dilema se apresenta.

DIFICULDADE OU TRANSTORNO DE APRENDIZAGEM?

A seguir iremos descrever brevemente a diferença entre estes dois termos, bem como expor algumas razões que tornam essa diferenciação muito difícil – senão impossível – após uma única consulta. Porém, antes disso, é fundamental que fique claro que *não é necessário aguardar a definição do diagnóstico para que a criança comece a receber os devidos apoios no ambiente educacional. Equipes docentes gerais e/ou especiais devem elaborar e ministrar suas instruções diariamente (MEC, 2014).*

O termo *Dificuldade de Aprendizagem* se refere a uma situação na qual um fator extrínseco à criança está interferindo em seu aprendizado. Questões emocionais, familiares, pedagógicas ou mesmo fatores orgânicos – como alterações sensoriais ou doenças crônicas - são exemplos desse quadro. Essas dificuldades são transitórias e tendem a se resolver com a resolução da condição de base.

Já os *Transtornos Específicos de Aprendizagem* são definidos por déficits específicos, significativos e persistentes no aprendizado de habilidades escolares básicas, incluindo leitura (de palavras isoladas e compreensão leitora), escrita (ortografia e expressão escrita) e matemática (senso numérico e raciocínio matemático).

Apesar da natureza cerebral, hoje incontestável, desses transtornos, ainda não dispomos de marcadores biológicos ou exames laboratoriais que possam ser usados para diagnosticar esses quadros. Assim, o diagnóstico é baseado em critérios clínicos, definidos por dois instrumentos principais: o Manual Diagnóstico e Estatístico de Transtornos Mentais (DSM), da Associação Americana de Psiquiatria, e a Classificação Internacional de Doenças (CID), da Organização Mundial da Saúde. A **Tabela 1** traz a descrição dos principais Transtornos do Neurodesenvolvimento, grupo no qual os Transtornos Específicos de Aprendizagem estão inseridos.

Tabela 1 - Transtornos do Neurodesenvolvimento

Diagnóstico	CID10	Características Diagnósticas (DSM-5)
T. Específico da Aprendizagem – Leitura	F 81.0	– Decodificação: leitura de palavras imprecisa ou lenta/com esforço, adivinha, dificuldade de soletrar (dislexia) – Compreensão leitora: pobre, não depreende sentido ou faz inferências necessárias apesar de ler com precisão.
T. Específico da Aprendizagem – Escrita	F. 81.1	– Dificuldade ortográfica: erros frequentes por adição, omissão ou substituição de vogais ou consoantes. – Dificuldade com expressão escrita: erros gramaticais, de pontuação ou de organização/clareza textual.
T. Específico da Aprendizagem – Matemárica	F. 81.2	– Domínio do senso numérico: pobre; assim como da magnitude dos números, fatos aritméticos ou cálculos (discalculia) – Raciocínio: dificuldade para aplicar conceitos, fatos ou operações para resolver problema matemático.
T. da Linguagem	F. 80	– Vocabulário reduzido, dificuldade para elaborar frases, prejuízo no discurso – tanto na linguagem oral quanto na escrita. Capacidade expressiva (produção) ou receptiva (compreensão) podem ter diferentes níveis de comprometimento.

T. Defécit de Atenção e Hiperatividade/ Impulsividade (TDAH)	F. 90	– Desatenção: a detalhes/erros por descuido, parece não escutar, dificuldade para concluir/organizar tarefas, reluta em iniciar tarefas envolvendo esforço, perde coisas necessárias, facilmente distraído por estímulos externos, é esquecido. – Hiperatividade/impulsividade: movimentos constantes ("não para", "motor ligado"), incapaz de brincar calmamente, fala demais, responde antes da conclusão da pergunta, interrompe/termina frases dos outros.
T. Desenvolvimento Intelectual (TDI)	F. 70-73	– Déficits em capacidades mentais (raciocínio, solução de problemas, planejamento, pensamento abstrato etc.) com prejuízos no funcionamento adaptativo (dependência para atividades de vida diária, limitações para comunicação, participação social, desempenho acadêmico etc.) iniciados durante o desenvolvimento. Em função da gravidade, pode ser: leve (F 70); moderada (F 71); grave (F72) ou profunda (F73).
T. Espectro Autista (TEA)	F. 84	– Déficits na comunicação e interação social: reciprocidade sociemocional, linguagem não verbal e interação social limitadas; – Padrões repetitivos e restritos de comportamentos, interesses e atividades: estereotipias, adesão a rotinas, interesses fixos, processamento sensorial atípico (hipersensibilidade autiditva ou tátil, fascinação por luzes ou movimentos por ex.)
T. Desenvolvimento da Coordenaçã (TDC)	F. 82	– Execução da habilidades motoras (como subir escadas, pedalar, abotoar camisa) mais lenta ou imprecisa do que os pares, mesmo após dominadas. Prejuízo na legibilidade e/ou verdade da produção escrita.

Nota: APA, 2014 e OMS, 1993.

Os Transtornos Específicos de Aprendizagem raramente se apresentam como condições isoladas, sendo frequente a associação desses com outros Transtornos do Neurodesenvolvimento (como o TDAH ou o TEA), assim como alterações do humor (como a depressão) e os transtornos de ansiedade, entre outros (Willcut et al., 2019). A ocorrência simultânea desses diagnósticos costuma trazer prejuízo adicional para essas crianças (Fuchs et al., 2019).

Embora não sejam classificados como Transtornos do Neurodesenvolvimento, os chamados "Transtornos Disruptivos" – incluindo o T. Opositor e Desafiante (TOD) e o T. Conduta (TC) - também estão frequentemente associados a esse grupo (principalmente ao TDAH) e às queixas escolares. Mas antes disso, cabe ressaltar que comportamentos disfuncionais (como agitação, agressividade, oposição e desafio) podem representar mecanismos compensatórios ao desconforto gerado pelas dificuldades do aluno no ambiente escolar. De qualquer forma, embora muitas vezes esses comportamentos demandem abordagens específicas, a melhora no desempenho acadêmico pode trazer enormes benefícios para esses indivíduos (Sorensen et al., 2016).

Narrativas que colocam em dúvida a existência desses transtornos, alegando que seriam construções sociais, simplesmente não se sustentam na atualidade. Apesar da imperfeição do modelo - no qual os diagnósticos são baseados em critérios, em alguma medida, arbitrários - a delimitação desses transtornos é importante, entre outras coisas, para direcionar pesquisas na área, cujos benefícios podem ser mais amplos. A melhor compreensão dos mecanismos envolvidos nesses transtornos favorece também o entendimento sobre variações da normalidade, incluindo diferenças individuais de aprendizagem. A melhor compreensão dos mecanismos neurais da leitura a partir do estudo da dislexia, por exemplo, levou à reflexão sobre as melhores práticas instrucionais (Andrade et al., 2013).

Na prática, a diferença entre uma dificuldade e um transtorno de aprendizagem se limita, fundamentalmente, a informações sobre dois aspectos: a origem do problema (intrínseca no caso de um transtorno e extrínseca no caso de uma dificuldade) e a previsão sobre a duração do suporte necessário (transitório no caso de uma dificuldade e mais persistente no caso de um transtorno). No mais, em ambos os casos, há necessidade imediata de iniciar uma intervenção educacional.

POR QUE O DIAGNÓSTICO NEM SEMPRE É FÁCIL OU IMEDIATO?

Em primeiro lugar, *os Transtornos Específicos de Aprendizagem são diagnósticos de exclusão*. Assim sendo, há necessidade de excluir quaisquer outras possíveis causas, como fatores ambientais, déficits sensoriais (como erros de refração, por exemplo), problemas de sono ou qualquer outra condição que possa justificar os sintomas. Muitas vezes, é possível identificar mais de um destes fatores, que podem agir de duas formas: somando seus efeitos e causando as dificuldades ou agravando um transtorno pré-existente.

Em segundo lugar, as *habilidades acadêmicas* (como leitura, escrita e cálculo, por exemplo), diferente de outras aquisições como andar e falar, não resultam da simples maturação cerebral, devendo ser ensinadas e aprendidas de forma explícita. Assim, a qualidade da instrução recebida não pode ser desconsiderada. Além disso, essas habilidades se distribuem em um *continuum* e o limite entre a normalidade e o transtorno nem sempre é claro e, em alguma medida, arbitrário. Esse aspecto reflete a natureza dimensional (e não categórica) das habilidades e dos déficits (sintomas) envolvidos. Isso fica claro, por exemplo, por meio do comentário frequente diante do questionário SNAP-IV, instrumento que auxilia no diagnóstico do TDAH (Mattos et al., 2006): a maior parte das pessoas, ao preencher o questionário, identifica-se com parte dos critérios/sintomas apresentados. Isso ocorre pois, em relação ao sintoma "desatenção", por exemplo, não existem apenas duas categorias (atentos e desatentos), mas todo um espectro de normalidade, interrompido por um ponto de corte arbitrário (definido pelo conceito de prejuízo), a partir do qual se estabelece o transtorno.

Outro parâmetro complexo de ser avaliado é o *desempenho acadêmico*, que deve se mostrar *significativamente baixo* no caso de um transtorno de aprendizagem. No entanto, limitar esse critério aos resultados escolares (notas) ruins pode levar a conclusões equivocadas. Algumas crianças com dificuldades expressivas conseguem, com grande esforço adicional, manter um desempenho regular, mas que são inferiores ao seu potencial, podendo gerar *stress*, perda de autoestima e de motivação. Da forma semelhante, crianças com problemas mais leves de aprendizado, principalmente aquelas mais ansiosas, podem apresentar resultados desproporcionalmente ruins em algumas situações.

Levando em consideração todos esses aspectos e principalmente respeitando a principal característica que identifica os Transtornos da Aprendizagem – *a persistência de seus sintomas apesar da intervenção* –, há, em geral, necessidade de se observar a evolução do quadro ao longo do tempo.

Porém, a boa notícia, nunca é demais repetir, é que não há necessidade de esperar pelo diagnóstico definitivo para que a criança comece a receber ajuda.

O LAUDO MÉDICO E AS ADAPTAÇÕES CURRICULARES

Antes de abordarmos a problemática dos laudos médicos, cabe uma reflexão sobre o papel das adaptações curriculares. Existe, no senso comum, uma percepção equivocada de que as adaptações têm o simples objetivo de facilitar a vida do aluno, reduzindo a cobrança sobre ele (tornando-o "café-com leite"). Essa ideia falaciosa gera diversos subprodutos, como: "todos vão querer"; 'é injusto com os outros alunos"; "os pais dos outros alunos vão reclamar" etc. No entanto, é justamente o contrário. O verdadeiro propósito das adaptações é a equidade. Cabe uma interessante analogia com o uso de óculos por uma pessoa com miopia: a correção de seu erro de refração visual a coloca em igualdade de condições com as outras pessoas que têm a visão normal. O uso desses óculos por uma pessoa com visão intacta trará algum tipo de vantagem? Ela passará a enxergar mais? Não!

Do ponto de vista jurídico, o laudo médico consiste em documento emitido por profissional habilitado "certificando um fato médico e suas consequências" (Diniz, 1998). Documentos médicos são revestidos de Fé Pública, sendo sua solicitação um direito do paciente que, por sua vez, tem o dever de informar sua finalidade. Apesar de ser uma prática frequente – e de certa forma banalizada – os aspectos éticos e legais desse ato devem ser sempre observados (Conselho Federal de Medicina, 2019).

A ESPERA POR UM LAUDO

A espera pelo laudo médico para dar acesso ao aluno a processos de adaptações, suplementações, adequações e/ou flexibilizações curriculares NÃO se faz uma conduta justificável. Aguardar até que o processo diagnóstico seja concluído para que a criança comece a receber apoios, significa permitir que o acúmulo de defasagens pedagógicas e de responsabilidade da escola potencialize, fragilize e comprometa o desenvolvimento cognitivo, pedagógico e emocional do estudante independente do quadro vislumbrado pela equipe de saúde.

Desde 2014, um documento do MEC garante o acesso à educação inclusiva independente do laudo médico, afirmando o seguinte (Brasil/MEC, 2014):

> (...)Neste liame não se pode considerar imprescindível a apresentação de laudo médico (diagnóstico clínico) por parte do aluno com deficiência, transtornos globais do desenvolvimento ou altas habilidades/superdotação, uma vez que o AEE caracteriza-se por atendimento pedagógico e não clínico.

Cabe ressaltar que o conceito de "deficiência" empregado aí difere do entendimento médico/acadêmico, referindo-se, nesse contexto, a qualquer barreira à plena participação do indivíduo na sociedade (Organização das Nações Unidas para a Educação, a Ciência e a Cultura [UNESCO], 2009). De acordo com essa mesma Nota Técnica, "...o direito das pessoas com deficiência à educação não poderá ser cerceado pela exigência de laudo médico."

Apesar desse posicionamento claro do MEC, a "política dos laudos" perdura em diversos ambientes educacionais. Essa "cultura dos laudos", na qual o início da intervenção está condicionado ao laudo médico, pode ter consequências sérias e muito negativas, como diagnósticos precipitados – com todos os seus riscos e laudos com orientações genéricas e superficiais, desconectadas da realidade da escola. Em alguns casos, essas orientações inconsistentes podem ser entendidas com as únicas medidas necessárias, tirando do aluno a oportunidade de receber todo o suporte necessário.

O CASO DA DISLEXIA E O CRITÉRIO DE RESPOSTA À INTERVENÇÃO: O PARADOXO DO LAUDO

Nos últimos anos, quando um grupo de especialistas revisavam as pesquisas com o objetivo de tornar o diagnóstico de dislexia mais precoce e preciso, um aspecto ficou evidente: dentre as crianças que se apresentavam com dificuldade de leitura no início da alfabetização, dois padrões de resposta se apresentavam diante de programas de intervenção relativamente específicos: a maioria delas tinha resolução de suas dificuldades, enquanto uma pequena parcela, apesar de melhora discreta, não respondiam de forma significativa. Assim, por se mostrar relevante, o paradigma da resposta à intervenção foi incorporado pelo DSM-5 aos critérios diagnósticos dos Transtornos Específicos de Aprendizagem, como a dislexia (Mousinho & Navas, 2016).

No entanto, ainda é frequente a situação em que a escola exige que o diagnóstico desse Transtorno Específico de Leitura seja confirmado para garantir acesso a qualquer intervenção educacional. Então, considerando que as adaptações curriculares podem ter efeito remediativo (Ribeiro, 2021, p. 104), cria-se um empasse: aguardar a confirmação diagnóstica para iniciar a intervenção é um obstáculo para o próprio diagnóstico do transtorno.

O MODELO DA RESPOSTA À INTERVENÇÃO (RTI)

Este modelo consiste em programas de intervenção com habilidades cognitivo-linguísticas com objetivos de minimizar o impacto dos entraves na leitura e na escrita em crianças com dificuldades ou transtornos de aprendizagem. Essa intervenção teria como objetivos não só melhora no desempenho das crianças, mas também ajudar no esclarecimento diagnóstico (Fukuda & Capellini, 2011).

Embora os dados brasileiros ainda sejam escassos, esse modelo tem se mostrado eficaz na identificação precoce dos escolares de risco para Transtornos de Leitura e Atenção em sala de aula (Andrade et al., 2013) bem como na prevenção e remediação das dificuldades de aprendizagem (Almeida et al., 2016). Esses resultados descortinam um promissor horizonte de pesquisa para a área.

A CADA UM O QUE É SEU (A METODOLOGIA CDRA)

Como atuar no universo da diversidade escolar? Por onde começar a intervenção se não tenho o diagnóstico? Posso atuar pedagogicamente de forma preventiva? A metodologia CDRA entra, nesse momento, como uma ferramenta valiosa para o professor, ajudando a direcionar e a planejar intervenções pedagógicas preventivas e remediativas. Por meio do mapeamento, os alunos são classificados em quatro diferentes grupos: aprendizagem regularizada (sem necessidade de adaptação), tendência a dificuldades de aprendizagem; tendência a transtorno de aprendizagem e tendência a déficit intelectual (Ribeiro, 2021). Embora não tenha objetivo diagnóstico, esse mapeamento ajuda a esclarecer como determinado aluno está "funcionando" em termos de aprendizagem. Assim, essa metodologia – que foi desenvolvida com base científica – atua na **formação** do professor (capacitação em educação inclusiva), no **mapeamento** de uma sala de aula, ou seja, no reconhecimento e no monitoramento de seu grupo heterogêneo (gestão) e **intervém** por meio das adaptações e/ou adequações curriculares (atividades e provas escolares), avaliando habilidades e competências dos estudantes, estabelecendo metas que permitam reavaliar e reprogramar intervenções pedagógicas eficazes para alunos diversos sem prejuízo do senso de pertencimento ou *status* dos estudantes como membros efetivos de um grupo heterogêneo de uma sala de aula.

SOBRE ATRIBUIR À SAÚDE A RESPONSABILIDADE SOBRE A APRENDIZAGEM

Os professores são os profissionais com maior capacidade de identificar as crianças com problemas de aprendizagem (Capellini et al., 2004). O condicionamento do início do apoio pedagógico ao laudo médico repousa na falsa premissa de que esse documento poderá apontar um caminho. Na verdade, o laudo neurológico pode contribuir para aprimorar as estratégias pedagógicas, mas jamais deve defini-las. Sendo esse um papel da escola, dos professores e dos profissionais que têm acesso, em suas formações, a conteúdos, a objetivos e a diferentes métodos de ensino acadêmico. Equipes docentes gerais e especiais unidas em abordagens coordenadas e flexíveis (Janney & Snell, 2006).

Apesar da não obrigatoriedade do laudo, alguns docentes apontam que a inclusão de alunos sem esse documento poderia implicar em práticas pedagógicas equivocadas e gerar a sensação de impotência (Santos et al., 2019).

Talvez, consequências – muito negativas - dessa "cultura dos laudos" sejam o excesso de diagnósticos nas escolas e a legalização dos quadros sem ações pedagógicas efetivas. Da mesma forma que o laudo neurológico pode e deve contribuir para o aprimoramento das práticas pedagógicas no ambiente educacional, as abordagens do professor bem como o monitoramento das respostas às estratégias implementadas pela equipe docente são fundamentais para redefinir as impressões e condutas neuropediátricas (clínicas) em relação às dificuldades apresentadas por seu paciente. Assim, a relação entre a avaliação neurológica e as adaptações curriculares é, idealmente, bidirecional, com limites de atuação claros e bem definidos.

CONCLUSÃO

SOBRE A NECESSIDADE DE MAIOR DISPONIBILIDADE E DIÁLOGO...

É fato que os profissionais de saúde – particularmente os médicos – se mostram pouco disponíveis para conhecer o ambiente escolar de seu paciente e ouvir os depoimentos dos docentes. Visitas às escolas ou mesmo conversas telefônicas ou trocas de mensagens são, infelizmente, infrequentes. É urgente rever esse posicionamento. Trabalhar com aprendizagem requer do profissional de saúde maior disponibilidade para o diálogo, abrindo espaço, até mesmo, para divergências respeitosas de ideias.

O REAL PAPEL DOS LAUDOS

O laudo médico poderia ser um instrumento de comunicação com a escola? Nesse caso, que informações são importantes em um laudo? Estamos invadindo espaços de forma impositiva?

Compartilhar o raciocínio clínico e as impressões diagnósticas **ao invés** de diagnósticos fechados e condutas radicais com apelo patológico pode ser uma saída.

Para que tenha função comunicativa, é imprescindível que o laudo médico tenha uma linguagem clara para o professor. É sempre desejável, para o bem de todos, que o professor se aproxime do universo clínico, assim como os profissionais da saúde devem se inteirar do mundo educacional. No entanto, não é justo partir da premissa de que a formação do *médico* domine totalmente a situação. Essa comunicação, no contexto multidisciplinar, deve ser dosada e cuidadosa. A solicitação – respeitosa, claro - por esclarecimentos adicionais (sobre um termo utilizado em laudo médico ou escolar, por exemplo) deveria ser vista com naturalidade e seriedade, indicando uma comunicação efetiva entre saúde e educação, sendo fundamental o princípio do respeito às expertises das áreas envolvidas.

Juntos e com ciência podemos fazer a diferença!!

REFERÊNCIAS

American Psychiatric Association [APA] (2014). *Manual de diagnóstico e estatístico de transtornos mentais: DSM-V.* 5. ed. Porto Alegre: Artmed. 848 p.

Almeida, R.P, Piza, C.J.M.T, Cardoso, T.S.G, & Miranda, M.C. (2016). Prevenção e remediação das dificuldades de aprendizagem: adaptação do modelo de resposta à intervenção em uma amostra brasileira. *Revista Brasileira de Educação*, [s. l.], v. 21, ed. 66, p. 611-630, jul-set.

Andrade, O.V., Andrade, P.E., & Capellini, S.A. (2013). Identificação precoce do risco para transtornos da atenção e da leitura em sala de aula. *Psic.: Teor. e Pesq., Brasília*, v. 29, n. 2, p. 167-176, June.

Araújo A.P.Q.C. (2002). Avaliação e manejo da criança com dificuldade escolar e distúrbio de atenção. *Jornal de Pediatria*, [s. l.], v. 78, p. S104-S110.

Brasil (2014). Ministério da Educação. Secretaria de Educação Continuada, Alfabetização, Diversidade e Inclusão. *Nota Técnica Nº 04 / 2014 / MEC / SECADI / DPEE*. Orientação quanto a documentos comprobatórios de alunos com deficiência, transtornos globais do desenvolvimento e altas habilidades/ superdotação no Censo Escolar. Brasília: MEC/SECADI/DPEE.

Capellini, S.A, Tonelotto, J.M.F, & Ciasca, S.M. (2004). Medidas de desempenho escolar: avaliação formal e opinião de professores. Rev. *Estudos de Psicologia: PUC-Campinas*, [s. l.], v. 21, ed. 2, p. 79-90, maio-ago.

Carnoy, M., Khavenson, T., Fonseca, I., Costa, L., & Marotta, L. (2015). A educação brasileira está melhorando? Evidências do PISA e SAEB. *Cadernos de Pesquisa*, [s. l.], v. 45, ed. 157, p. 450-485, Jul/Set.

Ceballos G.Y, Paula C.S, Ribeiro E.L., Santos, D. N. (2019). Child and Adolescent Psychosocial Care Center service use profile in Brazil: 2008 to 2012. *Revista Brasileira de Psiquiatria*, [s. l.], v. 41, ed. 2, p. 138-147.

Código de Ética Médica (2018). *Resolução CFM nº 2.217, de 27 de setembro de 2018*, modificada pelas Resoluções CFM nº 2.222/2018 e 2.226/2019 / Conselho Federal de Medicina – Brasília: Conselho Federal de Medicina, 2019.108 p.

Corso L.V, & Meggiato A.O. (2019). Quem são os alunos encaminhados para acompanhamento de dificuldades de aprendizagem? *Rev. Psicopedagogia*, [s. l.], v. 36, ed. 109, p. 57-72.

Dehaene S., Pegado F., Braga L.W., Ventura P., Nunes Filho G., Jobert A., Dehaene-Lambertz G., Kolinsky R., Morais J., & Cohen L. (2010). How learning to read changes the cortical networks for vision and language. *Science*. Dec 3;330(6009):1359-64. doi: 10.1126/science.1194140. Epub 2010 Nov 11. PMID: 21071632.

Diniz, M. H. (1998). *Dicionário Jurídico*, Editora Saraiva, 1998.

Fonseca, R.P., Sganzerla, G.C., & Enéas, L.V. (2020). Fechamento das escolas na pandemia de COVID -19: impacto socioemocional, cognitivo e de aprendizagem. *Debates em Psiquiatria*, [s. l.], p. 28-37, Out-Dez.

Fuchs L.S, Fuchs D., Seethaler P.M., Cutting L.E., & Mancilla-Martinez J. (2019). Connections Between Reading Comprehension and Word-Problem Solving via Oral Language Comprehension: Implications for Comorbid Learning Disabilities. *New Dir Child Adolesc Dev*. 2019 May;(165):73-90.

Fukuda, M.T.M, & Capellini, S.A. (2011). Treinamento de habilidades fonológicas e correspondência grafema-fonema em crianças de risco para dislexia. *Revista CEFAC* (Impresso), v. 13, p. 227-235, 2011.

Haase, V.G., Júlio-Costa, A., Silva, J.B.L. (2015). Por que o construtivismo não funciona? Evolução, processamento de informação e aprendizagem escolar. *Psicologia em Pesquisa: UFJF*, [s. l.], v. 9, ed. 1, p. 62-71, jan/jun.

Janney, R., Snell, M. (2006). Modifying Schoolwork in Inclusive Classrooms. *Theory Into Practice*, 45(3), 215-223. Retrieved June 7, 2021, from http://www.jstor.org/stable/40071600.

Kuhl, P.K. (2011). Early Language Learning and Literacy: Neuroscience Implications for Education. *Mind Brain Educ*.Sep;5(3):128-142.

Lent, R. (2010). Pessoas com História: As Bases Neurais da Memória e da Aprendizagem. In: R. Lent. *Cem Bilhões de Neurônios: Conceitos Fundamentais de Neurociência*. 2a. ed. São Paulo: Atheneu. cap. 18, p. 643-677. ISBN 978-85-388-0102-3.

Maguire, E.A, Woollett, K., & Spiers, H.J.(2006). London taxi drivers and bus drivers: a structural MRI and neuropsychological analysis. *Hippocampus*, [s. l.], v. 16, ed. 12, p. 1091-1101.

Mattos P., Serra-Pinheiro, M.A., Rohde, L.A., & Pinto D.(2006). A Brazilian version of the MTA-SNAP-IV for evaluation of symptoms of attention-deficit/hyperactivity disorder and oppositional-defiant disorder. *Rev Psiquiatr Rio Gd Sul*.;28:290-7.

Mousinho, R., Navas, A.L. (2016). Mudanças apontadas no DSM-5 em relação aos transtornos específicos de aprendizagem em leitura e escrita. *Revista Debates em Psiquiatria*, [s. l.], v. 6, ed. 3, p. 38-45, mai-jun.

Organização das Nações Unidas para a Educação, a Ciência e a Cultura [UNESCO] (1994) . *Declaração de Salamanca*. Sobre Princípios, Políticas e Práticas na Área das Necessidades Educativas Especiais. Disponível em: <http://portal.mec.gov.br/seesp/arquivos/pdf/salamanca.pdf> Acesso em: 23 dez. 2009.

OECD (2019), *PISA 2018 Results* (Volume I): What Students Know and Can Do, PISA, OECD Publishing, Paris, https://doi.org/10.1787/5f07c754-en.

Organização Mundial da Saúde [OMS] (1993). *Classificação de transtornos mentais e de comportamento da CID-10: descrições clínicas e diretrizes diagnósticas*. Porto Alegre: Artmed.

Okuda, P.M.M., Lourenceti, M.D., Santos, L.C.A., Padula, N.A.M.R., Capellini, S.A. (2011). Coordenação motora fina de escolares com dislexia e transtorno do déficit de atenção e hiperatividade. *Revista CEFAC* (Impresso), v. 13, p. 876-885.

Ribeiro, R.M., Nascimento, R.M., & Soares, A.M. (2020). Demanda jurídica e retenção escolar no regime de progressão. *International Journal of Development Research*, [s. l.], v. 10, ed. 9, p. 40142-40146.

Ribeiro, R.M. (2020). *A cada um o que é seu: metodologia CDRA: referência em defasagens educacionais e adequações/adaptações curriculares*. 1. ed. São Paulo: Núcleo Aprende. 218 p. ISBN 978-65-00-02214-8.

Rotta, N.T, Ohlweiler, L., Riesgo, R.S. (2016). Semiologia Neuropediátrica. In: Rotta, NT; Ohlweiler, L; Riesgo, RS. *Transtornos da Aprendizagem: Abordagem Neurobiológica e Multidisciplinar.* 2a. ed. Porto Alegre: Artmed. cap. 5, p. 49-68. ISBN 978-85-8271-264-1.

Santos, L. Silva, R.J.M., Souza, C.J.V.R et al. (2019). Inclusão Escolar: Os Desafios do Trabalho Pedagógico Com Alunos Sem Laudo Clínico. *Revista Científica Semana Acadêmica*. Fortaleza, ano MMXIX, Nº. 000174, 23/07/2019. Disponível em: https://semanaacademica.com.br/artigo/inclusao-escolar-os-desafios-do-trabalho-pedagogico-com-alunos-sem-laudo-clinico Acessado em: 20/04/2021.

Sorensen L.C, Dodge K.A & The Conduct Problems Prevention Research Group (2015). How does the Fast Track intervention prevent adverse outcomes in young adulthood? *Child Dev*. 2016 March; 87(2): 429–445.

Willcutt E.G., McGrath L.M., Pennington B.F., Keenan J.M., DeFries J.C., Olson R.K., & Wadsworth S.J.(2019). Understanding Comorbidity Between Specific Learning Disabilities. *New Dir Child Adolesc Dev*. 2019 May;2019(165):91-109.

A FAMÍLIA E A ADAPTAÇÃO CURRICULAR

Amanda Carvalho Oliveira Rebelo de Albuquerque

Rosana Mendes Ribeiro

Ângela Mathylde Soares

RESUMO

O ambiente escolar e a família têm por obrigação legal corresponsabilidade na construção educacional da criança no Brasil. À escola cabe a estruturação do conhecimento por meio de ferramentas que propiciem o desenvolvimento adequado/adaptado ao aluno com Necessidades Educacionais Especiais (NEE). À família cabe, além do sustento, a construção das relações sociais, as complementações de desenvolvimento com especialistas multidisciplinares, como ação complementar para o enriquecimento das atividades escolares. Com essas ações e a literatura que contempla tais temas, é comprovado que essa parceria é um fator de sucesso na vida de quem possui Necessidades Educacionais Especiais.

Palavras-chave: Adaptação Curricular; Família; Educação Especial.

INTRODUÇÃO

Condição, atualmente, compartilhada com o Estado, a família assumiu o papel educacional do desenvolvimento da criança em idade escolar. Isso pode ser encontrado no art. 205 da Constituição da República Federativa do Brasil de 1988 (CF/88): "A educação, direito de todos e dever do Estado e da ***família***" (Brasil, 1988). Esse posicionamento é assumido no período histórico de redemocratização em que a educação sai da condução do Estado Ditatorial, e passa a integrar o modelo neoliberal, decorrente da globalização estabelecida nas relações mundiais no Pós-Guerra Fria.

A partir desse compartilhamento da obrigação educacional, a família passa a ser objeto de estudo por pesquisadores da educação, dada a importância que representa na construção educacional do indivíduo, tendo o potencial de incidir no desenvolvimento da criança para o seu benefício ou o seu prejuízo. O meio em que a criança está inserida, a estrutura da família e tantas outras questões sociais que refletem diretamente na construção educacional precisam ser observados nesse novo formato de educação universal (Almeida, 2012).

Com isso, a relação família/escola assume um novo papel no Brasil redemocratizado. E mesmo dividindo essa responsabilidade, é preciso entender que cada qual tem diferentes papeis e objetivos nessa construção, mas com um foco comum: o desenvolvimento educacional da criança para sua autonomia. Assim, as funções das duas instituições se tornam complementares, guardadas as obrigações de cada uma (Almeida, 2012).

O ESTADO E A CONSTRUÇÃO TEÓRICA DA EDUCAÇÃO ESPECIAL

No que se refere à Educação Especial (E.E.), a corresponsabilidade se dá ao passo que os pais também serão responsáveis pela evolução educacional da criança tanto quanto o Estado, mesmo com a criança que demanda uma maior estrutura para seu desenvolvimento. Além dessa responsabilidade educacional, recairá também sobre a família a responsabilidade do adequado desenvolvimento humano (Almeida, 2012).

As responsabilidades estão estabelecidas como obrigação da família, com a participação do Estado e da sociedade, no arcabouço jurídico brasileiro. A CF/88, em seu art. 227, descreve, sem distinção que:

> É dever da família, da sociedade e do Estado assegurar à criança, ao adolescente e ao jovem, com absoluta prioridade, o direito à vida, à saúde, à alimentação, à educação, ao lazer, à profissionalização, à cultura, à dignidade, ao respeito, à liberdade e à convivência familiar e comunitária, além de colocá-los a salvo de toda forma de negligência, discriminação, exploração, violência, crueldade e opressão (Brasil, 1988)[1]

A partir dessa obrigação civil, outros institutos jurídicos contemplam mais especificamente a educação especial, por exemplo, a Política

1 Redação dada Pela Emenda Constitucional nº 65/2010.

Nacional de Educação Especial (PNEE). No site oficial do Ministério da Educação e Cultura, na sessão da Secretaria de Educação Especial (Brasil, 2021), é possível acessar um conjunto de legislações que regulamenta o tema. Nas quais, além das legislações infraconstitucionais, como Lei de Diretrizes e Bases da Educação (LDB), Estatuto da Criança e do Adolescente (ECA), Estatuto da Pessoa com Deficiência ou Lei Brasileira da Inclusão (LBI), ainda existem legislações complementares que corroboram para a obrigação compartilhada entre família e Estado.

Algumas legislações federais devem ser citadas, como exemplo (Brasil, 2021):

> **Lei nº 7.853/89 – CORDE**: Apoio às pessoas portadoras de deficiência. Lei Nº 8.859/94 - Modifica dispositivos da Lei nº 6.494, de 7 de dezembro de 1977, estendendo aos alunos de ensino especial o direito à participação em atividades de estágio.
>
> **Lei nº 10.098/94**: Estabelece normas gerais e critérios básicos para a promoção da acessibilidade das pessoas portadoras de deficiência ou com mobilidade reduzida, e dá outras providências.
>
> **Lei nº 10.436/02**: Dispõe sobre a Língua Brasileira de Sinais - Libras e dá outras providências.

Este movimento social e institucional tem evoluído ao passar dos anos, pós-CF/88, também por meio de decretos nacionais (Brasil, 2021):

- Decreto Nº 186/08 - Aprova o texto da Convenção sobre os Direitos das Pessoas com Deficiência e de seu Protocolo Facultativo, assinados em Nova Iorque, em 30 de março de 2007;
- Decreto nº 6.949/08 4 - Promulga a Convenção Internacional sobre os Direitos das Pessoas com Deficiência e seu Protocolo Facultativo, assinados em Nova York, em 30 de março de 2007;
- Decreto Nº 6.215/07 - Institui o Comitê Gestor de Políticas de Inclusão das Pessoas com Deficiência – CGPD;
- Decreto Nº 6.214/07 - Regulamenta o benefício de prestação continuada da assistência social devido à pessoa com deficiência;
- Decreto Nº 6.571/08 - Dispõe sobre o atendimento educacional especializado;

- Decreto nº 3.298/99 - Regulamenta a Lei no 7.853, de 24 de outubro de 1989, dispõe sobre a Política Nacional para a Integração da Pessoa Portadora de Deficiência, consolida as normas de proteção, e dá outras providências;
- Decreto nº 914/93 - Política Nacional para a Integração da Pessoa Portadora de Deficiência;
- Decreto nº 3.076/99 - Cria o CONADE.
- Decreto nº 3.691/00 - Regulamenta a Lei nº 8.899/96 - Concede passe livre às pessoas portadoras de deficiência no sistema de transporte coletivo interestadual;
- Decreto nº 3.952/01 - Conselho Nacional de Combate à Discriminação;
- Decreto nº 3.956/01 - (Convenção da Guatemala) Promulga a Convenção Interamericana para a Eliminação de Todas as Formas de Discriminação contra as Pessoas Portadoras de Deficiência.

As portarias nacionais emitidas pelos órgãos competentes (Brasil, 2021), também seguem com suas orientações acerca da aplicação das leis ou recomendações de caráter geral:

- Portaria nº 976/06 - Critérios de acessibilidade os eventos do MEC; Portaria nº 1.793/94 - Dispõe sobre a necessidade de complementar os currículos de formação de docentes e outros profissionais que interagem com portadores de necessidades especiais e dá outras providências;
- Portaria nº 3.284/03 - Dispõe sobre requisitos de acessibilidade de pessoas portadoras de deficiências, para instruir os processos de autorização e de reconhecimento de cursos, e de credenciamento de instituições);
- Portaria nº 319/99 - Institui no Ministério da Educação, vinculada à Secretaria de Educação Especial/SEESP a Comissão Brasileira do Braille, de caráter permanente;
- Portaria nº 554/00 - Aprova o Regulamento Interno da Comissão Brasileira do Braille.

Não menos importantes, os documentos internacionais que são construídos entre países para definirem políticas para as nações.

Dessas construções, o Brasil é signatário dos seguintes documentos (Brasil, 2021):

- Convenção ONU Sobre os Direitos das Pessoas com Deficiência 2007.
- Carta para o Terceiro Milênio- Declaração de Salamanca.
- Conferência Internacional do Trabalho.
- Convenção da Guatemala. Declaração dos Direitos das Pessoas Deficientes.
- Declaração Internacional de Montreal sobre Inclusão.

Com esse referencial de regulamentações sobre a Política Nacional de Educação Especial, é possível perceber que as demandas que recaem sobre a família na formação do cidadão, principalmente de sujeitos que possuem necessidades especiais, são amplas, e, assim, deve o Estado, compartilhando dessa obrigação, dá o suporte para fornecer uma condição mínima às famílias, em especial àquelas famílias pouco privilegiadas que dependem diretamente das políticas de Estado para uma condição digna de existência.

O Estado precisa estar próximo dessas demandas, dando continuidade às regulamentações. Isso acontece quando desenvolve políticas de esclarecimento e quando atualiza seus serviços em resposta às demandas que surgem na sociedade. Essas "novas" demandas são decorrentes, por exemplo, da evolução da ciência, que diagnostica mais hoje do que há 25 anos, quando foi promulgada a LDB (Brasil, 1996).

Um exemplo, para melhor ilustrar, é a Política Nacional de Proteção dos Direitos da Pessoa com Transtorno do Espectro Autista (TEA), Lei nº 12.762/2012 (Brasil, 2012) que provoca a alteração "(...) no § 3º do art. 98 da Lei nº 8.112, de 11 de dezembro de 1990"; que concede redução de carga horária ao servidor federal responsável por portador de necessidade especial e, em 2016, amplia o benefício por meio da Lei 13.370/2016, no mesmo artigo e parágrafo.

É preciso que se observe que a corresponsabilidade só alcança sua eficiência quando Estado e família assumem seus papéis e caminham na mesma direção.

A CRIANÇA ESPECIAL NO SEIO FAMILIAR E SEUS REFLEXOS ESTRUTURAIS

E como fica a família? Aquela que está no dia a dia com a criança com Necessidades Educacionais Especiais (NEE)? O que recai de fato sobre esse conjunto de pessoas? Quais são as necessidades diretas e primárias para auxiliar o desenvolvimento dessa criança e como esta família deve conduzir esse processo sem nenhuma formação técnica? Que amparo os integrantes dessa família possuem? No falecimento de seus genitores, a quem cabe a tutela desse indivíduo? Como deve acontecer o diálogo entre a escola e a família? Como deve acontecer o diálogo entre a escola e os profissionais de terapias, reabilitações, clínicos? Essas são algumas das muitas perguntas que as famílias esbarram nessa construção do desenvolvimento de uma criança com NEE.

Quando a família se forma e pensa na possibilidade de sua continuidade, pensa também na chegada de um filho no seio familiar. Cada qual com suas crenças, desejos, anseios, expectativas, mas com um pensamento e fala em comum: "queremos um(a) menino(a), *mas o importante é que venha com saúde*". Quanto a esta fala não há o que se contestar no senso comum (Almeida, 2012).

Nascido o esperado bebê, diferente daquele bebê tão sonhado, esses pais passam a experimentar uma instabilidade emocional, frustração, culpa, vergonha, entre tantos outros sentimentos, como se quisessem encontrar uma justificativa plausível para terem que passar pela experiência de um filho com limitações e dependências. Conforme O'Hara e Levy (1984) "as reações dos pais à informação de que o seu filho é uma criança com necessidades educacionais especiais têm sido comparadas às experiências de perda de alguém amado, por morte ou separação" (O'Hara & Levy 1984 como citado em Almeida, 2012, p. 45).

Por mais que pareça chocante tal reação, ela não é um padrão, mas, em análises de alguns autores, são essas as reações imediatas dos pais ao receberem a notícia de que seu filho possui alguma deficiência. Contudo, após a vivência desses sentimentos; o desdobramento se dá na aceitação daquilo que não se pode modificar. A partir desse momento, inicia-se um próximo estágio, o de desenvolvimento dessa criança social, intelectual, física e a busca da autonomia (Almeida, 2012).

Então, é chegada a hora de ir à escola. E aqui quando falamos de escola, estamos falando dos anos de escolaridade obrigatórios por legislação específica, ou seja, da pré-escola ao 9º ano do ensino fundamental a partir de 4 anos, obrigatoriamente, no regime educacional nacional (Brasil, 1996).

A VIDA ESCOLAR E O CURRÍCULO ADAPTADO/ADEQUADO

Mesquita (2010), por meio de seus estudos sobre o termo adaptação, entende que "este termo se remete a homogeneização dos alunos com deficiência, oferecendo um currículo para ele se igualar aos alunos ditos 'normais'" (Mesquista, 2010, p. 401). Entende ainda que, em se buscando a real inclusão, o termo que se deve atentar seria de adequação curricular, visto que a adequação trata de estratégias que diversificam as possibilidades de caminhar para a construção do objetivo comum a todos os alunos.

No mesmo debate, o Ministério da Educação e Cultura conceitua como adaptação curricular:

> (...) estratégias e critérios de atuação docente, admitindo decisões que oportunizam adequar a ação educativa escolar às maneiras peculiares de aprendizagem dos alunos, considerando que o processo de ensino-aprendizagem pressupõe atender à diversificação de necessidades dos alunos na escola (MEC/SEESP/SEB, 2003).

Na prática, não se trata da obrigatoriedade de dominar tais definições, mas sim de exercer com qualidade a inclusão da criança com NEE nas salas de aula regulares. Assim, após essa breve colocação, é importante pontuar outro aspecto importante, as crianças e suas experiências no período antes da escola.

Quando a escola recebe uma criança que já possui um histórico pretérito de acompanhamento multidisciplinar, a adaptação/adequação do currículo às necessidades especiais do aluno transcorre com maior facilidade, pois as informações dos profissionais extraclasse servem de orientações e norte para a análise da equipe pedagógica na construção dos elementos facilitadores à evolução educacional do aluno com NEE (Brasil, 2005).

Em contrapartida, a criança que chega ao ambiente escolar sem estímulos prévios de uma equipe multidisciplinar, sem uma ação conjunta que envolva o acompanhamento adequado da família e a ação da escola, fica prejudicada. Caso essa criança faça parte de uma classe social com menor poder aquisitivo, a oportunidade de isso acontecer é ainda maior. Kassar (2012) pontua que tal fato decorre da universalização da escolaridade obrigatória que tornou visível aqueles historicamente excluídos.

No entanto, a ausência de estímulo e orientação de uma equipe multidisciplinar não é condição obrigatória para a adequação/adaptação do currículo. Os processos educativos de qualquer indivíduo com NEE são únicos. Devem contemplar as habilidades individuais, focando em seu desenvolvimento e na formação eficiente do aluno, sem a intenção de ressaltar sua condição. Ou seja, não deve oferecer menos do que é oferecido aos demais ou mesmo mantê-lo à parte do grupo escolar. Além disso, processo de adequação/adaptação não pode ser vinculado à "patologização" do aluno - algo que, inclusive, não é permitido por lei (Kassar, 2012).

Na primeira etapa da Educação Básica, a Educação Infantil, o currículo possui uma maior "facilidade" de ser adaptado/adequado no caso de algumas patologias, já que o desenvolvimento global do aluno acontece de forma lúdica. Nessa etapa, os estímulos à aprendizagem estão ligados às diferentes formas de comunicação, ao desenvolvimento psicomotor, às relações sociais, à convivência com os diferentes. Destacam-se, nesse período, o desenvolvimento de habilidades que precisam ser vividas, experimentadas, para que o desenvolvimento global se realize (Brasil, 2005).

É importante salientar que dada a multiplicidade das necessidades especiais, essa certa facilidade não é comum a todas as necessidades. Quando falamos de uma criança cadeirante, por exemplo, o estímulo de corrida, de marcha e de equilíbrio, muito trabalhado na primeira etapa da educação, terá que ser adaptado de modo que haja uma condição capaz de proporcionar a criança um desenvolvimento de outras habilidades tão importantes como as que estão sendo trabalhadas na atividade supracitada, propiciando a realização eficiente do aluno, bem como que não se distancie da proposta de atividade para o grupo (Brasil, 2005).

Algumas Necessidades Educacionais Especiais são detectadas com mais clareza na sala de aula, em especial no período da alfabetização, por exemplo, o Transtorno de Déficit de Atenção e Hiperatividade (TDAH), no qual, segundo Seno (2010), a maioria dos professores que participaram de sua pesquisa, apontaram que o período de alfabetização foi aquele em que se tornou mais perceptível a existência de transtornos e, assim, o encaminhamento à investigação clínica.

Quanto ao referido exemplo, cabe destacar que a literatura convencionou, após muito debate, que quanto ao TDAH "(...) o início ocorre geralmente antes dos 4 anos e invariavelmente antes dos 12. O pico para o diagnóstico fica entre 8 e 10 anos, entretanto os que apresentam déficit de atenção predominante só são diagnosticados após a adolescência. (Silkes, 2018, não paginado)". Com isso, no período da alfabetização, percebe-se muitas vezes esse destaque, e, com isso, a escola é responsável tão somente por solicitar a investigação.

O comportamento da criança com TDAH ou Transtorno Opositor Desafiador (TOD) se destaca quando inserido no grupo escolar, o professor com uma análise individual dos alunos, na sua prática pedagógica corriqueira, tem, entre outros objetivos, a percepção mais apurada também do comportamento e, assim, pode considerar que determinados comportamentos se assemelham a condições decorrentes desses transtornos, já que as atitudes, na sala de aula e nas atividades em grupo, podem ser mais elucidativas do que no ambiente familiar (Seno, 2010).

Outro ponto a salientar ao debate aqui tratado é a discussão sobre a necessidade educacional especial e a deficiência como uma necessidade de adaptar o acesso e a permanência na escola. Para Glat (2007), essa separação é relevante, visto que a deficiência "se reporta às condições orgânicas do indivíduo, que podem resultar em uma necessidade educacional especial, porém não obrigatoriamente" (Glat, 2007, p. 349). Já a necessidade educacional especial "está intimamente relacionada à interação do aluno à proposta ou realidade educativa com a qual ele se depara" (Glat, 2007, p. 46), fator necessário ao desenvolvimento educacional individual.

Com isso, também se desmistifica o entendimento que todo deficiente precisa de adaptação curricular, quando, na verdade, o currículo deverá ser adequado/adaptado às necessidades específicas de cada deficiência. Um bom exemplo seria um aluno com dislexia que terá necessidades de adequação de currículo nas disciplinas nas quais ele apresenta rendimento insuficiente, ou seja, um aluno pode ter discalculia, porém ter a habilidade da leitura e da escrita satisfatórias. Com isso, não se faz necessário adaptar o currículo, que, pela literatura atualmente, considera a adaptação como uma redução global de todos os conteúdos educacionais ao nível daquele que o aluno apresenta necessidade (Filho & Moretti, 2020).

Na prática, seria oferecer conteúdo de 3.º ano de escolaridade do ensino fundamental ao aluno de 5.º ano, pois ele ainda não desenvolveu os pré-requisitos da matemática após o 3º ano, desconsiderando suas habilidades nas demais áreas do conhecimento que não foram comprometidas pela discalculia. Fica claro que esse aluno precisa é da adequação somente do currículo de matemática, pois suas habilidades para exatas são mais limitadas que para as outras disciplinas (Glat, 2007).

Podemos considerar, por exemplo, o caso do aprendizado da língua pelos alunos com surdez. Pereira (2011) destaca que a língua é um sistema de formas fonéticas, gramaticais, independentes de todo ato da criação individual. No entanto, para que o aluno com surdez possa aprender a língua portuguesa, por exemplo, deve dominar um conjunto de regras específicas da linguagem de sinais primeiro, valendo-se de recursos audiovisuais, fazendo com que a primeira auxilie o ensinamento da segunda. Nessa concepção, a língua é atividade, espécie de lugar de interação humana e não está pronta de antemão, mas é construída na atividade da linguagem, Pereira (2014) ainda afirma que o foco, então, é colocado nos textos — não nos vocábulos — em um processo discursivo entre alunos, professores e textos. Deve-se observar, também, como característica, que o professor assume o lugar de parceiro na aprendizagem (Pereira, 2014).

Por isso, nota-se que o aluno encontra dificuldade de entendimento de um texto na sua íntegra, pois, conforme avaliado, ele aprende as palavras separada e literalmente, fazendo com que haja sempre um uso de frases curtas e simples. O uso de inúmeras palavras desconhecidas no texto pode desmotivar o aluno e, consequentemente, afastá-lo da leitura. Assim nesse caso é entendido que a necessidade é de adaptação global do currículo e da forma de operacionalizá-lo também, de forma inclusiva às necessidades do surdo (Pereira, 2014).

Algo ainda pouco falado, mas de extrema relevância, é que quando falamos de educação não podemos considerar tal tema como algo frio e metódico. Educação é uma ferramenta viva de construção e, segundo José Pacheco (2012 p. 39), "jamais separar o desenvolvimento da cognição do desenvolvimento da afetividade." Isto é, para a eficiência do currículo, precisamos considerar que indivíduos com autoestima elevada e motivados apresentam melhor desenvolvimento educacional. Em relação ao aluno com NEE isso é ainda mais significativo, pois, quando esses encontram motivações, é possível um trabalho mais efetivo para ultrapassar suas limitações.

Nessa temática, além da adequação/adaptação **que se faz** necessária ao aluno com NEE, é preciso também entender suas **famílias**. Quais **são as suas possibilidades**, quais suas demandas, quais expectativas em relação ao desenvolvimento e à autonomia de suas crianças, **já na vida escolar**? A árdua rotina do dia a dia dessa criança. "A família, portanto, é responsável pela sobrevivência física e psíquica da criança, uma vez que se constitui como o primeiro grupo de mediação do indivíduo com a sociedade" (Bock et al., 1999 como citado em Maturana, 2015, p. 350).

Para o sucesso da prática escolar, a relação família-escola é **fundamental, pois** o "envolvimento e desempenho acadêmico do aluno, sua adesão às normas e rotinas da escola são atribuídas, em parte, à participação ou ausência da família em reuniões de pais e atividades escolares" (Maturana & Cia, 2015, p. 351).

Maturana (2015) destaca que a psicologia e as ciências humanas têm desenvolvido amplo trabalho de pesquisa para compreensão de que o desenvolvimento infantil é variável pela maior ou menor participação da família. Contudo, como anteriormente citado, ainda estamos aprimorando estratégias do atendimento eficiente da Educação Especial, visto que as famílias que estão à margem da sociedade necessitam de mais suporte do Estado além das políticas educacionais, e esses reflexos são percebidos diretamente na sala de aula.

Para efetivação do compromisso do desenvolvimento educacional da criança com NEE, antes as famílias precisam, muitas vezes, de: moradia digna, emprego, alimentação, vestuário e, até mesmo, medicação. Essas questões são consideradas mais imediatas para essas famílias carentes que a própria evolução educacional da criança. Já dizia Herbert de Souza, o Betinho, na década de 1990, "quem tem fome tem pressa". Logo, antes que se saiba "ler e escrever", é preciso habitar, é preciso comer.

Ainda deve ser considerado que as estruturas emocionais, psicológicas e sociais também devem ser acolhidas pela escola no que tange aos integrantes dessas famílias, pois algumas necessidades especiais demandam um equilíbrio emocional gigantesco. Isso pode ser facilmente identificado nos casos de crianças portadoras de síndromes que desenvolvem limitações progressivas em que algumas dessas síndromes acarretam a degeneração do seu sistema neurológico, como é o caso da síndrome de West, que, mesmo com diagnóstico precoce, o retardo é agressivo e decorre dos danos às estruturas cerebrais decorrentes dos quadros frequentes de epilepsia. Oliveira e Polleto (2015) destacam que, para a família, pensar nesse indivíduo em uma vida adulta, na promoção da autonomia, que, muitas vezes, torna-se cada dia mais difícil, é humanamente cruel e deve-se considerar que essa família também precisa ser acolhida na escola e em redes de apoio.

> A resiliência não é um fenômeno estático, mas um processo psicológico complexo que envolve os recursos pessoais, ambientais, relacionais e o engajamento na situação adversa para a sua posterior superação. Certamente, tais progenitores precisam engajar-se nesse processo de elaboração para que ele ocorra e também valer-se de suas redes de apoio social e afetivo e de seus recursos pessoais (Oliveira & Polleto, 2015, p. x).

Por meio dessas simplórias pontuações de algumas deficiências, com objetivo de melhor ilustrar o tema adaptação/adequação e família, percebe-se que a Educação Especial de fato é um território amplo, que ainda se encontra também em adaptação/adequação e que algumas certezas devem ser consideradas: que a educação da criança com NEE tem direitos básicos garantidos por ampla legislação. Que a prática educacional tem por obrigação pensar, formular e reformular estratégias de ensino para atender às habilidades do aluno. Por fim, a família, na condição de corresponsável pelo processo educacional, tem, por obrigação, exigir o currículo individualizado, bem como o dever de acompanhar esse desenvolvimento e ainda complementá-lo além da escola.

CONCLUSÃO

Ao falarmos de adaptação e/ou adequação curricular e família, pode-se perceber que temos presente também a figura do Estado, com suas funções de realização do bem-estar social — como princípio democrático — , viabilizando, de forma explicita em legislação, garantias necessárias para que os Portadores de Necessidades Educacionais Especiais tenham sua vida mais adequada às suas habilidades em detrimento de sua deficiência. Já se exauriram todas as demandas das crianças com NEE? Ainda não, mas é preciso considerar que já se evoluiu bastante no tema quando se observa a ampla regulamentação que o Brasil possui.

A maior parte de alunos em idade escolar é atendida em instituições públicas de ensino e, nesses ambientes escolares em que o poder público é o gestor das políticas de educação para os alunos com NEE, elas se fazem mais visíveis. A escola, sendo um ambiente vivo, deve se moldar às necessidades que acontecem em tempo real, prova disso foi a transformação das estratégias e das abordagens pedagógicas em decorrência da pandemia da Covid-19, em 2020. Assim, a parceria escola/família precisa ser fortalecida, de forma que o resultado esperado no desenvolvimento do aluno com NEE seja alcançado de forma eficiente.

A família, por sua vez, precisa inicialmente aceitar as Necessidades Educacionais Especiais da criança e, ultrapassado esse momento, ampliar as possibilidades para seu melhor desenvolvimento global, indo além do ambiente escolar, buscando suporte multiprofissional que se faça necessário, bem como cuidar do emocional desse conjunto de pessoas.

Na ausência de condições financeiras para essas terapias, o Estado, mais uma vez, tem, por obrigação, oferecer meios de atendimento a essa criança, e quando não se obtém administrativamente tal concessão, o judiciário se faz presente para que, mesmo de forma litigiosa, garanta-se todo direito que a criança com NEE necessita para seu melhor bem-estar. O Ministério Público e a Defensoria Pública são os órgãos que a população deve procurar.

É importante considerar que diagnósticos são tão somente facilitadores da construção do currículo escolar e não pré-requisitos, a criança tem por direito legal a garantia de ter adaptado/adequado ao seu currículo, independentemente de uma comprovação médica.

Finalmente, deixo aqui uma reflexão. Quem de **nós, ditos normais, não temos dificuldades em determinados assuntos e mais facilidades em outros? Quem domina tudo? Enfim, no fundo**, somos todos ESPECIAIS.

REFERÊNCIAS

Almeida, A. I. (2012). *A família e a intervenção educativa face a criança com NEE: Dissertação apresentada à Escola Superior de Educação Almeida Garrett para obtenção do grau de mestre em Ciências da Educação - Educação.* Lisboa: Escola Superior de Educação Almeida Garret. Acesso em 31 de 05 de 2021, disponível em http://hdl.handle.net/10437/2712

Brasil. (5 de outubro de 1988). *Constituição da República Federativa do Brasil.* Brasília, DF, Brasil: Presidência da República. Acesso em 21 de 5 de 2021, disponível em Senado Federal: http://www.planalto.gov.br/ccivil_03/constituicao/constituicao.htm

Brasil. (1996). *Lei N. 9.394, de 20 de dezembro de 1996: estabelece as diretrizes e bases da educação nacional.* Brasília-DF: Presidência da República. Acesso em 29 de maio de 2020, disponível em http://www.planalto.gov.br/ccivil_03/leis/l9394.htm

Brasil. (1999). *Parâmetros Curriculares Nacionais: Adaptações Curriculares - Estratégias para Educação de Alunos com Necessidades Educacionais Especiais.* Brasília: Secretária de Educação Especial.

Brasil. (2017). *Lei n.º 12.764, de 27 de dezembro de 2012: Institui a Política Nacional de Proteção dos Direitos da Pessoa com Transtorno do Espectro Autista; e altera o § 3º do art. 98 da Lei nº 8.112, de 11 de dezembro de 1990*. Brasília: Presidência da República. Acesso em 31 de 5 de 2021, disponível em http://www.planalto.gov.br/ccivil_03/_ato2011-2014/2012/lei/l12764.htm

Brasil. (2021). *Legislação Específica / Documentos Internacionais*. Brasília: Ministério da Educação. Acesso em 31 de 5 de 2021, disponível em Ministério da Educação: http://portal.mec.gov.br/index.php?option=com_content&view=article&id=12716&

CIBEC/MEC. (10 de 2005). *Inclusão: revista da educação especial, 1*(1). Acesso em 31 de 5 de 2021, disponível em http://portal.mec.gov.br/seesp/arquivos/pdf/revinclusao5.pdf

Filho, J. P., & Moretti, M. T. (set/dez de 2020). Um estado de conhecimento sobre a discalculia do desenvolvimento: tendências e perspectivas. *Revista Educação Inclusiva - REIN, 4*(4), 21-38. Acesso em 5 de 5 de 2021, disponível em http://revista.uepb.edu.br/index.php/REIN/article/view/5658/3511

Glat, R. (2007). Adaptações curriculates no contexto da educação inclusiva. *ANAIS do Congresso INES*, (pp. 42-47). Rio de Janeiro.

Kassar, M. C. (10 de 2012). Educação especial no Brasil: desigualdade e desafios no reconhecimento da diversidade. *Educação & Sociedade [online], 33*(120), 833-849. Acesso em 31 de 5 de 2021, disponível em https://doi.org/10.1590/S0101-73302012000300010

Maturana, A. P., & Cia, F. (2015). Educação Especial e a Relação Família - Escola: Análise da produção científica de teses e dissertações. *Psicologia Escolar e Educacional [online], 19*(2), 349-358. Acesso em 31 de 5 de 2021, disponível em https://doi.org/10.1590/2175-3539/2015/0192849

Mesquista, A. M. (2010). Currículo e educação inclusiva: as políticas curriculares nacionais. *Revista Espaço do Currículo, 3*(1).

Oliveira, I. G., & Polleto, M. (2015). Michele. Vivências emocionais de mães e pais de filhos com deficiência. *Rev. SPAGESP, 16*(2), 102-119. Acesso em 31 de 5 de 2021, disponível em http://pepsic.bvsalud.org/scielo.php?script=sci_arttext&pid=S1677-29702015000200009&lng=pt&nrm=iso

Pereira., M. C. (9 de 2014). O ensino de português como segunda língua para surdos: princípios teóricos e metodológicos. *Educar em Revista [online]* (spe-2), 143-157. Acesso em 31 de 5 de 2021, disponível em https://doi.org/10.1590/0104-4060.37236

Seno, M. P. (2010). Transtorno do deficit de atenção e hiperatividade (TDAH): o que os educadores sabem? *Revista Psicologia*.

POSFÁCIO

Vanessa Tomaz de Castro Moraes

É com imensa satisfação que, na qualidade de médica neuropediatra e mãe de uma criança atípica, contribuo com este posfácio. Ao longo de minha carreira e experiência pessoal, reconheço que um dos principais desafios na educação de crianças atípicas reside na busca por uma escola que as acolha integralmente, respeitando suas individualidades.

Compreendo, também, as dificuldades enfrentadas pelos professores e pelas instituições de ensino ao se adaptarem a essa nova realidade e reconheço a importância de buscar capacitação para enfrentar esses desafios com empatia e eficácia.

Este livro é uma jornada de compreensão e empatia, abordando de forma abrangente e compassiva os desafios encontrados na educação inclusiva. O objetivo é oferecer *insights* valiosos e estratégias práticas para superar esses obstáculos. Ao compartilhar experiências autênticas e exemplos concretos, buscamos capacitar os educadores a criarem ambientes escolares que celebrem a diversidade e promovam o bem-estar de todos os alunos. Queremos proporcionar a cada criança a oportunidade de crescer e prosperar em seu próprio ritmo, reconhecendo que cada uma é única e especial. Porque, como sabemos, ensinar é, acima de tudo, um ato de amor, e cada aluno aprende melhor quando se sente valorizado e integrado à comunidade escolar.

SOBRE A AUTORA

VANESSA TOMAZ DE CASTRO MORAES

Médica neuropediatra com título de especialista pela Associação Médica Brasileira e pela Sociedade Brasileira de Neurologia Infantil.

Acupunturista pela Associação Médica Brasileira de Acupuntura com título de especialista pela Associação Médica Brasileira Educadora Parental com certificação pela Associação de Disciplina Positiva do Brasil.

SOBRE AS ORGANIZADORAS

Ângela Mathylde Soares

DR.h.c, PhD Pedagogia. Psicopedagoga, psicanalista, especialista em Psicanálise, professora, escritora, CEO da Clínica Aprendizagem e Companhia - Saúde Integral e Instituto Profa. Ângela Mathylde. Coordenadora da Faculdade Plus na região sudoeste. Conselheira Nacional Brasileira de Psicopedagogia (ABPp), presidente do Congresso Internacional *Brain Connection* Brasil, diretora do Grupo de Investigação Clínica em Saúde e Educação da União Europeia/GI3tES. Membro da área acadêmica da Associação Mineira de Psicanálise (AMAP). Professora Honorária.

http://lattes.cnpq.br/8566812910995225
Contato: angela.mathylde@gmail.com

Rosana Mendes Ribeiro

Fonoaudióloga Educacional, reconhecida pelo Conselho Federal de Fonoaudiologia, pós-graduada em Neuroeducação. Psicopedagoga, doutoranda em Ciências da Educação, integra a equipe do GI3TES-Lab. de Investigação Europeia Multid. Diretora do Núcleo Aprende. Prof. nos cursos de aprimoramento e pós-graduação em "Neurociência" do CEFAC em SP, PE, RJ e Goiânia. Precursora do projeto "CRA-Classificação para Reenquadramento de Aprendizagem", com assessoria em avaliativas adaptadas dos ensinos Fundamental e Médio, rede PÚBL. e PRIV. de SP, reconhecido como "METODOLOGIA CDRA" pela SEE/SP. AUTORA DO PROTOCOLO CRA - Classificação para Reenquadramento de Aprendizagem, dos MANUAIS de Modelos de Avaliativas Adaptadas dos ensinos Fundamental e Médio (2015) e do FALABETIZANDO auxílio ALFABETIZAÇÃO (2020) - BENEFICIÁRIO DA CAMPANHA *CHILDREN'S WALK-ROCHE FARMA*-2020. VENCEDORA DO 12º PRÊMIO MÁRIO COVAS 2016/2017-SEE/SP, juntamente a DER Centro-Oeste/SP e do PRÊMIO PROF. DR. FERNADO CAPOVILLA - EXCELÊNCIA METODOLÓGICA/LABORATÓRIOS DE PESQUISA - BRAIN CONNECTION 2019/2020.

http://lattes.cnpq.br/8912766210570116
Contato: rosana@núcleoaprende.com.br

Thaís Braga

Fonoaudióloga Clínica e Educacional. Especialista em Linguagem com enfoque educacional pelo (CEFAC). Aprimoramento e extensão em Neuroaprendizagem, Práticas Clínicas em Fonoaudiologia, Avaliação e Intervenção nos Transtornos de Aprendizagem (CEFAC). Graduação pela Faculdade de Reabilitação da ASCE (FRASCE).

Lattes: http://lattes.cnpq.br/0131629333861950
Contato: thaisfonovoice@gmail.com

SOBRE OS AUTORES

Adriana de Souza Batista Kida

Fonoaudióloga, doutora em Distúrbios da Comunicação Humana pela Universidade Federal de São Paulo (UNIFESP) com estágio no Exterior na *Universidad de Salamanca*, pós-doutorado em Fonoaudiologia pelo Laboratório de Investigação dos Desvios de Aprendizagem da Universidade Estadual Paulista Júlio de Mesquita Filho (UNESP). Mestre em Educação Especial (Educação do Indivíduo Especial) pela Universidade Federal de São Carlos (UFSCAR). Especialista em Linguagem e graduada pela Faculdade de Odontologia de Bauru - USP (FOB/USP).

Lattes: http://lattes.cnpq.br/5978149518137369
Contato: adrianabatista@gmail.com

Amanda Carvalho Oliveira Rebelo de Albuquerque

Especialista em Direito Educacional pela (Faculdade Única de Ipatinga), formada em Pedagogia pela (UERJ) e Direito pela (UNIFESO). Cursa, atualmente, graduação em História pela (UNIRIO). Servidora Municipal de Teresópolis - RJ há mais de 20 anos na área de educação. Atualmente, trabalha como orientadora pedagógica do Ensino Fundamental I. É consultora da franquia MapleBear, Teresópolis-RJ e, coordenadora pedagógica da Escola de Jiu-Jitsu - Teresópolis RJ.

Lattes: http://lattes.cnpq.br/3864542497641386
Contato: acoralbuquerque@gmail.com

Andréa Carla Machado

Linguista. Pedagoga. Psicopedagoga. Mestre e doutora em Educação Especial pela Universidade Federal de São Carlos – UFSCar. Estágio doutoral em *Special Education* pela *University of Georgia*, UGA, EUA. Pós-doutora em Psicologia pela UFSCar. Pós-Doutoranda em Educação pela Universidade Estadual Paulista "Júlio de Mesquita Filho" – FFC/UNESP – Marília – SP. Membro do Laboratório de Investigação dos Desvios de Aprendizagem – LIDA da FFC/UNESP-Marília-SP. Membro do Grupo de Pesquisa do CNPq "Linguagem, Aprendizagem, Escolaridade" da Faculdade de Filosofia e Ciências da Universidade Estadual Paulista – FFC/UNESP. Pesquisadora e psicopedagoga Clínica do Centro de Pesquisa e Desenvolvimento Infantil (CPEDi). Consultora e supervisora na área de Educação Especial e Inclusiva.

Andreia Santana Silva Moreira

Doutora em Medicina pela Universidade Federal do Rio de Janeiro (UFRJ). Mestrado em Medicina pela UFRJ. Especialização em Neuropediatria pela UFRJ. Residência em Pediatria pelo Ministério da Saúde/RJ. Graduação em Medicina pela Faculdade de Medicina de Teresópolis.

Lattes: http://lattes.cnpq.br/7471955874966934
Contato: draandreianeuroped@gmail.com

Camila Maia Pontes

Psicóloga, com formação em clínica com crianças e adolescentes, especialização em Neuropsicopedagogia e mestranda em Ciências da Educação. Há dez anos atua como psicóloga clínica e há nove trabalha em escolas particulares nos segmentos da Educação Infantil e Ensino Fundamental como Orientadora Educacional.

Cristiana Marques

Fonoaudióloga, especialista em Psicopedagogia pela Universidade São Judas Tadeu (USJT). Graduada em Fonoaudiologia pela Pontifícia Universidade Católica de São Paulo (PUC-SP). Conhecimentos aprimorados em práticas clínicas fonoaudiológicas (CEFAC), adaptação de atividades e de provas escolares (Metodologia CDRA/CEFAC) e avaliação e reabilitação nos problemas de aprendizagem (UNESP/LIDA).

Lattes: http://lattes.cnpq.br/4795478397319378
Contato: marques.cristiana1@gmail.com

Cristiane Pimenta Reis

Especialista em Psiquiatria da Infância e da Adolescência pela Universidade Estadual do Rio de Janeiro (UERJ). Médica psiquiatra. Membro titular da Associação Brasileira de Psiquiatria (ABP). Membro internacional da APA. Coordenadora do Núcleo Região Serrana da ABENEPI RIO.

Lattes: http://lattes.cnpq.br/2086474114709557
Contato: dracrispimenta@hotmail.com

Daniela Kimus Dias

Especialista em Educação Especial Inclusiva e Neuropsicopedagogia pela CENSUPEG. Psicóloga clínica e educacional. Treinamento profissional em intervenção precoce para crianças com autismo. Modelo Denver (Instituto Farol). Terapeuta sistêmica de família pelo IPUB – Instituto de Psiquiatria da UFRJ.

Lattes: http://lattes.cnpq.br/6311627946466155
Contato: danikimus2@gmail.com

Diogo Almeida

Graduado em Jornalismo (Rádio e TV), com formação adicional em Gestão de Pessoas e Pós-graduação em Administração.

Atuou como professor e coordenador pedagógico. A partir de 2012, iniciou atividade paralela como humorista, posteriormente criando o *show* "Vida de Professor", um sucesso absoluto de público. Suas redes sociais vêm se transformando em plataforma de trocas e apoio ao trabalho docente.

Autor de "Um Anjo de Mochila Azul" e "Elvis: O som da inclusão".

Gabriela Alves Lima

Licenciada em Pedagogia pela Universidade Presbiteriana Mackenzie e pós-graduada em Alfabetização e Letramento. Atua há mais de cinco anos no Ensino Bilíngue na Educação Infantil e nos anos iniciais do Ensino Fundamental I.

Gustavo Malta Rojas

Psicólogo e pedagogo. Pós-graduado em Inclusão, Adaptação Curricular e Gestão escolar. Atua há mais de dez anos na Ed. Infantil e nos primeiros anos do Fundamental e há cinco em gestão e em escolas bilíngues.

Contato: gmalta82@gmail.com

José Renato Nalini

Mestre e doutor em Direito Constitucional pela Universidade de São Paulo e foi Secretário da Educação do Estado de São Paulo entre 2016 e 2018.

Letícia Panczel

Psicopedagoga formada pela Universidade Presbiteriana Mackenzie e pedagoga pela Pontifícia Universidade Católica de São Paulo. Há mais de dezesseis anos vem desenvolvendo sua carreira em escolas públicas e particulares no Ensino Fundamental I, atualmente, trabalha como Orientadora Educacional e Pedagógica nesse segmento, sendo responsável, também, pelo acompanhamento de Alunos com Necessidades Educacionais Especiais. Atua também como psicopedagoga clínica e assessora para adaptação curricular.

Luciane Maia Insuela Garcia

Formada em Matemática, Pedagogia, especialista em Neuropsicopedagogia e mestre em Educação Matemática. Há vinte anos faz parte da SAEA e, atualmente, trabalha como Coordenadora Pedagógica do Colégio Agostiniano São José.

Miryan Cristina Buzetti

Pedagoga. Mestre e doutora em Educação Especial pela Universidade Federal de São Carlos (UFSCar). Pós-Doutora pelo Conselho Nacional de Desenvolvimento Científico e Tecnológico (CNPq). Membro do Grupo de Pesquisa do CNPq

"Linguagem, Aprendizagem e Escolaridade" da Faculdade de Filosofia e Ciências da Universidade Estadual Paulista "Júlio de Mesquita Filho" – FFC/ UNESP-Marília-SP.

Pedro Francisco Molina

Psicanalista Freudiano - Psicanálise Dinâmica -, Academia de Psicanálise e Ciência Humana São Paulo. Graduado em Filosofia (Licenciatura Plena) pelo Centro Universitário Claretiano (CEUCLAR). Pós-graduado em "Psicologia Clínica: Psicanálise", pela Universidade de Araraquara (UNIARA). Cursa Pós-Graduação em «Antropologia e Neuropsicanálise", pela Faculdade Unyleya de Brasília.

Contato: pfmolina@outlook.com

Priscila Silveira Martins

Neurologista, Mestre em Saúde de Criança e da Mulher pela Fiocruz. Especialista em Neurociências pelo Instituto D'Or. Graduada em Medicina pela Universidade Federal do Rio de Janeiro (UFRJ), com Residência Médica em Pediatria (UERJ) e Neurologia. Conhecimentos aprimorados em Adaptação de Atividades e Provas Escolares pela Metodologia CDRA (Classificação Digital para o Reenquadramento de Aprendizagem) pelo CEFAC. Atua como Neuropediatra no Projeto ELO: escrita, leitura e oralidade da UFRJ e Instituto Estadual do Cérebro Paulo Niemeyer (IECPN).

Lattes: http://lattes.cnpq.br/4215188023996734.
Contato: priscila.neuro@gmail.com

Ronaldo Moreira do Nascimento

Procurador Judicial e advogado. Pós-graduado em Direito Público e em Direito Constitucional – Uniderp. Pós-graduado em Administração de Empresas - FGV/ SP. Graduado em Direito - PUC/SP.

Contato: ronaldmn@gmail.com

Rosani Molina Carvalho

Habilitação Específica de segundo Grau para Magistério, Licenciatura em Pedagogia com Administração Escolar e Supervisão pela Faculdade de Filosofia Ciências e Letras A. Vieira. Licenciatura em Ciências e Matemática pela Faculdade de Filosofia Ciências e Letras de Bebedouro. Certificação de Cargo de Diretor de Escola pela Secretaria da Educação do Estado de São Paulo. Pós Graduação 'Latu Sensu" em Gestão Educacional pela UNICAMP-Universidade de Campinas.

Contato: rosanimolinac@gmail.com

Sandra Kraft do Nascimento

Psicopedagoga. Especialista em Deficiências Intelectuais (DI) pelo Instituto Indianópolis. Especialista em psicopedagogia pelo Instituto Sedes Sapientiae. Graduada em Pedagogia pela Pontifícia Universidade Católica de São Paulo (PUC/

SP). Ex-membro da ABBri (Associação Brasileira de Brinquedotecas); Coautora do livro "Brincando, aprendendo e desenvolvendo o pensamento matemático", pela Editora Vozes. Docente de pós-graduação no curso de Psicopedagogia do Instituto Faces. Supervisora em Psicopedagogia. Trabalha há 40 anos na Educação, dedicando-se há 28 anos a psicopedagogia clínica, no atendimento de crianças e de adolescentes com dificuldades de aprendizagem.
Contato: sandrakmn@gmail.com

Simone Aparecida Capellini

Fonoaudióloga. Livre Docente em Linguagem Escrita – FFC/UNESP-Marília-SP. Docente do Departamento de Fonoaudiologia e dos Programas de Pós-Graduação em Educação e em Fonoaudiologia da Faculdade de Filosofia e Ciências - FFC/UNESP - Marília-SP. Membro do *Collegio dei Docenti del Corso di Dottorato in Formazione, Patrimonio Culturale e Territori presso l'Università di Macerata, Macerata, Itália.* Coordenadora do Laboratório de Investigação dos Desvios da Aprendizagem (LIDA) do Departamento de Fonoaudiologia – FFC/ UNESP - Marília-SP. Bolsista de Produtividade em Pesquisa do Conselho Nacional de Desenvolvimento Científico e Tecnológico – CNPq. Coordenadora do Departamento de Fonoaudiologia Educacional da Sociedade Brasileira de Fonoaudiologia (SBFa), Gestões 2017-2019 e 2020-2022.

Suzelei Faria Bello

Fonoaudióloga Educacional e Clínica, mestre e doutora em Educação Especial pela UFSCar, Pós-Doc no Programa de Ciência Tecnologia e Sociedade / UFSCar. Atualmente, é pesquisadora do Centro de Pesquisa e Desenvolvimento Infantil-CPEDI.

Telma Pantano

Fonoaudióloga e psicopedagoga do Serviço de Psiquiatria Infantil do Hospital das Clínicas da Faculdade de Medicina da Universidade de São Paulo (FMUSP), coordenadora da equipe multidisciplinar do Hospital Dia Infantil do Instituto de Psiquiatria da FMUSP, professora colaboradora da Faculdade de Medicina da Universidade de São Paulo (FMUSP), especialista em Linguagem, mestre e doutora em Ciências pela FMUSP, master em Neurociências pela Universidade de Barcelona - Espanha, Pós-doutora em Psiquiatria pela FMUSP.

Thaís Contiero Chiaramonte

Fonoaudióloga. Mestra em Fonoaudiologia e doutoranda em Educação pela Universidade Estadual Paulista "Júlio de Mesquita Filho" – FFC/ UNESP – Marília – SP. Membro do Laboratório de Investigação dos Desvios da Aprendizagem (LIDA) do Departamento de Fonoaudiologia – FFC/ UNESP. Membro do Grupo de Pesquisa do CNPq "Linguagem, Aprendizagem, Escolaridade" da Faculdade de Filosofia e Ciências da Universidade Estadual Paulista – FFC/UNESP.